新形势下电力客服服务的创新策略研究

陈本权　张　亮　著

吉林科学技术出版社

图书在版编目（CIP）数据

新形势下电力客服服务的创新策略研究 / 陈本权，
张亮著． -- 长春：吉林科学技术出版社，2022.11
ISBN 978-7-5578-9943-1

Ⅰ．①新… Ⅱ．①陈… ②张… Ⅲ．①电力工业—营
销服务—研究—中国 Ⅳ．① F426.61

中国版本图书馆 CIP 数据核字（2022）第 207335 号

新形势下电力客服服务的创新策略研究

著　　　陈本权　张　亮
出 版 人　宛　霞
责任编辑　赵海娇
封面设计　树人教育
制　　版　树人教育
幅面尺寸　185mm×260mm
字　　数　260 千字
印　　张　11.75
印　　数　1-1500 册
版　　次　2022年11月第1版
印　　次　2023年3月第1次印刷

出　　版　吉林科学技术出版社
发　　行　吉林科学技术出版社
地　　址　长春市福祉大路5788号
邮　　编　130118
发行部电话/传真　0431-81629529 81629530 81629531
　　　　　　　　　　　　　　　81629532 81629533 81629534
储运部电话　0431-86059116
编辑部电话　0431-81629518
印　　刷　三河市嵩川印刷有限公司

书　　号　ISBN 978-7-5578-9943-1
定　　价　75.00元

前言

对当前的供电企业而言，电力营销工作是至关重要的一项组成部分。电力营销不仅仅会在很大程度上影响着电力企业的可持续发展，甚至会间接影响到社会民生的发展。因此，电力企业必须紧跟时代发展的全新形势，积极致力于电力营销方式的创新与改变，竭尽全力提高电力营销工作的质量，充分利用起大数据的重要作用，将其作为推动和促进电力企业可持续发展的一种主要力量。

随着计算机技术和信息化建设的不断发展，传统电网逐渐向智能电网转变，贯穿电力企业发电、输电、变电、配电、调度、营销等方面业务的信息系统不断增加。各业务部门数据标准混乱、数据质量参差不齐，造成数据口径不一致，信息系统呈烟囱状造成信息孤岛化严重，阻碍数据的共享应用，难以最大限度发挥数据价值，且业务协同效率较低，造成营销精益化管理、运营管理等工作开展困难。电力企业的供电范围广阔、服务的电力用户数量众多、运营资产庞大、发电用电电量平衡、远距离的电能传输、高度可靠的调度能力、24h 不间断供应电量等特点，导致电力企业运营产生的数据数量规模庞大、数据类型繁杂、数据增长非常迅速，符合大数据的规模性（Volume）、多样性（Variety）和高速性（Velocity），即 3V 特性。当前电力企业在运营过程中产生的数据呈爆炸式增长，传统的数据处理技术已无法满足要求，通过大数据技术实现数据全面采集、数据存储、数据分析、数据可视化展现，已成为电力企业信息化、智能化发展的必然要求。大数据技术不仅能够实现多系统信息融合，避免电力企业内部各系统间出现的数据冗余、数据不一致以及信息孤岛问题，且大数据技术能够实现数据的全面采集、规范管理、安全存储、高效便捷的数据分析处理以及数据的可视化展示，从海量数据中提取知识与信息，为电力企业的发展提供决策支持。

如何把握数字化转型机遇，实现电力企业的高质量发展成为重中之重。目前，电力企业的数据由生产数据和管理数据组成。生产数据包括源于发电、输电、变电、配电、调度等生产环节的监控系统、数据采集系统、电能计量等系统的数据，从数量庞大的高压电缆、开关设备、发电机、变压器、架空线路等设备中获取的监测数据越来越多，智能电表从数以亿计的家庭和企业终端带来的数据等，由大量的实时数据和历史运行数据组成。管理数据源于信息管理系统，如 ERP 系统、人资系统、法律事务系统、协同办公等系统。随着互联网技术和计算机技术的快速发展，传统电网逐渐向智能电网转变，电力企业的数据呈爆炸式增长，传统的数据处理技术已无法满足要求。应用大数据技术能够更好地存储数据、分析数据以及整合数据，融合电力企业来自不同业务领域的数据，有利于从传统的以业务系统为中心的信息化建设逐渐转换为以数据为中心的思路，实现数据的共享和应用。只有数据资源实现了共享，全方位多视角提取知识与信息，才能真正释放数据的价值。大数据技术能够实现海量数据分析和处理、快速开发和部署、资源隔离和数据安全管理、数据生产过程调度和管控、资源动态管控和数据及服务开放，可有力支撑企业级的数据进行分析处理及开放共享。《新形势下电力客户服务的创新策略研究》以市场营销理论和客户服务理论为基础，紧密结合电力企业客户服务的实际和特点，围绕供电企业如何做好客户服务，阐述客户服务基础理论、反映供电企业客户服务体系、探讨电力客户服务人员管理和电力客户管理、归纳在电力客户服务中的提升措施，希望可以通过改进服务质量提升电力市场的竞争力。

编者

2022.3

目　录

第一章　电力客服服务的基本概念

第一节　电力客服服务的发展历程

一、客户关系管理理论

（一）客户关系管理的定义和内涵

所谓客户关系管理指的是，持续强化同客户之间的沟通，全面掌握客户需求，并持续优化产品及相关服务以进一步满足客户需求，在留住老客户的基础上，吸引更多的新客户，最终综合强化企业运营能力的一个连续过程。其内涵是，企业以客户为对象，借助包括信息技术在内的诸多现代技术进行整合营销。

客户关系管理的核心思想是：客户属于企业的核心资产之一，应重视客户关怀，并将其当作整个管理的中心，其主要目的在于，和客户建立稳定的合作关系，全面了解和把握客户需求，从而尽可能地增加企业利润。客户关系管理可被视作一个信息系统，融入了目前最先进的信息技术，主要包括互联网技术、多媒体技术以及数据挖掘技术等。

综上所述，可对客户关系管理进行下述理解：首先，它是新态企业管理的一种现代的指导思想；其次，它是一种融入了创新元素的现代企业管理模式；最后，它还是各种信息技术以及相关信息系统通过集成化方式得到的一系列管理方法以及处理问题的方案。

1. 客户满意度理论

评价客户关系管理的成效、找到客户关系管理改进机会的一个重要方法就是对客户满意度的研究。当客户消费以后心理上感受到满足就是一种客户满意。同时也是一种客户对自己的需求和期望得到满足的程度的表达。客户满意的层次，一是产品满意，二是服务满意，三是社会满意。第一，产品满意是客户满意的基础，指的是客户对产品的价格、质量、包装、设计、使用期限等的满意程度；第二，服务满意要求企业从客户的角度出发，在服务过程中所有的环节做到对客户有利，给客户提供方便，它是产品在销售前到销售后，以及整个生命周期采取不同的服务举措得到客户的认可；第三是社会满意，就是说企业对客户的服务，企业的经营活动要对整体社会的发展有益，"社会"其实指的是放大的整个客户群体从社会利益的角度表示满意。

客户满意度理论从西方国家发展多年来看，已经逐步成熟，成为新兴的客户服务管理理论。它是从十九世纪九十年代国际质量管理的思想发展成为质量管理指标体系，也成了一种市场营销战略。客户满意度是经过数学统计和计算得出的结果。而数学统计和计算的数据来源是将客户体验某种产品或服务后做出的主观评价进行量化处理得到的。它表示的是体验了某种产品或服务的客户对这种产品或服务的满意程度，反映了企业产品或服务质量的市场竞争力。

客户满意度具有两方面的特点：一是客户满意是一种主观感受，它与客户自身的背景、文化、生活环境、价值观等等有很大关系。甚至社会舆论也会对其产生影响，所以客户满意度具有主观性。二是不同社会阶层，不同地区的客户有不同的评价标准，甚至时间和环境不同也可能得出不同的评价结果，但是这种结果也是按照人的需求层次而分层次的，也就是客户满意度的层次性。通过开展客户满意度研究可以直接地从客户那里掌握客户需求的现状。把有限的资源集中到满足客户最关注的需求上，从而提升客户忠诚度。在进行满意度调查时还会把客户进行分群、分层，这样满意度调查的结果就可以为差异化服务提供依据，同时也能找到企业服务或产品的缺陷或是短板，制定改进措施，不断满足客户需求。

2. 客户生命周期管理理论

客户关系管理是对客户的整个生命周期进行管理。这里就有必要引入客户生命周期理论。客户生命周期理论是由生命周期理论衍生而来的，它是生命周期理论在客户服务管理领域的具体应用。

客户是企业的有价值的重要资源，他们与企业的关系也是有生命周期的，所以客户生命周期理论也称客户关系生命周期理论。这个理论描述了企业与客户从开始建立业务关系到完全终止业务关系，随着时间发展而变化的动态过程。它将整个过程划分为四个阶段：考察期、形成期、稳定期以及退化期。不同的阶段有不同的客户关系特点，同时对应不同的企业管理策略。简单来说，考察期的客户对企业了解不多，企业也要对客户的潜在价值进行评估。企业要产生投入到进行客户调研和建立联系，但是客户贡献不大。这个阶段企业主要是要对客户多解释，让客户尽快了解产品和服务，降低不确定性。形成期企业和客户关系不断成熟，双方的收益都不断加大。在这个阶段企业要最大限度地挖掘和满足客户的需要，运用适当的营销策略提升客户价值。稳定期是企业与客户关系的最高阶段，双方会成为一种长期持续的稳定状态。对于稳定的客户群，企业要把重点放在提升客户忠诚度上，让优质的客户长期停留在企业的客户名单中。最后的退化期可能发生在前面任何一个阶段，客户的需求越来越不能被满足，客户就会离你而去。在这种时候，企业要立即改变策略来应对，避免客户的离开。企业在客户生命周期管理中要尽快使客户由考察期进入稳定期并且尽可能地让客户长时间处于稳定期。

在供电企业与用电客户之间，客户的生命周期是指从用电客户申请用电开始到结束供用电合约关系的整个过程。因为电力产品的特殊性和目前供电市场的垄断性，供电企业的客户生命周期不同于其他一般制造业或服务业的客户生命周期。对于供电企业而言，考察期是很短的，用电客户有用电需求必须找当地的供电企业办理用电业务。所有的客户很快进入形成期，然后随着用电需求的增长和持续性，他们将长期处于稳定状态，并且一般来说除非用电客户离开本地，否则是不会解除供用电关系的，也就不会进入退化期。但是，电力体制改革的方向是一直向着市场化发展的，垄断的情况逐步在减弱，更多的主体可以开展直接供电业务，售电和配电也面临分离。随着客户的选择权的加大，必然会使得供电企业的客户生命周期越来越趋于常态下的生命周期。这种情况对于工业用电客户将尤为明显。所以，对于每一个独立的供电企业来说，它的客户关系管理也要逐步从用电客户的不同生命周期特征入手，掌握客户需求变化，及时采取应对措施，使企业处于主动地位，更好地为客户服务，延长客户的供用电关系稳定期。

（二）客户关系管理理论研究演变

Gartner Group 首次提出了客户关系管理这一影响深远的概念。早于 20 世纪 80 年代初期便诞生了所谓的接触管理，通过其搜集和整理客户、企业之间的全部联系信息，待到 1990 年时则转化成了客户关怀，该模式下，不仅设立的电话服务中心，同时还提供了资料分析功能。随着电子商务的兴起，该领域的内容又有了新的变化。整体而言，大致经历了五大发展过程：

第一，20 世纪 80 年代初期便诞生了所谓的接触管理，通过其搜集和整理客户、企业之间的全部联系信息。企业为达成削减成本和保证效率的目的，对自身的业务流程予以优化和充足，并通过企业资源计划予以实现。该计划使业务流程更加自动化，让员工从烦琐的事务中脱离出来，促进工作水平的提高，能够分出更多的时间和精力去加深对市场和客户的了解，更加高效地发掘商机。而传统理论对此类问题的研究不够深入，在这种背景下，客户关系管理也便有了诞生和应用的积极意义。

第二，20 世纪 90 年代初期客户关怀应运而生。早先的客户关系管理只涉及很小的范围，绝大部分属于部门性质的问题解决方案，如客户服务支持等。很少涉及企业和客户之间的关系管理问题。

第三，20 世纪 90 年代中期基于整体交叉这一理念的客户关系管理模式开始出现并应用于实践，即将企业内部数据分析、销售管理以及客户请求等诸多内容有机结合起来。方便销售人员及时且准确地掌握客户信息，立足于他们的需求，提供针对性的服务，总之为销售人员的工作提供了有力支持。

第四，20 世纪 90 年代后期开始为大型企业所关注和应用。尤其是计算机技术的迅猛发展，为客户关系管理功能的强化和推广应用提供了有力支持。虽然客户关系管理早先被视作企业商务战略，然而随着信息技术不断发展和介入，客户关系管理逐渐发展成了管理软件的一种类型。

第五，进入 21 世纪之后，一家全球知名的咨询公司对客户关系管理进行了下述界定：

策略＋管理＋信息技术。指出信息技术在该项管理中的核心地位，与此同时，也指出了信息系统的应用并非该项管理的全部，该项管理和包括企业战略在内的诸多方面均存在相当紧密的关系。

客户关系管理属于一种紧紧围绕客户这一中心的管理思想，其运用现代信息技术，对企业工作流程予以优化，强化企业沟通客户的能力，从而进一步提升企业收益率。对于客户关系管理而言，客户资源是核心所在，同时也是基本对象。针对客户关系进行研究时，主要涉及三大方面，一是顾客满意，二是顾客忠诚，三是顾客抱怨。对顾客满意进行衡量时，一般采用顾客渴望这一标准。于是有学者持有下述观点，仅仅让客户满意产品是难以真正留住客户的，而应该培养和强化客户的忠诚，于是针对客户忠诚问题展开相关的定量研究。

已有研究大部分以客户关系管理为对象，基于营销视角来规划其软件系统，但客户关系管理还属于一种先进的管理理念，其在企业运营中的战略地位同样是毋庸置疑的，因而基于该管理理念的实际需要，营造协调的企业文化环境也便显得尤为重要了。部分学者认为，我国企业和国际知名同业企业之间的差距集中表现在技术方面，因而在高新技术的推动下，越来越多的企业开始以客户关系管理软件系统为重点对象进行构建和完善，然而没有充分关注软环境的影响，以至于大多没有收到令人满意的效果。

二、电力市场营销理论

电力营销市场是指售电公司（售电商）和电力用户共同组成的市场。在输配部分的情况下，在空间上它是由输电网连接的配电设备至用户用电设备所组成的配电网络；在配售分开之后，它是售电公司借助配电网络实现电力买卖交易的供需双方及其中介组织。从市场营销的角度看，它应是广大愿意消费电力并有支付能力的电力用户群体。

（一）电力营销市场的结构和特性研究

作为电力市场重要的组成部分的电力营销市场，其特点与电力市场的基本特点是分不开的。因此，认识电力营销市场的特点，必须从分析电力市场的特征说起。

1. 电力市场的基本特征

（1）电力市场是网络化的市场

电力市场由于其产品的无形性，及其产、供、销同时进行，同时完成生产特性，决定了电力市场是以电网为载体的网络化市场。电力市场的规模、层次划分、管理水平完全决定于电网的规模、电网的层次及其水平。

（2）电力市场是一个技术密集和资金密集的市场

因为电力工业生产是高度自动化、联动化和规模化的现代化大生产，生产所需要的技术水平、现代化水平均高于国民经济的传统生产部门，特别是随着世界各国电力工业技术的进步，国际劳动生产率的提高，我国电力工业技术水平也在不断提高。因此，电力工业产品的技术含量日益提高，对劳动者技术、素质的要求越来越高。随着现代技术的应用，生产规模的扩大，企业生产所占用的资金量也越来越多。再加上电能生产的无形性，需要靠现代化的精密仪表来计量、监测，这些又增加了资金的占用。这一特点反映在市场营销领域里，就必然导致资金周转慢。而在产品价格形成中，固定资产折旧比重大，电价构成受资金使用、设备利用情况的制约较大，这些给市场营销必然造成负面的影响。同时对电价的形成以及水平也产生较大的制约作用。

（3）电力市场是一个直接受用户制约的市场

一般来说，任何市场都要受用户的制约，不仅在消费方式、消费水平上制约生产者，而且在时间地点上也制约生产企业。而电力市场除了上述方面特点外，电力用户制约电力生产企业在于它的直接性。因为电力产品不能存储，产、供、销均通过电网连接成一个整体。如果说其他行业可借助仓储功能来调节产销之间的不同平衡，电力工业则不可能有这种条件，它只能是靠生产能力的备用来解决这种矛盾，这样就加大了生产建设的投机规模，同时也加大了生产成本中的设备折旧和资金成本的总量，因而给消费者增加了扩大消费的制约因素。而且在消费方式上也会受电网水平状况的制约，如可靠性直接影响到用户的消费偏好。

（4）电力市场是一个政府管制下的市场

电力市场的营销，首先要考虑到政府的政策环境对市场的制约。这是因为电力工业生产由于技术密集、规模大等特点，市场进入壁垒和退出成本高，在市场竞争机制引入之后，需求的变化有可能导致恶性竞争，从而导致电价出现大的波动，有可能给电力企业自身和整个社会带来一系列不利影响。因此，电力市场不可能是一个完全竞争的市场，特别是我国电力企业改革从总体上刚刚起步，市场主体尚不具备完全自主经营的条件下，政府的管制更是不可缺少的。在政府强化管制，实行高度垄断、集中垂直管理的条件下，真正的市场营销就很难进行。只有在售电侧完全放开，企业的自主权得到充分保证的条件下，市场营销才有用武之地。

但是可以相信，随着改革的深化，企业垄断经营将被打破，电力市场在售电侧引入竞争机制将是必然的选择，那时电力市场营销是不可缺少的经营选择。

2. 电力营销市场的特点

电力营销市场还是一个潜在的电力市场。由于我国的电力市场尚处在深化改革的过程中，当前，输配售环节尚未分开，因此，营销市场可能存在的一些特点尚未充分显示出来，现在只能根据对电力市场的认识，与一般商品市场相比较，将电力营销市场的特点概括如下。

（1）市场范围的相对确定性

由于电力营销市场是借助配电网络实现其功能的，而在一定的时间内，配电网是比较稳定的，因此市场的范围也是确定的。就是说，在一个确定的配电网络内，电力客户的数量、用电能力的大小是一个确定的量。它不像其他商品市场那样具有随意性和不确定性。这是因为，电力用户要参与电力市场的交易活动，必须按照法定的程序和环节办理手续，经过电力网络和电力销售的经营管理者同意,才能够得到使用电能的权利。这样一种特许规定,就约束了电力客户消费电能的随意性——只有电能的生产特性决定,即使在输配售完全分开以后,也不可能有大的改变。这种特性,为电力市场需求预测和电力销售的计量提供了方便条件和保证,是任何其他商品市场所不具有的。

（2）电力营销市场交易方式的特殊性

电力商品的无形性以及在交易过程中时空上的分离,给电费的回收增加了复杂性。一般的商品交换、商品使用价值与价值是双向流通的,即一手交钱,一手交货,可以实时计量、即时结算。但电力商品的流通是借助配电网络和仪器、仪表来交易和计量的。电费的结交是采用阶段性（一般是一个月）进行。这使得电能的计量与电费的结交在时间与空间上都是分开的。电费的回收往往由于在电能售出之后计量数据与实际产生差异,再加上一些其他因素的影响,致使电费流失,成为一种售电环节上的常见现象。经营者如不倍加关注,采用有效的措施,将会给电力经营者和用户带来损失,甚至还会引发许多社会纠纷。

（3）市场主体要依法准入

如果说一般商品市场只要卖方持有商品,买方持有商品,卖方持有货币,就可以作为市场主体进行交易活动的话,电力销售市场则不然,除了具有一般的市场主体条件外,买卖双方必须依法履行报装手续获准许可,才能够成为真正的市场主体,否则即被视为违法行为,受到法律的处罚。

（4）电力营销市场只能是一个有限的竞争的市场

由于配电网络具有天然的垄断性,它又是一种公用性行为,因此,交易行为只能在一家独营的电网上进行,即使售电商实现多元化之后,它也要服从配电网的统一管理。不仅在交易程序上服从配电网的统一调度,而且在交易数量上也要受到配电网络的制约。广大的电力消费者在深化改革后可能会得到选择受电商的权力,但也只能在有限的售电商之间选择,不可能像其他商品的用户那样,可以有无数个售电商供选择,并且电能的消费也要服从配电网的有关规定进行消费,而不可能任意使用,因此说电力销售市场的竞争,是有限度的竞争。

（二）电力营销市场的细分

每个企业在确定自己的目标市场时都必须首先考虑企业的市场营销环境因素和市场需求。这两个因素充分考虑后,企业才能进行正确的市场细分,然后根据自身的特点和企业的实力来确定企业的目标市场。电力企业的市场营销环境可分为"微观环境"和"宏观环境"。微观环境是指电力企业本身及与电力企业市场营销联系较为密切、直接的企业营销环境的总和。它主要包括企业、企业的用户、供应商、中间商、竞争者对企业具有直接影响的因素。宏观市场营销环境是指给企业造成市场机会和环境威胁的主要社会力量。它主要包括人口和经济环境、政治和法律环境、社会文化环境、自然和资源环境、科学技术环境等对整个市场具有全局性影响的因素。电力企业的市场营销环境如图1-1所示。

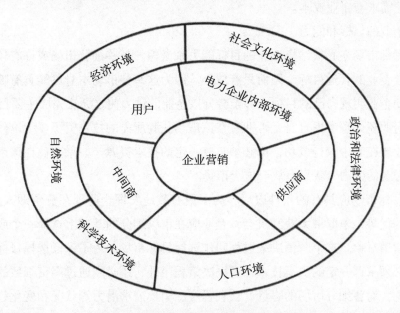

图 1-1　电力企业目标市场的外部环境图

在不断变化着的社会经济环境下运行的电力企业，在与其他企业、目标顾客和各类用户的相互联系中开展电力市场营销活动，无不受到以企业外部力量为主构成的市场营销环境的影响和制约。环境力量的变化，既可以使企业确定合理的目标市场，也可以对企业构成某种威胁。因此，能否有效发现、分析、预测企业经营环境的变化趋势，关系到企业目标市场的实现甚至企业的生存和发展。

另外，为了更好地实现细分市场，有必要先研究目标市场必须具备的条件，以下就是目标市场在现实条件下应具有的条件。

1. 有一定的规模和发展前景

有足够的购买力，足以实现预期的销售目标。理想的目标市场，首先应当与企业的实力相匹配。较小的目标市场不利于较大的企业发展其生产潜力；过大的目标市场，对实力较弱的企业来说，则难以完全有效地控制和占领。有了足够的购买力，还要有尚待满足的需求，有充分发展的潜力。如北京朝阳供电公司根据朝阳区将建成中央商务中心的趋势，经过调查分析，确定了以居民用电和第三产业用电作为企业的目标市场。随着居民生活水平的不断提高，居民用电和第三产业用电将会大幅度提高，因此，该目标市场也将有远大的发展前景。

2. 有足够的吸引力

有一定规模和发展前景的市场，对企业来讲，不一定具有足够大的吸引力。吸引力的大小，除了该市场具有一定的需求规模外，还有下面的其他因素。

目标市场的竞争状况。

目标市场中替代产品是否存在。

比较企业需求与企业成本。

3. 符合企业的目标和能力

理想的目标市场还必须结合企业的目标能力来考虑。某些细分市场或许有较大的吸引力，但不符合企业的长远目标，因而只有放弃。因为这些分市场本身可能具有吸引力，但是却不能推动企业实现自己的目标，甚至会分散企业的精力使之无法完成主要目标。

同时，企业还必须考虑自身是否拥有在该市场获胜所需的技术资源。无论什么样的细分市场，企业要在其中取得成功，都必须具有一定的技术资源，如果企业在该市场中的某些方面缺乏必要的能力，就只有放弃这个市场。

在分析目标市场应具有的条件以后，为了更有效地发挥企业现存资源即人力、物力、财力和信息的优势，争取最大获利机会，企业应在市场细分的基础上选择一个或几个细分市场，作为营销对象。这个营销决策过程叫作选择目标市场。为了保证选择目标市场的最优化，除了必须掌握一定的决策技术，遵循决策程序外，还必须通过周密细致的全面的调查研究和预测，对各细分市场的容量、获利程度、用户需求潜力等状况和变化趋势进行分析。同时对本企业营销能力和营销特点进行全面评估，选择多少个细分市场作为目标市场，即为多少个细分市场服务做出选择。电力销售企业目标市场策略有下面三种。

（1）无差异市场营销策略

无差异市场营销策略是指企业在市场细分之后，企业不考虑是第一产业还是第二产业用电，也不考虑用户规模大小等多个细分市场间的区别，把产品整个市场看作是一个大目标市场，制订单一的市场营销计划，如在用户心目中建立"电是高效、清洁的能源"这一产品形象。无差异营销策略采用单一的广告促销手段，成本较低，便于企业统一计划、组织、实施监督等管理活动，减少管理的复杂性，易于操作，但是这种策略忽视了顾客需求的差异性。

（2）差异市场营销策略

它是指企业在市场细分的基础上，选择多个细分市场作为营销对象，制定不同的营销策略以满足各个细分市场的各种需求。例如对可停电电价，可针对大用电量客户采取一定的优惠政策等营销措施，以满足不同用户的需求。采取差异性市场营销策略，一般会增加企业的营销成本，同时也可以增加销售量，因此企业是否采取此策略，不仅应视其能否提高产品的销售量，更要考虑企业的长期利润是否大于其费用支出。

（3）集中市场营销策略

集中市场营销是指企业集中全部力量，只选择一个或少数一个性质相似的子市场作为目标市场，采用单一的营销方式，试图在较少的子市场上占有较高的市场占有率。这种策略适用于资源有限的小企业或初次进入市场的大企业，由于服务对象集中，市场营销专业化，可大大节省成本支出，使企业获得较高的投资收益率，并易于掌握在目标市场中需求量的大小和用户对市场营销组合的反应及竞争者信息，但风险也较为集中。采用何种营销策略，取决于企业自身条件和市场各个方面因素，企业应据此选择适合企业生产经营目标和企业发展方向的营销策略。

（三）细分市场的客户特性

市场的细分有许多种方法，在这里是按国民经济统计口径划分，也就是前面所说的差异化市场营销来划分的。

1. 第一产业售电市场

第一产业是指农业（包括种植业、林业、牧业、副业和渔业，不包括村级以上工业。村及村以上工业应划入工业）。

农村市场一直是一个具有极大潜力的市场，农业的基础地位决定了农村电力需求是一个具有极大潜力的市场。但是由于过去农村电价过高，供电调价差、供电管理体制混乱等因素的制约，农村乡镇企、农产品深加工工业和抗旱排涝用电受到了限制。据分析，农村排灌用电占整个第一产业用电的80%以上。目前，我国电力排灌面积只占可耕地面积的30%左右，如果提高农村电网的覆盖率，降低农村排灌电价，当电力排灌面积占可耕地面积地比率提高10个百分点时，每年电力企业增加的售电量可达到30亿千瓦时。所以，随着农网改造，"同网同质同价"的进程加快，农村用电条件改善，势必使巨大的农村用电市场潜力逐渐显露出来。第一产业用电季节性强，电力企业应采取相应的措施保证第一产业的用电。由此可见，农业灌溉用电可以作为当前电力企业的一个重要的销售目标市场。

2. 第二产业售电市场

第二产业是指工业（包括采掘工业、制造工业以及自来水、电力、蒸汽、热水、煤气等）和建筑业（包括建筑安装企业和自营业建设单位，以及为建筑安装工程服务的地质勘探和勘探设计等）。

在我国的电力市场中，工业用电一直居于各细分市场之首，约占全社会用电量的3/4的份额。工业用电一直是同国家的宏观经济形势、经济结构调整、固定资产及基本建设投资力度等因素密切相关的。比如，对用电容量在2000千伏安以上的生产电解铝、电石、烧碱、化肥等产品的企业让利销售时，应充分考虑用户在付款上一定的选择权，比如支付预付款时可以有较大的折扣或给资金紧张而关系稳定的用户予以一定的"透支"额度。可见，工业用电还是一个很大的目标市场。

政府扩大内需政策和激励投资需求，并重点对基础产业增加了投资，使建筑业用电市场有了一定的发展，基础设施建设（公路、住宅建设等产业）完全可以成为新的较好的用电增长点。总之，工业用电可以作为电力企业一个重要的销售目标市场。

3. 城乡居民生活销售市场

收入是反映消费者购买力的重要指标，不同收入水平的用户其用电需求也不同。

随着居民收入水平的增加，家电拥有率和使用率均显著提高。收入越高，电器拥有率越高。居民按收入水平分为高收入用户、低收入用户和中等收入用户。由于各地区居民收入水平不同，因此界定收入水平的标准也就各不相同。对于不同收入的用户需求，供电企业可采取不同的营销方式。例如，可以给高收入的用户安装大容量电表及免费增容等。对于低收入的用户则安装小容量的电表。对于中高收入的居民可以实行递减式电价，即电量越大价格越便宜，以吸引居民多用电。还可以提供适应不同收入水平的电力商品供用户选择。

住宅条件对居民用电的影响主要表现在两个方面：一是住宅类型，如城市中有些老房子没有下水道，导致洗衣机、电热水器的使用受到限制；二是住房使用面积较小的家庭，无条件购买很多电器。

据该地区调查，高楼物业管理小区的家庭用电量高于其他住宅类型，而平房的用电量较低（见表1-1）。

表1-1 同住宅类型家庭平均每月用电单位：千瓦时

住宅类型	普通楼房	平房	高楼	小区用户
家庭月均用电量	65.7	62.4	71.4	77.2

住宅面积对用电量影响很大，居住面积增加，使得用电量显著增加。据调查，住宅面积小于30m²的家庭平均用电量比住宅面积大于50m²的家庭少27.5千瓦时/月（见表1-2）。

表1-2 不同住宅面积家庭用电水平单位：千瓦时/月

住宅面积（m²）	< 30	30~50	> 50
家庭月均用电量	62.3	66.5	89.8

可见住宅类型和住宅面积对居民用电量的影响是很大的。因此，可以根据住宅面积和住宅类型进行市场分类。不同地区可以有不同的标准，这个标准可以按当地的实际情况设置。

由于农村居民与城市居民消费习惯和消费结构的差别，农村的家用电器和城镇相比还有很大的差别。所以，对农村居民进行用电宣传可以大大提高农村的电气化水平。但是需要注意的是，家庭用电有一个强有力的竞争者，就是天然气和管道煤气。这两种气体这几年几乎垄断了烹饪和家庭热水用能。把城乡居民生活用电作为电力企业的一个目标市场时，电力企业应采取主动性社会市场导向，大力推行电炊具和电热水器的应用，宣传电力是清洁和安全的能源。城乡居民生活用电的特点是使用高峰电。为此，电力部门可通过采用峰谷分时电价等措施鼓励居民多用低谷电。这样，在这个目标市场上，电力企业具有较大优势。

4. 第三产业售电市场

除了第一、第二产业以外的其他行业，都划分为第三产业。

商业、饮食、物供、仓储用电市场在近年来一直保持高速增长。

第二节 电力客户服务的概念

一、客户关系管理的分类

客户关系管理（CRM）的概念自从被 Gartner Group 正式提出之后，一直被国内外学者公认为是一种先进的营销管理理论。Gartner Group 表示，CRM 和其他的概念相比，是科学创新的一种管理模式，可以让供电与用电双方随时进行交流，以增加企业的利润率与客户的满意度。当然，不同学者对 CRM 有着不同的描述，甚至学者们之间还存在着明显的分歧。

通常情况下，CRM 的核心是确保企业能够随时掌握市场动态以及客户的需求变化，以改善自己的服务质量和经营体制，形成一套完整的营销策略。有人认为 CRM 不够智能，不能帮助企业改善管理方面的事务，然而事实上它却可以帮助企业创新制度管理，改善企业目前的经营管理的模式。以完善自身的服务品质。还可以减少企业的前期投入，使得企业获得更多的利润。CRM 在整个营销策略中，始终坚持以客户为中心，这意味着企业的各项制度的设立要始终以客户为核心。CRM 同时可以拓展供电与用电双方的沟通方式，为企业更好地与客户交流提供了适当的方式。

CRM 从其本质上来看，具有三种功能。首先，它为企业提供了一种经营管理的不同思路，在这种模式之下，企业不再以自我为中心，而开始考虑客户的需求，在改善用户体验的同时企业的实力得到提升，使得企业获得了更多的利润。从这一点来看，CRM 重视用户对企业的相关反馈。

其次，CRM 是以建立良好的供电方与用电方的关系为主要目的的。要求企业的组织架构和各种工作业务流程都要以客户为中心，也就是说，要把 CRM 作为企业未来组织架构革新及改进业务流程的根本思想，深入到企业的文化当中去。

最后，CRM 还是一套管理软件。这套软件以企业的情况和客户为中心的核心，高度集成了数据库，能够进行数据的在线分析处理、潜在数据挖掘以及销售自动化等相关功能。

总而言之，CRM 运用了先进的信息管理技术，把顾客放在企业的经营管理的第一位，通过确保双方都能够得到自己满意的结果，使得顾客满意，企业又可以得到利润。在改善企业声誉、提高企业软实力的同时又提高了市场份额。

将供电方与用电方的相互关系进行划分，一般分为运营型 CRM(Operational CRM)、分析型 CRM（Analytical CRM）和协作型 CRM(Collaborative CRM) 三种类型。

运营型 CRM 十分重视客户的满意度，认为用户是企业的利益之源，因而它对企业的服务提出了很高的要求，使得企业在各项工作之中都能兼顾到用户的感受，企业与客户更加信任对方，认为对方可以给自己带来想要的东西，从而加深了彼此的联系。

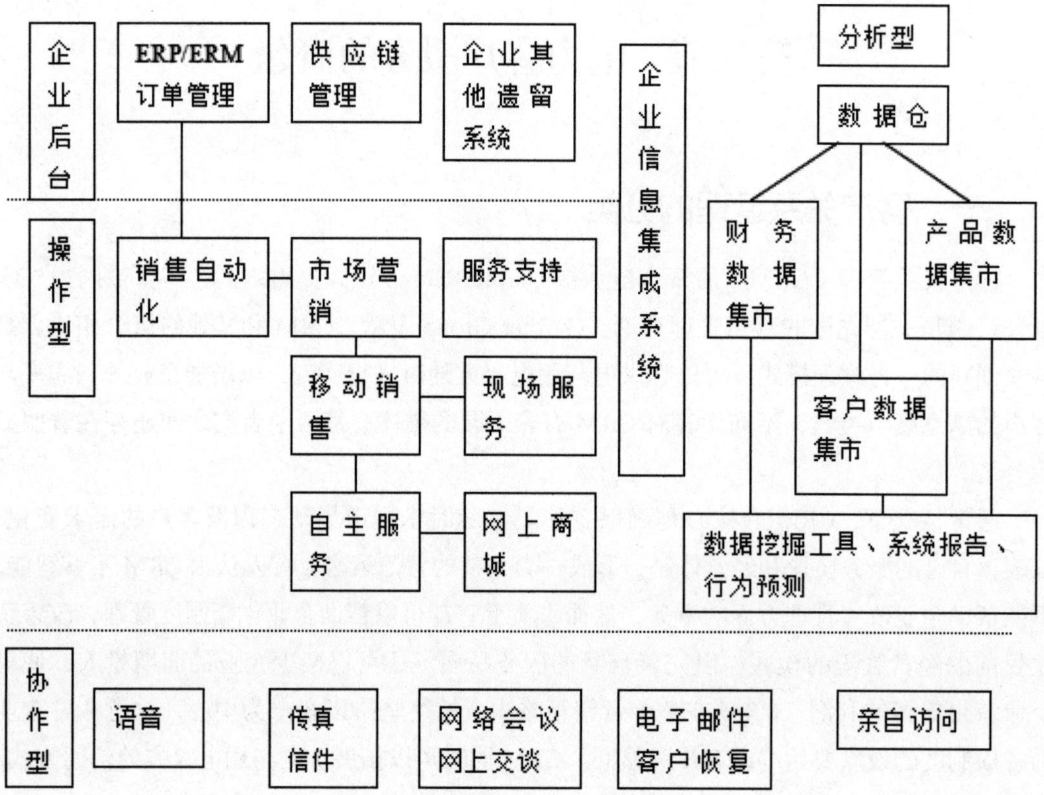

图 1-2　分析型客户关系管理示意图

　　分析型 CRM 以从市场以及用户处获得的信息为主，企业想要获得更多的市场信息，并且向知道自身存在的缺陷，就要对这些信息进行详细处理。并可以根据这些信息制定出更加完善的管理制度和经营策略，其功能模块如图 1-2 所示。分析型 CRM 一般需要用到一些数据管理和数据分析工具。

　　协作型 CRM 则注重企业与客户的互动，这种互通不同于上文之中的企业仅仅通过数据来了解客户，而是通过各种现代化的技术手段，实现企业与用户的真正的对话，使得用户能够切实地反映对企业的意见以及建议，如通过呼叫中心、面对面交流、Internet/web、fax/Email 等技术手段。其主要功能见表 1-3。结构如图 1-3 所示。

表 1-3　协作型 CRM 的主要功能

电话接口	利用世界先进的电话系统技术
电子邮件和传真接口	能够做到及时对用户的要求做出反馈
网上互动交流	通过企业网站为用户提供自助服务，满足用户不同的需求
呼出功能	具有自动答复功能

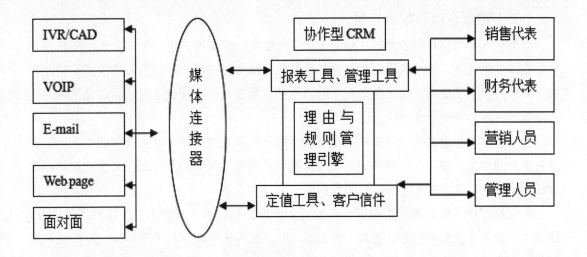

图 1-3　协作型 CRM 模型图

二、实施客户关系管理的关键技术

节点实施客户管理的关键技术有呼叫中心、数据仓库、数据挖掘等。

（一）呼叫中心

起初，呼叫中心仅仅应用于电信领域，是一种纯语音的服务。如今，新型呼叫中心已被广泛应用到各个领域，它不仅有语音功能，还融合了数据传输以及视频接入等新的技术。呼叫中心作为企业服务用户的主要手段，其主要目标是实现企业与用户的对话。并且通过这种手段，企业的综合竞争力也会有相应的改变。呼叫中心不仅能对客户资料进行专业化的数据分析，还实现了企业与客户直接"一对一"沟通，为企业改善经营模式，提高客户关系管理水平提供了强有力的支撑。

以往供电企业仅仅重视发展新的用户，而忽视了对老用户的服务与重视，因此客户流失现象比较严重。如今，在拓展新的市场的同时，努力提升自己的服务质量，以保证老用户的用户体验，并进一步探索老用户的其他需求。在信息技术的支持之下，得到用户的信息并对其进行处理，以真正了解用户的心理与需求，改变销售模式，整合资源，进而提高客户对服务及产品的满意度。从企业外部来看，通过 CRM 系统提供的数据库功能来完成原有管理模式不可能完成的事情，及时有效地解决客户投诉问题，为客户提供优质、满意的产品与服务。从企业内部来看，CRM 系统为工作人员改善了工作模式，大大减少了重复性的工作，提高了工作人员的工作热情以及工作效率。在信息技术飞速发展的今天，企业通过各种先进的技术收集用户的信息等相关数据，在对这些数据进行科学处理的基础之上，准确地了解用户的需求，以制定出更加多样、更加人性化的服务内容，以更好地留住用户，获得更多利润。

（二）数据仓库和数据挖掘

数据仓库和数据挖掘技术的出现把 CRM 向更高的层次推进了一步，为了给用户使用数据仓库提供便利，要求数据仓库应该是开放的、高度集成的、应用高效的以及维护便利的。同时也为了满足用户使用数据仓库的自主性，数据仓库必须设计简洁，以便管理人员方便维护，不必承受繁重的信息刷新任务。

数据仓库为企业改善经营模式，制定新型销售决策发挥作用。数据仓库的根本任务就是对信息的加工处理，分析归纳，并及时提供给使用者。如何能及时发现大量数据背后隐藏的有价值的信息，就需要对数据进行挖掘。

数据挖掘技术极大提升了数据仓库的应用程度，不仅为企业提供了大量有用的信息，还减少了企业不必要的投资，更把 CRM 系统由原来的业务性推向了分析型，从而更好地服务于企业。

三、电力行业优质服务的必要性和可行性

电能是发、输、变、供、用同时完成的能源，电力企业开展优质服务具有重要意义。一方面可以提高电力企业在正在行业中的竞争力。另一方面可以更好地满足服务对象的需求，积累更多的潜在客户。因此在店里行业开展优质服务活动很有必要性。同时就目前的状况看，在店里行业开展优质服务也有一定的可行性。

（一）电力行业优质服务的必要性分析

1. 市场经济体制催生

电力优质服务随着市场经济的发展，我国供电企业的竞争更加激烈，在发展过程中，电力企业应该实现"两个根本性转变"，用优质高效的服务作为企业在市场中的竞争力。电力企业的经济效益、社会效益等都与自身提供的服务息息相关，只有当电力企业能够提供优质高效的服务时，才能够不断地提高自身在经济以及社会方面的收益。因此，电力企业应该同时开展经营与建设。在整个工作的进程中，牢固树立以客户为中心的立面，将服务融于经营之中。电力是维系国民经济发展的经济命脉之一，其自然的法定的垄断地位，使电力企业多年来享受着皇帝女儿不愁嫁的特殊待遇。然而，随着市场经济的不断完善，服务对象对电力企业的要求越来越高。垄断行业日益受到社会的关注，荣宠地位逐步消失。

2. 和谐社会建设需要开展优质服务

和谐社会需要和谐企业，和谐企业离不开和谐社会。电力企业作为关系国家能源安全和国民经济命脉的国有重要骨干企业，电力和谐是社会和谐的重要物质基础，在服务和谐社会建设中负有重要责任。主动承担社会责任，是电力企业的立足之本、力量之源，是贯彻落实科学发展观，服务和和谐社会建设，实现经济社会全面协调可持续发展的必然要求。服务是彰显企业形象的重要标志，是以客户需求为导向的现代企业的生存之道。在当今社会不断进步、人民生活水平日益提高的情况下，让客户享受到优质、方便、规范、真诚的

服务，是和谐社会对电力服务的要求。电力企业要抓好营造企业服务文化这个关键点，把优质服务作为企业核心能力进行培育和建设，努力做到服务理念追求真诚，服务内容追求规范，服务形象追求品牌，服务品质追求一流，推进服务规范化、精细化、常态化和人性化。大力倡导关爱企业、关爱客户、关爱自己、关爱社会的良好风尚，积极营造"以人为本、忠诚企业、奉献社会"的文化，进一步增强服务的能力和意识，拓展服务的手段和载体，提高服务的水平和质量。

电力行业是国民经济的重要基础产业，是生产、生活的必需品，经济发展的原动力，社会的稳定剂。电力涉及千家万户，电力行业服务水平的高低，一定程度上反映了社会文明程度。提供优质的电力服务就能在电力企业与客户之间能否建立诚实守信、平等友爱、融洽相处的和谐关系。为了更好地为社会主义和谐社会建设提供服务，国家电网公司提出了"四个服务"即服务党和国家的工作大局，服务电力客户，服务发电企业，服务经济社会发展；推出了供电服务"十项承诺"、"三公"调度、"十项措施"、员工服务"十个不准"，这所有的措施即服务群众服务客户的表现也是建设和谐社会的必然要求。

3. 电力行业生存发展需要优质服务

随着市场经济的发展和国家电网公司一强三优现代公司发展目标的确立，优质服务已成为供电企业经营管理的重要内容，它直接关系到企业的生存和发展，关系到企业的社会形象，关系到构建和谐社会这一伟大构想。因此，不断提高优质服务水平，是实现社会效益和企业经济效益双赢的保障。继而国家电网公司提出：优质服务是电网公司生命线，可搞好优质服务与电力企业发展又有多大关系呢？

电力企业作为全社会一个特殊的服务行业，它的安全、服务、效益不仅直接关系本行业职工的工作和生活，而且与全社会的发展和稳定息息相关，因而对电力行业广大职工来说，不仅肩负着创造丰富的经济效益，更重要的是促进国民经济快速发展的任务，而且还承担着艰巨的社会责任，是重要的社会效益的创造者。因而，搞好电力企业优质服务是一个社会的问题。

企业要发展，服务无止境，始终坚持人民电业为人民，全心全意为客户以及客户至高至上，我当至诚至真的服务理念，奉行优质服务是电网公司生命线这一准则，将服务进行到底。电能服务是消费与生产同时进行的。电力行业不仅要向市场与消费者提供电能传输的服务，还要不断地开发新产品、新功能、新业务，为市场与消费者提供高质量、多层次、多样化的终身服务。随着电力行业改革的深入，电力企业必须面向市场，深化改革，强化服务，牢固树立"以发展为主线，优质服务为宗旨"的管理理念，以崭新的服务面貌，树立起崭新的企业形象，进而赢得市场，促进发展。必须认识到"服务是电能的无形资产"，管理能力的增强，技术水平的提高，经营机制的转变，企业面貌的改善等，都具体体现在服务之中，强化服务，不仅是市场竞争的要求，也是企业自身生存发展的需要。进一步提高供电服务质量，规范供电服务行为，提升供电服务水平，为广大电力客户提供"优质、方便、规范、真诚"的供电服务，既是我们每一个供电人必须清醒认识到的立身之本，也是供电行业创建"一强三优"的必要前提。

（二）电力行业优质服务的可行性分析

国网公司"一强三优"战略目标中，明确"服务优质"的内涵为：事故率低，可靠性高，流程规范，服务高效，社会满意，品牌形象好。就目前的状况看实现上述战略目标具有一定的可行性。

1. 国有企业的社会属性是电力行业提供优质服务的根本保障

在我国，国有企业是特殊的企业。其除了体现一般企业共有的功能外，更是作为公有制的实现形式之一，体现公有制经济的决定性力量。即国有企业既有企业性，更须有社会性。国有企业在我国的经济地位举足轻重，但人们普遍认为，对国有资产的保值增值已不再是国有企业的唯一职能，"社会性和企业性平衡发展，社会性永远是国有企业的第一属性"。而这种社会性的重要体现就是服务性。长期在计划经济体制下运营的电力行业，具有垄断性、公益性、地域性的特点。这一特点已不能适应社会主义市场经济体制的要求。在激烈的市场竞争面前，企业清醒地认识到，要在市场中立足，就必须彻底转变观念，充分利用自身的优势，强化服务意识，以优质的服务求生存促发展，以优质的服务树立企业新形象，唯有如此，企业才能立于不败之地。

电力对于客户的优质服务，不同电压等级的安全输送、变电的安全运行、用电设备的安全可靠等都是不可缺少的硬件基础。因此，电力设备在生产、安装、调试、运行、维护过程中，都要做到严格把关，杜绝装置性违章、习惯性违章。

2. 服务行政理念的渗透是电力行业提供优质服务的推动力

服务行政是政府公共部门在运行和发展中遵循"顾客至上"理念、以回应"公民"需求，实现"公民"公共利益为目标的新型治理模式。它具体包括 5 个特征：政府角色和职能的服务取向定位；服务对象公民—顾客取向定位；服务过程的责任取向定位；服务评估以绩效为中心的结果取向定位；服务行政决策中的公民参与取向定位。服务行政本质上是社会本位、公民本位，"政府管什么不管什么，全看社会和公民是否需要，并以此作为政府职能定位的依据"。"公民—顾客"理念的引入对于明确政府的职能和工作目标具有十分重要的意义。首先，它有利于端正政府对自身位置的认识，克服高高在上的作风；其次，它从根本上提出了再运动的目标，那就是为顾客服务，为人民服务，从而指明了努力的方向。因此服务行政要求将普通公民的角色由被动的管理对象转变为主动的"顾客"，政府应围绕"公民—顾客"的需要进行，一切从"公民—顾客"的需要出发，一切以"公民—顾客"的需求为转移，将"公民—顾客"视为组织的主要资产，把"公民—顾客"满意作为政府服务质量的核心。

电力行业作为典型的国有企业，其管理方式与服务理念可以说与政府的行政理念是密切相关的。面对日趋激烈的市场竞争，电力行业按照服务行政理念的指引，按照"二个根本性转变"的要求，以优质高效的服务参与市场竞争。经营服务工作的对象是市场，为市场服务的目的是效益，经营要通过服务来实现效益，强化与完善了经营服务工作，既是企业从计划经济向市场经济转变的重要体现，也是企业从粗放型经济向集约型经济转变的重要途径。电力行业正逐步认识这一点，树立起市场观念、经济观念、效益观念，进而将优质服务工作化为自觉的行动。在抓好生产经营与建设发展的同时，牢固树立"客户至上"的观念，融经营于服务之中，并以此作为企业完善服务的出发点和归宿。店里行业在不断解放思想转变观念中，逐步强化服务意识。

3. 市场化的激励监督机制是电力行业提供优质服务的前提

在我国，企业选择合适的激励机制无论是对员工积极性的培养和公司价值的提升都有着重要意义。年薪激励、股权激励、物质激励和精神激励是激励机制中的主要表现形式，它们为企业带来的影响大同小异，但都能为企业价值提升做出贡献。通过调查发现，目前国内具有完善的法人治理机制、成立薪酬考核部门，并持续推进员工薪酬与公司业绩挂钩的激励机制的大型企业，都在激励机制上取得了一定的成效。相反一些对激励机制不够重视，没有明确管理制度的公司就显得发展受限，人力资源的有效利用始终成为这些企业的难题。同时，对于部分管理人员而言，股权激励，尤其是上市公司的股权激励措施一样能够显著调动人员的积极性。

中国一些国有企业的现状是，国有股东对公司的产权控制薄弱，而行政控制却极强，造成国有股东一股独大的局面，增加了企业的经营风险，降低了自身的盈利水平。

首先，市场化的激励监督机制体现了奖惩分明，它是经营服务的动力。其核心是岗位责任制，即要岗位有责任、责任有目标、目标有考核，考核有奖惩。切实体现了责任到人、指标到人、考核到人，奖惩分明。完善约束机制，健全简单易行、便于操作的规范、标准，使岗位员工自我约束，规范服务。将优质服务与监督、监察与检查相结合，严厉查处损害企业形象的违纪违规行为，如对于窗口服务时限人为滞延、客户各类投诉等问题，严格按照相应流程和考核办法及时反馈与查处，以此规范企业的服务行为。

其次，不断增强的协调处理能力，为完善售后服务工作提供了重要保障。当前，应针对社会关注的包装接电流程，收费项目标准等热点、难点问题，加快新营销系统建设步伐，不断完善便捷查询与缴费措施；推广用电资讯宣传公告栏；加快推行电费银行代扣业务等。此外，在售后服务环节上，还健全售后跟踪服务体系，以切实解决客户的后顾之忧，不断改进服务，提高企业的信誉度。

4. 广泛应用的科技手段是电力行业提供优质服务的高效载体

电力系统"95598"客户服务系统已广泛应用，它既是客户服务需求的快速响应体系，又是内部服务资源的整合平台。将该系统定位于"客户服务调度"，实行"客户服务调度制""客户代表制""客户回访制"及"首问负责制"，并对所有业务按照操作权限和时限要求实行闭环管理，不断进行系统完善和功能拓展，通过推行严格的奖罚制度，进一步树立客户代表的权威性。"95598"系统的良好运行，需要相关信息系统的支持。要实现数据信息资源逐步得以共享，一方面尚需建立健全与之相适应的技术服务规范和科学化服务管理程序与流程，以实现数据信息的完整性、准确性与时效性，提供真实可靠的原始数据和信息资料，以便于为决策层提供决策依据，形成高效运行、闭环有序的科学化经营服务体系，以保障各项业务快速、高效、稳健地发展，为优质服务提供强有力的技术支撑；另一方面尚需通过加强服务应用技术培训，学以致用，提高整体服务素质和微机操作技能，加快电力营销管理信息系统建设，提高电力营销的管理水平，为营销决策提供准确的数据支持，以技术创新带动电力营销服务机制、体制、管理和文化创新，真正实现电力客户服务的跨越式发展。电力系统中科技手段的广泛应用为优质服务提供了有效的载体。

第三节　电力客户服务的基本特性

一、现代营销服务基本理论

在市场经济条件下，企业管理大致包括生产管理、营销管理、财务管理和人事管理四大管理功能。我国企业目前正经历从以生产管理为核心逐步向生产管理与营销管理并重，进而向以营销管理为核心过渡。以营销为核心，实质上就是以市场为核心，企业的其他功能管理应支持营销管理服务于市场，一切经营战略、生产活动均应围绕市场展开。

随着市场改革的深化，营销理论不断发展，并有研究者对电力市场进行细分，在营销观念等方面有突出体现。关系营销、服务营销、整合营销等营销新模式，在实践中得到较为广泛的应用。关系营销可以改善与客户的关系，提高客户的满意度和忠诚度，增强企业核心竞争力，为供电企业提供决策客户关系管理提供定量的依据，实现电力客户的差异化、个性化服务。服务营销是1974年拉斯摩出版的服务营销学专著。以格隆努斯和赫斯基为代表的诺迪克学派提出有关服务质量理论及服务营销管理理论是服务营销学的重要理论支柱。电力市场营销环境和策略，建立客户心理的市场营销策略，电力市场营销的经营策略的重要性和特殊性。整合营销是由舒尔兹等在20世纪90年代初创立，至90年代中逐渐成熟。目前国外用电市场营销主要集中在营销策略的实施方面。个性化服务以全方位服务为定位目标，不再将注意力放在全体消费者的一般需求上，而应投入于消费者之间的差异需求上，应针对个体消费者，设计并开发企业的产品及服务项目，以适应当今个性化和多样化的消费趋势。而且，当今世界所有的产品和服务都面临着无情的竞争，重新认识并思考客户服务，建立有别于竞争对手的服务个性并创建客户服务文化特色，寻求客户服务体系支持点，最大限度地发挥资源效率，是电力企业当前面临的一项艰巨任务。

现代市场营销观念要求企业以客户为导向做好市场营销工作。为此，必须进行市场细分，即根据总体市场中不同消费者的需求特点，把市场分割为若干个相类似的消费群体。供电企业对其供电区域内的电力销售市场，可以进行目标市场的选择工作，以便根据不同的目标市场开展有重点的服务，实施不同营销策略。

分析供电企业营销中存在的问题，根据客户的个性化服务需求，提出相应的对策。意大利经济学家及社会学家维尔弗雷多·帕拉多创立了"二八原则"，其主要思想是80%的结果来自20%的原因。即：企业80%的利润来自20%的客户，公司80%的麻烦来自20%的客户。从技术服务产品的特点和电力技术服务市场的发展趋势出发，指出建立技术服务体系的必要性，提出信息网络技术服务体系的初步构想，重点讨论信息网络技术服务应具备的基本功。供电企业还应及时转变负荷管理系统应用方向和管理重点，更好地发挥系统功能，与客户共享系统信息，为客户提供个性化的优质服务

二、电力商品基本特性分析

电力作为一种在各种领域广泛使用的商品，既有与其他企业产品共同的地方，也有区别于普通商品的特殊性：顾客消费群体庞大，涵盖了社会的方方面面；电网中的电力不能存储，产供销同时完成；同质性强；电价受政府调控，具有相对的稳定性，也具有一定的公益性；电没有具体可见的物理形状，只能借助测量工具才能反映出其性能；可转换的形式多种多样，既可以作为终端能源使用，也可以转换成光、热、动力等形式；使用电力效率高、清洁、方便、快捷，符合当前环保要求。

由于电力的特殊性，电力销售只能由供电企业与消费者之间通过一个庞大的电力网络，形成销售商品和购买商品的同步流通。同时电力作为商品也具有商品的一般性，既要遵循商品的价值规律，也要适应市场经济的变化。作为提供公共服务的行业，同其他行业相比，供电企业有以下一些特点，导致管理有自己鲜明的特色：

（一）社会服务职能

由于电能关系到国计民生，千家万户，是人们生活的必需品，供电企业不能随意抛弃客户。这就决定了供电企业的公益性质，具有相当的社会服务职能，而不是仅仅谋求利润的企业。因此，供电企业更侧重社会服务职能的体现，做到要让客户满意，让社会满意。

（二）行业垄断性

由于供电企业的运营需要大量资金投入进行基础设施建设，具有非常明显的规模经济性。因此，国际上大多数国家和地区的供电企业都具有一定的自然垄断性。

目前，我国虽然正在积极进行电力改革，引入竞争机制，如"厂网分开，竞价上网"等，全国分成了五大发电集团和两大电网公司。但这也只是电厂和电网的分开，在供电领域可能还会维持相对垄断的局面。因此，目前的供电企业一般不会像其他竞争激烈的行业一样，投入很多精力进行市场营销工作，去保留老客户和争取新客户，而是更侧重于客户建立一种可靠性的供电关系。

三、供电企业营销管理特点

现代电力营销服务体系的基本职能可概括为四个层次：

（一）客户服务层

客户服务层是供电企业与客户进行交互，为客户提供直接服务的软硬件系统的总称。其工作目标为：为客户提供便捷、高效和优质的服务，树立电力企业的良好服务形象，为电力企业赢得市场竞争。工作内容：通过营业窗口、呼叫中心、因特网和现场等多种服务手段，为客户提供用电信息、用电政策、用电常识、用电技术以及电力法律法规等信息的查询和咨询，实时受理客户通过各种方式（包括营业柜台、电话、网站、传真、电子邮件等）提交的新装、增容、用电变更、搬迁、销户、日常营业、投诉举报、故障报修等业务，并直接面向客户提供服务。

（二）营销业务层

营销业务层是基础信息加工和处理中心，是客户服务层的支持层。它建立在客户服务层之上，对客户服务层传来的需求信息以及所采集的大量客户信息进行业务处理，并将处理结果反馈给客户服务层，是客户服务层的支持层。工作目标：将营销业务信息流按照标准化、科学化的管理原则和电力营销专业规范迅速、准确地处理。工作内容：新装、增容、用电变更、电量电价、电费计算、合同管理、收费与账务管理、负荷管理、电能计量等。

（三）营销工作质量管理层

营销工作质量管理层是对以上两层的工作流程和工作质量进行监督管理的控制中心。工作目标：通过对营销业务、客户服务的监控以及对特定指标的考核进行职能管理，及时发现问题和不足，迅速予以反映，督促有关部门加以纠正。工作内容：主要包括工作流程控制、营销业务稽查、合同执行情况管理以及投诉举报查处等。

（四）营销管理决策层

营销管理决策层是整个体系的最高层，主要负责对前三层的信息进行总体综合分析，提供管理依据和决策支持，并将信息下达给客户服务层、营销业务层和营销工作质量管理层执行。

工作目标：制定营销策略、市场策划和开发、客户分析、政策趋势、效益评估、公共关系以及企业形象设计管理。

工作内容：通过对营销业务层、客户服务层、营销工作质量管理层等多方面的信息流，如市场营销、客户信息、市场动向等指标的综合分析，协调经营并形成管理决策。

协调经营对电力企业来说，就是根据企业确定的目标市场，对不同种类的电能消费客户，通过宣传、服务等市场手段和电价杠杆等因素的灵活组合，制定市场营销战略。

供电企业应从可替代能源市场竞争格局出发，结合地区国民经济发展水平、能源消费竞争、行业用电特点及电力发展情况，调查地区市场概况和电力市场开拓的手段和途径，提出开拓电力市场的策略。分析服务营销内涵，研究服务营销在电力企业中的应用，树立优质服务理念，培育服务文化，完善服务体系，优化电力服务营销策略，努力提高电力营销水平。电力市场营销策略是企业战略得以实施的重要环节，是供电公司电力市场营销战略的重要组成部分。通过多种营销策略的组合实施，以期贴近电力市场中客户、供应方和企业营销资源的要求和实际情况，实现电力企业市场营销战略和企业发展目标。

通过加快城乡电网改造，提高供电服务质量主要是解决电力产品的传输瓶颈和终端质量问题，通过对电能安全、高效、洁净特点的宣传，大力推进以电代油、以电代煤、以电代柴、以电代气等替代工程的实施。积极推广有利于环保和节能的技术和产品的应用，譬如蓄热电锅炉、蓄冷空调、节能型电炊具等；转移高峰电力负荷，引导低谷消费需求，充分利用季节性电能，提高电网经济运转能力和电力资源综合利用等电力促销措施，这些都是协调经营这一理论在电力市场上的典型应用。

当今的社会是一个信息社会，其最大特征就是信息化和网络化。由于互联网飞速发展而带来的速度、效率还有不确定性，使得当前的企业营销组织必须经过积极的调整和改革才能适应新的市场营销环境。社会的不确定性从根本上改变了传统市场营销组织设计的思路，适应信息化、网络化的营销组织要求反应迅速、沟通畅通、加强企业内外的协调和高效。

对于电力企业来说，网络化自动化管理主要体现在两个方面：

一是企业内部组织网状化。以前纵高型的组织结构特点是直线构架、垂直领导、单线联系，用电管理部门与调度、生产等其他部门之间的联系不够紧密，协调配合工作很少。随着企业组织构架日趋扁平，中间管理层次减少，执行层机构增多，每个执行层机构都与决策层建立了直接联系，各个业务部门之间围绕客户的横向联络也在不断增多，企业内部组织机构网络化正在形成。

二是信息传递自动化。随着计算机的广泛应用和网络技术的飞速发展，电力客户用电登记从受理到办理各环节之间的信息传递，以及企业不同层次之间的信息交流应逐步实现数字化、网络化，进一步提高效率。

四、供电企业市场营销体制的现状分析

（一）供电企业市场营销体制改革的背景

世界各国的电力体制，在 20 世纪 80 年代以前基本上是垂直一体化垄断模式 [6]。虽然在 80 年代后，电力改革在部分发达国家和发展中国家兴起，但至今仍未有一个国家真正完成了电力体制的改革。但一些国家的电力改革经验还是值得学习的：要达到电力的市场销售结构可以重新构建的目的，打破发输配一体化管理，处理好客户关系，实现有传统电力市场向现代电力市场转变。

我国电力工业在新中国成立后开始快速发展，建立了发、输、配、售一体化的电力工

业体系。改革开放后，电力工业蓬勃发展，实现了由政府单方投资为主体到各种资本投资并存的转变，电力工业迈向了一个更高的阶段。

计划经济下的电力体系已经不能适应经济市场的发展，为了适应市场经济的发展，需要大力推动电力体系制度的调整，开放国内市场，建立竞争机制，推进全国联网，制定合理的电价，积极推进电力市场的国际化、资本化。改变以往供电企业的自身定位，把供电企业真正放入市场之中，以打破企业的垄断现象，提升企业的服务水平以及与用户的交流程度，以促进整个供电行业的制度改革，使得供电企业在有关部门的指导之下有序发展壮大。

（二）供电企业传统市场营销体制的弊端

随着我国大机组、超高压、大电网技术在电力工业的应用，大致消灭了长时间以来限制我国经济快速发展的电力紧缺因素。但长期的垄断性经营，致使供电服务方面的问题和矛盾日益凸显，服务观念与服务意识淡薄限制了电力客户服务水平的提高：

首先是市场竞争意识淡漠。电力销售工作长期处于被动阶段，缺乏市场竞争意识，导致对市场的分析与调查不够，不能很好地预期市场对于电力的需要，品牌概念淡薄，宣传力度不够。

其次是服务意识落后。在以往的体制之中，由于供电企业对自身的定位不准确，企业不仅内部组织涣散，对于客户也不能提供有质量的服务，供电企业的生产与用户的需求脱节。并且，在区域之间，企业进行的管理与提供的服务也具有一定的差距，供电企业的思维模式、经营手段、服务水平、业务流程很难适应客户要求。客户在市场中的地位处于下面，企业并不注重对他们的服务，与此同时，供电企业在客户心中的地位也受到影响。并且，供电企业内部管理混乱，全员营销概念很难建立。

最后是营销队伍素质需要进一步提高。由于供电企业长期存在"重发（电）轻供（电）不管用（电）"的现象，导致营销环节缺乏优秀人员。加之企业不重视员工的相关培训，导致销售的方式跟不上市场发展的步伐，营销手段缺乏创新。

五、电力营销中客户关系管理的必要性

（一）客户关系管理在电力企业改革中的发展

随着电力企业市场的改革发展，电力企业的竞争环境、营销重点都发生了重大变化，主要体现在：

不同阶段表现出不同的市场特征。详见图1-4所示。

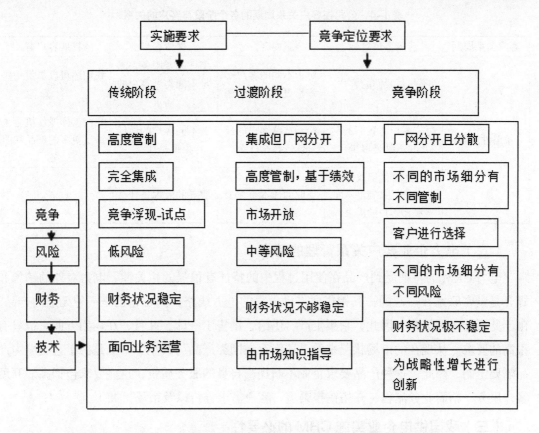

图1-4　电力企业在取消市场管制的各个不同阶段所表现出的市场特征

电力市场管制取消后，电力企业之间竞争更加激烈，见图1-5所示。

为了更好地以客户为中心，提供电力的公司需要时时注重和客户的联系和交流，详见图1-5所示。

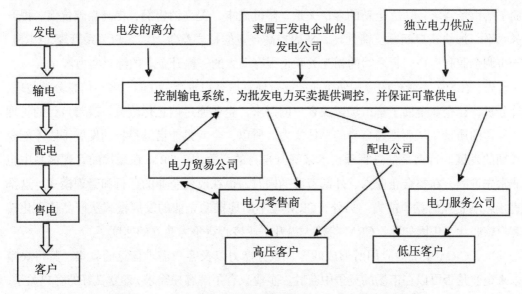

图1-5　一个完全取消了市场管制的电力企业中各实体间关系

表1-4 公司在客户关系周期的各个阶段与客户的关系

客户关系周期	选定客户目标	赢得客户	保留客户	扩展客户群
策略性问题	哪些是我们的客户	对于不同的客户哪些是更有效的渠道	怎样改变服务来满足不同类型客户的需求	我们还可以提供一些什么
	每位客户对我们的利润贡献是多少	给予这些客户的最佳选择是什么	对不同客户的最佳渠道是什么	我们怎样抓住机会来提供更多的产品和服务
	我们怎样能够改变我们的产品来满足不同类型客户的需求	获取的成本是多少	服务的成本是什么	/

（二）电力企业客户关系管理的特点

电力 CRM 的特征受到产品在使用过程中的特征有很强的相关性。电力对外的销售和媒介是紧密联系在一起的，其销售要借助大量的电力线路；同时它也是一种无形的产品，由于其不能大量储存，因此，它集生产、供给、销售于一体，并且，在运用方面它也具有很高的要求。从现在的市场状况来看，还不存在同类产品与其竞争，但是由于这类电力产品需要定制。因此，这种产品要求企业不断提高自身的服务质量，这些要求包括高效开展客户服务、精简业务流程、开拓销售渠道、客户需求分析以及市场扩展等。

（三）我国供电企业实施 CRM 的必要性

在经济全球化的今天，国外电力公司将逐步进军中国市场，如何能够提供优质的客户服务，将成为能否拥有市场的关键。一定要一切围绕客户，时刻跟踪他们的需要，大力发展符合他们需要的特色产品，才能提高顾客的满意程度。在网络和信息高度发达的今天，应该加快数字化改革进程，利用现代信息技术进行资源管理，通过科学手段分析客户信息，全面了解市场需求，建立全新的客户关系，降低成本、提高销售额、提高品牌价值、提升服务水平、加快客户问题反馈处理，从而提高企业的核心竞争力。客户关系管理（CRM）对于协调企业和客户二者之间的相互关联是很有助力的，提升企业的综合实力。

首先，客户关系管理的应用使企业能够全面掌握客户资源，并能对客户信息分类整理，统计分析，让企业全面了解市场以及客户的需求，企业通过信息化改造，改善自己的管理以及经营的质量，从而提高自身的总体实力。所以，企业只能借助科技的发展手段才能获得长期的发展。特别是信息管理技术来提升自身的竞争力。CRM 在现代的管理体系中也是非常先进的，在整合企业内、外部资源的同时，也在改变企业的运行和管理模式，这都将直接影响企业的竞争能力。另外，CRM 也不断地推动企业的发展模式从产品核心化转向客户核心化，正因如此，CRM 将极大提升企业核心竞争力建立的速度。

其次，CRM 系统的应用所形成的客户服务能力以及客户需求信息的收集，其将决定在未来企业是否可以在市场的竞争中获胜。企业只有了解客户需求，建立良好的客户关系，坚持以客户的需求为导向，提供比竞争对手更好的客户服务，如此一来企业可以战胜竞争对手而获得持续的发展。

最后，CRM系统将为企业提供互联网络下的完整管理框架，使企业在网络发达的环境下，也能不断创新，打造属于自己的核心竞争力。

（四）电力企业客户关系管理的应用模式

选择电力行业既是公共服务性行业，也是一种特殊的行业。说其是服务性行业，就决定了其注定要面对能源的竞争、面对客户服务的新要求；说其是特殊的行业，是因为其不必过多地关注其产品的销售渠道及生产线的问题。在当今世界，市场的竞争越来越白热化，供电企业实施客户关系是十分必要的。面对着其他竞争对手，此时，处理好供电方与用电方的关系就显得尤为重要。企业要在尽量满足客户的需求的基础之上打造出更加多样化的产品以增强自身的竞争力。企业不但有维持先前自己的优胜的特征，要在自身优势的前提之下不断拓展新的业务，发展新的优势，以提高用户的满意度。而且，还需要明确了解市场发展的情况，在分析市场数据的前提下可以基本得知用户的需求变化，以及时调整经营策略。目前，企业改善的措施主要从下面几个途径展开：

首先是客户质量评价体系。通过客户对电能的使用情况、缴纳的电费记录情况以及信用情况来建立客户信息的数据库。通过这种数据库企业就可以随时了解客户需求的变化。不仅如此，企业还可以通过对数据的相关分析，知道有些客户对于企业发展的贡献情况，制定相应的策略来留住大客户，并为其提供更加具体的服务，以拓展客户其他方面的需求。同时，通过数据的分析，也可以掌握信誉较差的客户的信息，对于这样的客户，企业需要建立相关的措施来避免他们对于企业的发展产生负面影响。

其次是客户服务问题分析。找出其共性，列出客户反映的集中问题，对热点问题建立模型，进行可行性分析，提出有针对性的解决方法，提高客户的满意度。

最后是电价电费波动分析。电价是决定供电企业效益的一个重要指标，正确的定价能合理地反映供电企业的实际成本。通过对电价、电费的波动分析，可以检查电价的合理性。

（五）电力企业CRM系统的主要功能

电力企业CRM系统主要致力于处理好供电方与用电方之间的相互关系，在维持良性的公司和客户关系的基础上，企业可以制定出相应的对策，以完成自身的任务，获得利润。该体系也能够持续地了解客户对于市场的潜在需要，督促企业不断改善对顾客的服务，以满足顾客的要求，从而拓展企业的业务，增加盈利，进而提升企业的竞争力。该系统主要通过与客户之间的密切的交流来获取客户的信息，制定相应的策略减少投入的成本，实现企业的长久发展。因此供电方与用电方的关系管理体系应当有网上缴费、建议投诉等方面的功能：

1. 多渠道咨询中心

为顾客提供企业基本信息、各项自助服务等项目。用户可以在家里查询自己的用电量，满足自己的用电需求，与此同时，也能降低企业在运营中的负担。系统可以通过电子邮件或短信息的方式将客户预定的相关信息及时发送给客户。针对不同的客户，可以提供符合他们自身特点的特色服务，用户只需在系统用户主页提供相关服务的请求即可。

2. 要完善网上查询业务

通过网上查询业务，客户可以免去前往营业厅的麻烦，并且可以通过互联网等手段交电费、更改业务等。一旦客户进行了某一项申请，企业的相关部门会马上做出反应，通过邮件等方式及时与客户取得联系，帮助他们了解业务进展，使客户对于产品非常认可，同时在研究了客户的数据之后，可以掌握他们的需要，服务的内容可以更具有针对性。

3. 电费查询及网上缴纳电费

电费查询及网上缴费功能可以实现用户足不出户就能完成对电费的查询和网上缴纳，这部分功能主要包括现行电价查询、电量在不同时段的使用情况、电费的缴纳情况以及网上服务业务。客户可以不用去营业厅，直接在家里通过互联网得知自己的用电量。并且，系统还有智能提醒功能，以防用户忘记缴纳电费，影响自己的日常生活。用户只要通过特定的缴费系统就可以进行网上缴费，方便快捷。

4. 网上电力故障报修

当客户的设备出现损坏或者故障的时候，不用再像以前一样打电话或者跑到营业厅，而是可以直接通过网上报修系统进行。客户进入系统之后，只要进行简单的信息输入就可以把自己的情况反映给供电公司。供电公司收到报修要求之后会立刻做出反应，要求维修机构能够最快地为他们排忧解难，解除客户的烦恼。

电力行业自身的业务特点，决定了电力 CRM 的特殊性。建立各级电力 CRM 应考虑如下几个方面：一是基于电力呼叫中心，能够提供更为针对性的特色服务给企业的相关客户；二是提高各种信息在企业内部的流通速度，确保企业能对不同信息及时做出相应的反馈；三是利用信息化管理技术，将供电企业的信息网覆盖到全国各地，打通区域之间的阻碍，实现跨区域的合作。

六、客户关系管理的特点

对于客户关系管理，其主要具有下述特点：

（一）客户关系管理是一种管理理念

对于客户关系管理，其主要思想是把客户当作企业最为核心的资产之一，在深入分析客户的基础上，为其提供针对性的服务，不断提升客户的满意度，进而获得他们的忠诚度，为企业创造更多的经济效益。它吸收了"数据库营销""关系营销""一对一营销"等最新管理理念和技术，通过满足客户的个性化产品和服务需求，最终实现企业和客户的双赢来建立和保持长期的客户关系。客户是企业的核心资源，是生存以及发展的根本所在，市场竞争最终表现在如何争夺客户资源这一方面，企业若想长期拥有理想的客户资源，则需要积极做好客户服务工作，在提供他们满意度的基础上，培养他们的忠诚度，并予以有效维持，只有如此，企业才能更好地生存和发展。

（二）客户关系管理是一种管理机制

客户关系管理以销售人员等为对象，向他们提供尽量详细的客户资料，使其可以更好地跟踪以及分析客户，基于客户需求为他们提供针对性的服务，不断提升他们的满意度以及忠诚度。与此同时，还可借助工作流程精简的做法来控制运营成本。客户关系管理能够持续优化企业相关部门的业务流程，让每一个环节都拥有更高的自动化程度，为客户提供更为优质的服务，持续强化企业的竞争力，让企业在日趋白热化的市场竞争中占据主动。客户关系管理能够将那些先进的理念应用于实践，借助包括服务定制在内的诸多技术措施来帮助企业更加高效地经营，为其健康发展奠定坚实的基础。

（三）客户关系管理是一种管理理念和技术的融合

客户关系管理将最理想的商业实践和信息系统等一系列先进技术有机整合到一起，为企业面向客户的那一类工作提供更加全面、更加高效的解决方案。其涉及多项目前最先进信息技术的运用，主要包括六种，一是电子商务，二是多媒体技术，三是数据仓库，四是数据挖掘，五是专家系统，六是人工智能。

客户关系管理并不是纯粹意义上的信息技术，同时它更是一种现代的、高效的企业商务战略。对于客户关系管理而言，其主要目的是让企业立足于客户分段予以相应的重组，对那些能够提升客户满意度的行为进行强化，并加强同客户的联系，从而帮助企业获得更为理想的可营利性，为企业创造更大经济效益的同时，不断提升客户的满意度。在实际操作过程中，它基于企业整体视角来处理客户的各种问题，最大限度地满足客户的合理需求。在实施客户关系管理的工作中，务必要以一个面孔来面对客户，这是该项工作得以成功的根本。为更好地推动客户关系管理工作，企业和客户之间的所有环节均需要被纳入自动化管理的范畴之中。

第二章 新形势下电力客户服务的主要功能

第一节 有利于保障电力客户的用电需求

一、电力客户价值与客户的分类

（一）客户价值基础理论

1.客户

客户是指与企业建立长期稳定的关系并愿意为企业提供的产品和服务承担合适价格的购买者。企业客户的界定有内涵和外延之分，外延的客户是指市场中广泛存在的、对企业的产品或服务有着不同需求的个体或群体消费者；内涵的客户是指企业的供应商、经销商、分销商、企业的不同职能部门、分支机构、办事处和企业的员工等等。外延的客户又可分为交易型客户和关系型客户。由于交易型客户的购买决策只受价格因素的影响，给企业带来的利润非常有限，所以本文所分析的客户是指与供电企业建立关系并愿意为供电企业提供的电能和服务承担合适价格的关系型客户。现实中的客户是多种多样的，而不同的客户在购买动机及行为方面往往有很大差别，所以要进行客户分类及不同客户特征分析，这是进行客户服务的基础。

2.客户价值

一般而言，客户价值应该包括两方面的价值：一是企业为客户所提供的价值；二是客户对于企业的价值。前者是指从客户角度出发，对于企业提供的电能和服务，客户基于自身的价值评价标准而识别出的价值，即客户感觉到的价值，这一价值在营销学中通常称为让渡价值或顾客识别价值。从企业的角度来看，企业角度的客户价值是指企业把客户看作是企业的一项资源（称为客户资源），这种客户资源能够给企业带来的利益，称为企业的客户价值。后者是指从企业角度出发，根据客户消费行为和消费特征等变量所测度出的客户能够为企业创造出的价值。它是企业进行客户细分的重要标准。本文主要基于客户价值的第二个方面开展研究。

（二）供电企业为客户创造的价值

企业要想找到有价值的顾客，必须首先为顾客创造价值。只有满足或超过顾客的需求才能为顾客创造价值。企业的产品或服务只有通过被顾客所认同和体验，才能得到顾客的承认。也只有感知到企业所提供价值的顾客才能为企业带来长远的价值。顾客感知价值就是顾客所能感知到的利益与其在获取产品或服务时所付出的成本进行权衡后对产品或服务效用的总体评价。进一步分析，客户感知价值主要包括以下几方面要素：

1. 产品价值

产品价值由产品功能、特性、技术含量、品质，品牌与式样等组成。产品价值始终是客户价值构成的第一要素，产品是客户给予企业服务的机会和通行证。

2. 服务价值

服务价值是指企业伴随实体产品的出售或单独的客户提供的各种服务所体现的价值。服务价值是与产品价值相关但又可以独立评价的附加价值，评价它的标准只有一个："满意"。

3. 人员价值

对于顾客来说，人员价值主要表现为语言、行动、服饰、服务态度、专业知识、服务技能。在服务终端。一线员工的价值，就是让顾客满意。

4. 形象价值

以品牌为基础的形象价值是客户价值日益重要的驱动因素。对客户来说，品牌可以帮助客户解释、加工、整理和储存有关产品或服务的识别信息，简化购买决策。良好的品牌形象有助于降低客户的购买风险，增强购买信心。

供电企业作为国民经济的基础产业。承担着普遍服务的社会责任，要想让客户获得较高的感知价值应做好以下几方面工作：

为客户提供安全、稳定、连续的电能，保证供电质量和供电可靠性。因为，随着社会经济的发展，人们的生产和生活对电能的依赖性进一步增强，一旦中断供电或电能质量出现问题，将会给生产、生活带来诸多不便，甚至会带来很大的经济损失，所以提供安全、稳定，连续的电能是满足客户感知价值的主要属性。

在客户对供电企业提供价值的衡量因素中，客户所感知的电能或服务的价格是非常重要的因素。客户会首先衡量其绝对价格，客户衡量供电企业的电能或服务的价值时考虑的既有其付出的因素（时间、金钱、努力等），还有其得到的利益，并会将两者之间进行比较，从而获得客户的让渡价值。就目前供电企业的实际情况，供电企业对电价没有决定权，所以供电企业除货币成本外，必须重视非货币成本，如客户在购买和消费过程中付出的时间和精力等所起到的重要作用。供电企业应做好电力客户的售前、售中和售后服务，尽可能在服务的各环节上节省客户的时间、精力和体力，降低客户感知付出，从而增加客户对供电企业所提供价值的感性认识。

树立全员服务意识，尤其加强一线服务人员服务理念、服务意识、服务技能的培养。使得客户在咨询用电问题、新装用电申请、变更用电业务、查询用电信息、电费储蓄、电能表校验、电力故障报修等各个服务环节都能感受到供电企业优质、方便、规范、真诚的服务。

统一供电企业的ＶＩ标识。树立供电企业的品牌服务形象。规范各供电营业窗口的建设，在服务工作中树立典范，如国家电网公司树立的李庆长共产党员服务队，增强了客户的信任感和对供电企业向社会提供优质服务的认同感，使得客户感知价值进一步提升。

（三）客户为供电企业创造的价值

在客户价值定义中已经阐明应该从两个方面分析客户价值，对企业为客户所提供的价值我们已经做了介绍，接下来我们需要分析客户价值的另一个方面，即客户给企业带来的价值。一个企业只有对客户价值进行全面、有效的分析才能做出正确的决策。在做客户对于企业价值分析时，首先需要明确客户终生价值的含义，客户终生价值是指一个新客户在未来能给企业带来的净利润的期望净现值。一个客户的价值由三部分构成：

历史价值：到目前为止已经实现的客户价值。

当前价值：如果客户当前行为模式不发生改变的话，在将来会给公司带来的客户价值。

潜在价值：如果公司通过有效的交叉销售、调动客户购买积极性或客户向别人推荐产品和服务等，从而可能增加的客户价值。客户终生价值分析是客户服务管理研究的第一步，也是最重要的一步，它是进行其他步骤的基础。因为通过ＣＬＶ分析可以决定：值得花多少资源去赢得一个新客户，值得花多少资源去保持或激活已存在的客户，哪些客户是最有盈利能力的长期客户。

1.电力客户当前价值

当前价值是指客户的经营状况和购买行为保持不变的情况下，客户对企业价值的大小。影响客户当前价值的因素主要有以下几个指标。

（1）利润

企业只有在与客户的交易中获取一定的利润，才能维持企业的生存与发展，所以说利润是评价客户价值的最基本标准。包括两方面：

一是电力客户年相对利润率。年相对利润率是反映客户为企业提供的年利润在企业年利润中所占的份额，是企业评价客户价值的基础性指标，它反映客户利润价值的相对性。年相对利润率＝客户年利润／企业年利润。

二是电力客户年利润贡献率。客户年利润贡献率是反映客户为企业提供的年利润与客户分摊营销成本的比值，也是企业评价客户价值的基础性指标，它与客户的利润价值有很大关系。客户年利润贡献率＝客户年利润／客户年分摊的营销成本。

（2）稳定性

是指客户能否长期、连续、大量地使用电能，客户长期大量的电能需求可以保持供电企业营销利润的稳定性，也就是保持企业正常的生产运营。稳定的客户可以为企业节省营销成本。尤其对供电企业来讲，客户在考察期和形成期供电企业要投入很高的营销服务成本，因此，稳定的客户给供电企业带来的收益远远大于经常变动的客户。

（3）经营现状。

评价客户经营规模主要包括以下六个因素：

第一规模大小。同一用电性质的客户，规模越大，客户的电能需求越多，购买能力越大。

第二技术实力。技术实力指客户在同行业中的技术水平如何，客户的技术实力越强，就越能在市场竞争中获胜。

第三领导者素质。企业的领导人是企业成败的关键人物，所以说企业领导者的素质高低决定着企业的命运。领导者的素质越高，企业的发展潜力越大。

第四员工素质。未来企业的竞争越来越取决于人的因素，除了高素质的领导人以外，员工的素质在未来的竞争中也是至关重要的。

第五获利能力。客户的获利能力的大小影响他的电能需求量，进而影响客户对企业的价值。

第六经营环境。企业的经营环境包括客户所在行业的竞争程度、技术的发展速度等，经营环境的好坏对客户的发展有很大的影响，如果客户生产的产品是国家产业政策限制或淘汰类的产品，即便客户有很强的电能需求，供电企业也应慎重对待。

（4）经营能力

客户的实质工作就是购买企业的产品，因而客户的经营能力的强弱标志着其销售能力的大小，也直接影响着企业未来销售业绩的好坏，衡量客户经营能力的大小是评价客户的主要指标之一。对以电源动力的客户，客户的经营能力越强，对电能的需求越大，对供电企业的价值就越高。

（5）信誉

信誉作为买卖双方交易完成的基本保障，是构成客户关系最重要的基础。企业对信誉有两方面的认识。一方面，信誉是保证；另一方面，信誉是发生变化的，信誉超出其承受能力时，就会变得没有意义。因而在考察一个企业的信誉时，一定要有发展的眼光，不能只看一时。作为电力客户主要包括三方面：

一是违约用电次数。主要是指客户是否遵守电力法和供电营业规则，是否具有良好的信用记录。

二是年平均欠款率。年平均欠款率反映客户年欠款次数与年交易次数的比值。年欠款率越小，客户价值越大。

三是合同履约率。合同履约率越高，客户的信誉越好。

（6）形象

客户形象主要包括两方面：

一是客户的美誉度。客户的美誉度是指客户的社会声誉的好坏，客户的美誉度越高客户价值越大。

二是客户的知名度。客户知名度指客户覆盖面的大小，知名度越高，客户价值越大。

（7）社会关系

社会关系是影响客户经营状况的主要因素。社会关系主要指两方面，一方面是国家产业政策，另一方面是社会地位，在社会上有什么样的地位、影响、社会背景、与行政管理部门有什么联系、历史等等，这些情况直接影响着企业与客户的关系和发现问题时处理得难易。尤其是供电企业对这方面更要慎重考虑，对国家重点的科研基地、重要的政府行政机关、重要通信枢纽以及监狱等特殊客户群体更要做好供电服务工作。

2. 电力客户潜在价值

潜在价值是假定供电企业采用更积极的客户保持策略，使客户购买行为模式向着有利于增大供电企业利润的方向发展时，客户未来可望为供电企业增加的利润总和的现值，这部分是对客户增值潜力的一种估计，称为客户增值潜力。客户增值潜力取决于客户增量购买和交叉购买的可能性大小。

增量购买。增量购买是指客户加大电能的需求，一方面表现为用电量的增加，另一方面表现为客户需要增装或扩容。其可能性大小决定于客户份额、客户关系的水平、客户忠诚度和客户业务总量。

交叉购买。通常指的是客户购买以前从未买过的产品类型或拓展与公司的业务范围。对电力客户是指客户拓展业务范围，产生新的用电类别，从而导致用电量的增加。客户交叉购买的可能性取决于两个因素，一是企业能提供而客户又有需求的产品数量，这种产品数量越多，客户的感知价值越高，客户交叉购买的可能性越大；二是客户关系的水平，客户关系水平越高客户交叉购买的可能性越大。

3. 电力客户价值评价指标

企业在评价客户时，考虑的因素众多，且不同行业、不同企业，不同的外部环境下考虑的因素又有所侧重。供电企业主要可以归结为影响当前价值和潜在价值的几个因素：利润、经营现状、信誉、客户形象、客户的增量购买等。

企业在评价客户对于企业的价值时，不仅要参照当前的价值表现，更重要的是依据其潜在价值表现，也就是说，对客户在未来生命周期中给企业带来利润贡献的预测判断，是影响企业是否继续投资于该客户关系的一个重要因素。两种价值的概念是基于不同的出发点，产品和服务具有较高的顾客识别价值才有可能销售出去，而营销活动的目的就是要努力提高这一顾客识别价值，并将高识别价值的信息传递给顾客。而后一种客户价值用于区分不同价值的客户。是客户关系管理的基础，也是企业进行客户细分的重要标准。在本文中，主要是基于客户对于企业的价值角度对客户价值进行分析，从而使供电企业在市场竞争中，将有限的服务资源投入到高价值的客户身上，有利于供电企业扩大和占领市场，增强供电企业的竞争力。

4. 电力客户的分类

（1）电力客户分类的必要性

电力体制改革必然带来市场竞争，带来电力企业国际化规范运作方式的实施。在整个电力行业，发电、输电、供电、客户整个价值链条的各个实体相互关系发生的变化，引起电力企业在内部管理机制、运作方式、经营模式、市场应对策略以及客户资源和管理等方面发生了巨大变化。但是，由于电力是一种特殊的商品，电力行业作为国民生产的基础产业又具有较强的垄断性，因此电监会有关部门负责人指出供电企业应承担电力社会普遍服务的责任和义务。目前有的电力公司开展的彩虹工程、电力扶贫项目，以及国家投资进行城、农网改造，实现同相同价，这都是电力行业履行电力社会普遍服务的具体体现。作为供电企业在做好普遍服务的基础上，必须明确自身还是企业，企业本身以追求利润最大化为目标。并非所有的客户都能为供电企业创造相等的价值，他们会因其购买量、购买频次、对价格和其他产品性能的敏感度，以及获取发展和维持关系的不同而有不同的价值。供电企业如果追逐那些无利可图的客户，就会浪费企业的资源，所以供电企业必须对电力客户进行分类。

电力客户的分类，是指供电企业通过市场调研，依据电力消费者的需要与欲望、购买行为和用电习惯等方面的明显差异性，把电力消费者划分为若干个消费群的分类过程。通过客户的分类供电企业可以明确自己的客户是谁、客户如何分布、客户的利润如何，如何使客户的需求和企业的供电能力相匹配。按照经济学的20／80法则，通常情况下，只有少部分高价值的客户能够为供电企业带来大部分利润。相反，少部分低价值的客户有时候甚至会给供电企业带来负利润。而多数客户则处于高价值和低价值中间，他们带动供电企业的成长。所以，客户分类是供电企业客户服务战略活动中的一个重要环节，只有在客户分类的基础上才能对客户价值进行评估，才能针对不同的客户群体制定不同的客户服务战略。

（2）客户分类的方法

由于对客户分类时有很多不确定的因素在其中起着重要的作用。在客户关系价值分析的基础上采用以下几种模式的客户分类：其一，依据客户交易量的多少进行客户分类；其二，依据客户的忠诚度和信用等级对客户进行分类；其三，从客户的忠诚度和客户规模进行客户分类；其四，通过客户当前价值、潜在价值的分析，基于客户的贡献对客户进行分类。

ABC分类法。通常企业对客户的分类都采用ABC法，也就是按照过去的交易实际的多少分成A，B，C三个等级。具体做法是：企业将客户按照交易额由大到小列出，取出全部交易额1／3的前面客户定位企业的A级客户，在A级以下累积占全部交易额95%的客户属于B级客户，其余占交易额5%的客户属于C级。

客户忠诚度与信用等级结合的分类方法。将客户忠诚度与客户的信用等级结合进行考察，可以得到四种类型的客户。

第一类，低信用等级——低忠诚度的客户。这类客户是没有开发潜力或者是开发成本太高的客户。他们对企业的产品或服务接受的程度很低的同时，还没有良好的信用保障。这无疑是不值得考虑的一类客户。

第二类，低信用等级——高忠诚度的客户。这类客户可以称之为企业的"危险客户"，即他们喜欢企业的产品或服务，但是却不愿意为自己取得的产品或服务而付出相应的费用。

第三类，高信用等级——高忠诚度的客户。这类客户是企业的"黄金客户"，如果对这些客户采取了有效的措施，将会为企业的发展注入新动力，也会稳定地保持企业的收益，并可使企业取得良好的综合效果。因此，这些客户是企业开发客户的首选对象，企业需要与之建立畅通的沟通渠道，需要及时地向他们提供企业的信息，向他们提供最新的服务组合以及其他优质的服务。

第四类，高信用等级——低忠诚度的客户。这是企业发展的主攻方向。如果有效地开发这种类型的客户，无疑会增长企业"黄金客户"的比例，也会为企业带来更多的收益。对于这类客户培养他们的忠诚度，培养他们对企业产品或服务的兴趣，是企业的首要任务。

客户忠诚度与客户规模结合的分类方法。如果将客户忠诚度与客户规模相结合，可以得到四种类型的客户。

第一类，小规模——低忠诚度的客户。此类客户对于企业而言宛如"鸡肋"，因为，开发他们不仅需要大量的人力、物力。而且需要耗费相对较长时间，即便如此，所取得开发结果往往还难以令人满意。

第二类，小规模——高忠诚度的客户。对于此类客户要从两个方面来分析：首先，应该肯定此类客户是对企业发展有益的客户，且他们对于企业提供的产品或服务具有很高的忠诚度。但是，从此类客户的规模上来考虑，对其进行开发可能投入的成本较高。

第三类，大规模——高忠诚度的客户。一般来讲，此类客户是企业进行客户开发时的首选对象。具体的原因；其一是交易额大；其二是大规模的客户的示范效果好，对其他客户的辐射能力强，可以帮助企业进行免费宣传；其三是大规模客户一般具有相对较强的经济实力作为保障。

第四类，大规模——低忠诚度的客户。此类客户是企业具有不稳定性质的客户。对这类客户要特别关注，因为此类客户很容易转向竞争对手，从而给企业经营带来不稳定因素。

依据客户利润贡献率的分类方法。客户按照当前价值和增值潜力将客户分为四组，如图 2-1 所示。这里当前价值指如果将客户关系维持在现有水平上可望从客户获得的未来总利润。增值潜力是假定通过合适的客户保持策略使客户购买行为模式向着有利于增大企业利润发展时，可望为企业增加的利润现值。它取决于客户的增量购买、交叉购买和推荐新客户的可能性和大小。

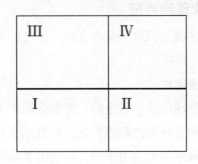

当前
价值
高低

增值潜力

图 2-1 客户分类矩阵

二、用户用电需求的特征分类

用户的用电需求可以根据不同的划分标准进行不同的种类，例如按照物理划分，可以划分成有功负荷与无功负荷。但我们一般是按照行业进行用电需求的分类，将用电需求划分为商业用户需求、居民用户需求以及工业用户需求。

（一）用电负荷需求分类

1. 商业负荷

商业负荷主要包含商场的灯光、空调制热制冷等负荷类型。其中的灯光照明设备占据了商业负荷的主要部分。由于商场的占地面积比较大，商场的使用时间比较固定，因此，整体的用电比较稳定，不会产生突然变化。由于人民生活的日益提高，消费水平的提升，商业的整体用电量也不断增大，尤其是周末和节假日的时候。

2. 工业负荷

工业负荷指的是工业生产所需要的用电，比如重工业、轻工业等部门所需要的用电。由于我国是工业发展的大国，因此，整体的工业用电比较大，比商业负荷以及居民负荷高很多，占据整体社会的用电量的 75% 左右。除了工业负荷的用电量比较大之外，工业负荷用电趋势比较稳定，在每个月内，每一个季度内的用电量差异不是很大，相对比较平稳。当然，有些工业负荷用电也随着季节变化而变化。

3. 民用负荷

民用负荷也为居民负荷，与居民生活息息相关。近几年来，居民用电呈现上升趋势。由于居民生活作息比较有规律，居民负荷也呈现一定的规律性。整体的用电也与节假日、季节有关。特别是夏冬季节，由于炎热和寒冷天气的影响，用户的制冷和取暖设备广泛使用，占据了负荷总量的很大一部分。

（二）用电负荷预测特征

负荷预测最重要的就是获取负荷的变化发展与历史数据以及外界因素之间的关系。负荷预测一般有以下几个特征。

1. 负荷预测的不确定性

电力负荷往往是波动以及不确定的，常常受到诸多外界因素的影响。由于外界因素的不确定的变化往往影响了负荷的趋势变化，也造成了负荷预测困难程度。由于影响负荷的出力因素比较多，在众多的出力因素中，有些因素是难以量化的，有些因素是可以被量化处理的，有些因素是适合定性分析，而还有些因素是难以被定性的，这就是负荷预测具有不确定性的原因。

2. 负荷预测的条件性

负荷预测的条件性是在需要满足一定的假设性条件下进行预测。由于负荷的不确定性是由众多外界因素所构成的，有些因素对负荷的影响比较大，而且比较容易挖掘，而有些因素对负荷的影响比较小，而且难以发现。因此，对于后者对负荷影响也比较小和难以挖掘的因素，我们就假定这些因素对负荷影响不大，可以忽略。同时，负荷预测是需要建立在假定信息可靠的前提下的，例如气象条件。如果一开始就怀疑所预测负荷的条件，那么无法进行接下来的预测。

3. 负荷预测的时间性

负荷预测的时间性体现在是根据历史数据对未来的某个时刻进行预测。因此，在进行负荷预测的过程中需要制定具体的预测时间。

（三）用电负荷周期性变化

1. 负荷的年周期性变化

负荷的年周期性变化指的是负荷在一年内变化的规律。以居民用电负荷为例，居民负荷的季节性特别明显。由于炎热和寒冷天气的影响，用户的制冷和取暖设备广泛使用，夏冬两季的负荷占据了负荷总量的很大一部分，而春秋两季的用电量比较少。

2. 负荷的周周期性变化

负荷变化的周周期性是指负荷在一周内变化的规律，往往负荷在不同周期之间变化规律表现相似。一般来说，负荷的周周期变化规律最为常见的是工作日和休息日两个类型。

3. 负荷的日周期性变化

负荷变化的日周期性是以天为单位体现出来的变化规律。每日的负荷出力可以分成三个时间段：上午、下午和晚上。不同时间段的出力有着明显的不同。当然也符合人们生活的规律。上午和下午是正常进行生产活动的时间，因此整体的负荷需求比较大。而在晚上由于人们进行休息，所进行的生产活动比较少，因此，在夜里整体的负荷需求也比较少。

（四）用电负荷聚类算法

考虑到用户的用电需求自身的特征关系，不同的数据之间有着相似性。同一类型的数据训练，测试，预测精度更好，如果不加区别地进行数据的输入与预测，预测的结果将大打折扣。

1. 聚类分析的基本思想以及步骤

（1）聚类的基本思想

聚类的思想就是将一个数据集划分成若干个子集，在同一子集内的数据具有比较高的相似性，而不同子集的数据的相似度不那么高。对于数据之间相似度的判定往往利用距离单位来刻画，在同一个子集中以相似度最大为目标，而不同子集之间以相似性最小为目标。

（2）聚类的相似性度量

数据的相似性是聚类划分的基本原则。对数据的相似性度量可以从距离、相似、匹配三个角度进行。其中，距离测度最为常见。数据的多维特征可以构成一个矢量。距离测度是以两个矢量之间的距离作为基础，距离越小，表示两个矢量之间的相似程度越高。

（3）聚类的主要步骤

虽然聚类方法的多样化以及相似度判别的多元化，但是聚类的主要步骤大体不变：

数据准备：对数据进行预处理，剔除不良数据。

特征选择和提取：根据所预处理的数据，提取数据的有效特征，所提取的特征要符合数据本身的特点，也要保留大量数据的信息。

聚类：根据数据的结构和特征选择适合的聚类算法对数据进行聚类，分成不同的聚类簇。

聚类有效性评价：利用聚类有效性指标对聚类结果进行评价。

结果分析：对得到的聚类结果进行分析，从而得到正确的结论。因此，根据上述所述聚类算法以及聚类的有效性直接影响最后的正确性以及最后的结论。

2.k-means 聚类

目前为止，提出的聚类方法多种多样，但是各种聚类方法都有自身的优点和缺陷。根据聚类算法的实现原理可以分为以下六种：基于划分的聚类算法、基于层次的聚类算法、基于密度的聚类算法、基于网格的聚类算法、基于模型的聚类算法、基于模糊理论的聚类算法。其中基于划分的聚类算法是目前使用最多的聚类方法。其基本思想是按照所指定的聚类个数，通过指定的相似性度量方法，将数据划分成所指定的聚类个数，当聚类算法中的目标函数达到最优收敛时候，得到最终的聚类结果。k-means 算法就是这类算法的代表。

（1）k-means 主要思想

k-means 算法的核心思想是根据所设定聚类的 k 个数，随机选取 k 个数据作为初始类簇的中心点，以距离作为相似性标准衡量各数据到聚类中心的距离，并根据距离大小更新聚类数据，并判断目标值是否收敛，反复迭代该过程不断更新聚类簇中数据，直到使目标值收敛为止。

（2）k-means 主要算法流程

算法处理过程如下：

输入：指定聚类的个数以及数据集。

输出：k 个聚类的聚类簇。第一步：随机选取 k 个作为初始的聚类中心。

第二步：分别计算数据集中的每个数据到 k 个聚类中心的距离，并且按照相似度距离的标准，把对象分配到距离最近的聚类中。

第三步：所有对象分配完成后，判断目标函数是否收敛，否则重新指定 k 个聚类的中心点，按照步骤二进行操作，否则输出聚类结果。

3. 聚类的有效性评价

在进行聚类的过程中，可以发现不同的聚类算法或者相同聚类算法的不同参数影响着最终的聚类划分结果。并且，很多聚类算法都是按照提前指定的聚类数目进行数据簇的划分，不同聚类数量产生不同的聚类结果，但是无法评判哪一个聚类数量聚类效果最好。因此，需要以某种评价指标对聚类结果好坏进行评价，从而确定最佳的聚类数量和聚类结果。聚类有效性指标就是来评价不同聚类结果的好坏。当聚类有效性指标函数取值达到最优时，可以确定最佳的聚类数量。

（1）聚类的有效性度量

聚类有效性指标以簇内紧密度和簇间分离度作为衡量标准，也是衡量聚类好坏的标准。簇内紧密度是用来判别同一个簇内的数据的紧密程度，当所计算的簇内的紧密度数值越高，越代表同一个簇内的数据差异也就越小；簇间分离度是用来判别不同簇之间的差异性，当所计算的簇外的分离度越高，越代表着不同簇之间的差异越大，也代表着不同簇内的数据相似度越低。因此，对于一个高质量的聚类算法而言，需要簇内紧密度高以及簇间分离度大。

（2）常用聚类的有效性指标

聚类有效性指标大致可以分为以下两种：内部有效性指标和外部有效性指标。其中，内部有效性指标主要是根据数据的紧密度、分离度、重叠度等对划分的结果进行评定的。根据内部有效性指标数据大小来搜寻不同聚类方法的最佳聚类数量，是最为常见以及常用的聚类有效指标。而外部有效性指标和内部的有效性指标不一样，它需要借助数据集的参考信息，如数据的实际划分类，来衡量不同聚类算法的有效性。内部有效性指标和外部有效性指标分别针对不同聚类的方面进行的，一个是从聚类算法本身出发，一个是不同聚类算法。常用的外部有效性指标有 Rand 指标、Fowlkes-Mallows 指标、Adjusted Rand 指标等。常用的内部有效性指标有 CH、COP、DB、Dunn 和 I 指标等。

（五）用电负荷相似性划分

对居民负荷以及工业负荷进行 k-means 聚类，得到同一类型负荷的相似性聚类。

1. 城镇居民聚类

从用电信息采集系统中抽取某城镇单一用电客户一整年的用电负荷曲线数据作为 k-means 聚类算法的输入，可以将单一用电客户的用电曲线聚为二类。

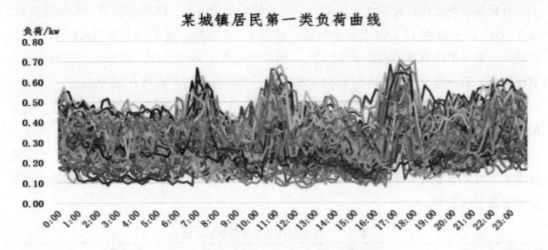

图 2-2 某城镇居民第一类负荷特征曲线

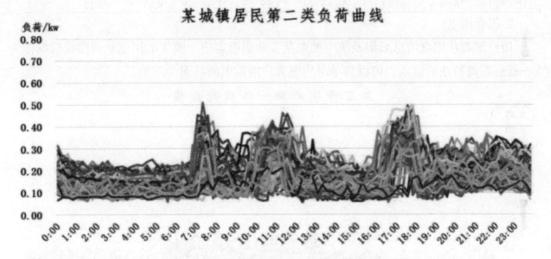

图 2-3 某城镇居民第二类负荷特征曲线

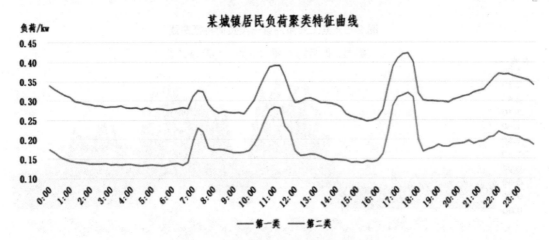

图 2-4 某城镇居民负荷聚类特征曲线

分析每一类负荷特征曲线，求取每一类中的各季节占比，结果表明第一类负荷较高，在7：00、11：00和17：00有三个峰值。根据表2-1可知，夏季和冬季所占的第一类比重最大，第一类中夏季的占比为80.43%，而冬季的占比为92.59%。秋季和春季的占比相对比较小，第一类中秋季的占比为53.85%，第一类中春季的占比只有26.09%。

第二类与第一类整体趋势类似，同样有三个峰值，但负荷较低，以春秋季为主，春季最多，占春季的73.91%，秋季的46.15%，其他季节分布较少，占夏季的19.57%，冬季的7.41%。整体而言，第一类所占比例明显大于第二类，且第一类以夏冬为主，第二类以春秋为主。可见季节对于城镇居民的用电负荷量影响明显，因为夏冬季居民乘凉和取暖用电会明显高于秋冬季。

表2-1　城镇居民每类中各季节占比

/	第一类				第二类			
季节	春季	夏季	秋季	冬季	春季	夏季	秋冬	冬季
占比（%）	26.09	80.43	53.85	53.85	73.91	19.57	46.15	9.14

2. 工业用电

用户聚类从用电信息采集系统中抽取某工业用电客户一整年的用电负荷曲线数据作为k-means聚类算法的输入，可以将单一用电客户的用电曲线聚为三类。

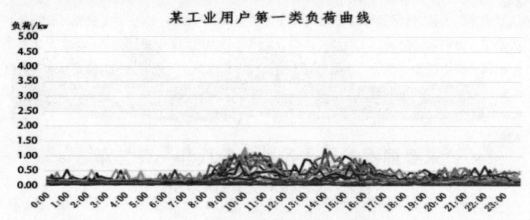

图2-5　某工业用户第一类负荷特征曲线

图2-6　某工业用户第二类负荷特征曲线

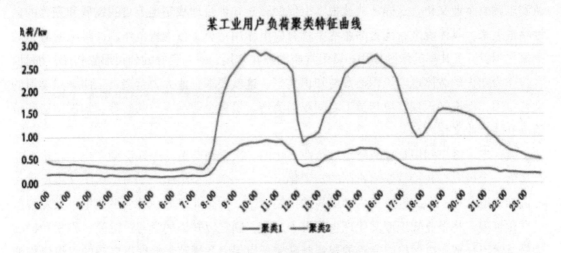

图 2-7　某工业用户负荷聚类特征曲线

第二节　增强电力企业的市场竞争力

随着市场经济体制的逐步建立和完善，社会要求电力企业市场化改革的呼声越来越高，打破垄断，引入竞争，降低电价，提高服务水平已成为电力体制改革的主旋律，供电企业将面临从未有过的竞争。电力营销作为供电企业的核心业务，将成为供电企业发展的重点。供电企业的经营模式也由分配电力和限制用电的生产经营型转变到搞好需求侧管理、加强负荷预测和引导客户的服务经营型上，逐步建立以客户需求为导向、服务质量改进为目标的供电服务价值链，培育企业的竞争优势，提高自身的市场竞争力。

一、电力客户知识管理体系的构建

电力客户知识管理实施体系总体上包括以下几个方面：组织文化、系统平台、知识流程、信息技术和商业内容。

（一）电力客户知识管理的组织文化

电力企业急需通过文化建设和积极的组织变革等组织支持因素来适应和支持客户知识管理战略。电力客户知识管理的组织支持因素具体包括企业文化、组织机构、规章制度和激励机制等方面。

1. 企业文化

企业文化是企业历经长期的经营发展所精心积聚的经营理念、行为品质和企业价值观，它的发展是从无到有、从抽象到具体、从行为规范到价值观驱动的升华过程。知识管理战略实行的必要前提就是企业积极塑造一种有利于员工之间的协作共享、有利于追求客户满意和忠诚的企业文化，这样才能从根本上促使客户知识管理战略走上自我发展和完善的良性轨道上来。具体说来，优秀的企业文化有以下作用：员工行为规范作用；员工向心力的凝聚作用；员工共享的激励作用；员工素质的强化作用；树立良好的公司形象作用。而且，客户作为知识的载体也应该积极参与知识共享，这就要求企业大力营造员工向客户学习的文化氛围，促进知识在客户与员工之间双向流通，培育企业与客户共同参与知识创造和价值提升的企业文化。

简言之，客户知识管理战略是对企业文化的一次全新塑造——知识型文化。它将企业打造为一个极具自我持续修缮机制的知识化组织——学习型组织。学习型组织又将反过来推进知识型文化，即战胜员工内部最初的抵制情绪，为企业培养一种公平竞争、激发智慧的文化氛围，将企业知识型文化理念扎根于企业：制定以知识的学习、沉淀、积累和提高为全员学习任务，以严格、完善的规章制度来予以保障和规范，并辅以专门的组织机构加以保证。

加尔文（Garvin）指出，学习型组织是以追求新知识、新见解为目标，在流畅完善的知识获取、转移和创造的过程中勇于修正自身行为、拓展自身潜能的一种组织。

派得乐（Pedler）认为学习型组织是一种激励大家相互学习并突破自身能力上限的组织。在这里，大家怀揣着共同的战略目标，不断开展全新、开放的共同学习活动，最终在发展自身潜能的同时创造出组织意向的成果。派得乐（Pedler）在书中还阐述了学习型组织创建的五项基本修炼：

突破自我，要求每个人心中都深植一种创造性热情，力求创造性地学习和工作以超越自身极限。

改善心智模式，人的心智模式根植于其学识、阅历和价值观，无形之中决定并限制了人们的日常作为，比如美好的想法在实践中不具备可操作性。因此，在事情实施之前，发动众人进行面对面的互动沟通能够健全人的心智模式。

创造共同愿景，即将个人愿景汇聚成共同的目标、价值观和使命感，这是一种能够有效凝聚众人主观能动性和积极付出的愿力。

团体学习，这是大家相互配合、彼此聆听、一起思考的过程，能够超越自身无法独自获得的见解高度。

系统思考，这是一个贯穿其余四项修炼并将它们融会贯通，形成浑然一体的修炼技能，它是学习型组织的灵魂部分，可以在繁杂的细节中为人们剖析出新思路，指引人们总揽全局并把握细节。

以上五项修炼法则都与团体互动、学习和思考息息相关，它们之间相辅相成，形成一套系统的学习方法。

2. 激励机制

激励理论是建立在员工有需求才有行动的前提下，而期望理论则指出员工行动之前都会期望报酬。因此组织如何以有形的薪酬制度配合无形的企业文化规范和引导员工的共享意愿，这是当前知识管理的一项重大的研究课题。员工的激励因素源于个体成长、工作自主和义务成就，企业通过精神上或物质上的激励有助于提高员工工作热情、积极性和创造性，从而引导员工自主学习和自我完善，提高组织整体能力。员工的薪酬制度直接影响了员工的知识共享积极性，因此合理的薪酬制度能鼓励员工贡献自己拥有的知识。

知识管理薪酬制度的制定有以下几个注意点：其一，薪酬制度要明确且制度化；其二，薪酬制度要量身定做；其三，薪酬制度要平衡团队协作和个人相对贡献度；其四，员工知识贡献能力的评估要客观而公正；其五，薪酬制度要与企业文化相互促进。

3.组织结构

除了企业文化和薪酬激励，组织结构也是企业知识管理有效实施的重要影响因素。知识管理战略要求企业的组织机构应该向着柔性化、弹性化、扁平化和网络化方向变革。

（1）扁平化

当前，信息技术的应用和员工独立工作能力的提高也使得组织结构更趋于扁平化发展，精简了中间决策层环节，这一方面形成扁平状决策网络，使得决策权被合理、适当的授权与分发，更多员工直接参与管理和决策，这极大地激发了员工的积极性、主动性和创造性；另一方面形成分布式决策体系架构，使知识能够遍历最短路径到达决策层，同时决策层的经营战略也能够快速、直接地下达到执行层，并形成快速的意见反馈回路。

（2）网络化

组织的网络化又叫战略联盟组织形式，是指多个独立经营的小单元为了某一共同的战略目标而联结在一起，共享资源、分享技术、分担成本和共担风险的虚拟组织形式。这是一种动态经济联盟形式，需要组织成员彼此完全信任、精诚合作，才能有效集成企业最精良的技术，以快速应对市场变化并抓住市场机遇。其本质是竞争与合作兼容，并以合作谋求持续竞争优势的战略。

（3）柔性化

组织的高度柔性化即决策组织部门间低耦合、高内聚的结构形态，可以及时、主动、更好地响应外部市场环境的变化。柔性化组织采用低耦合和高内聚的任务团队作为其基本组织形式。任务团队的低耦合性是指团队随着市场机遇和任务的变动而能够快速、有效地创建或重组新团队的动态性和多变性。任务团队的高内聚特性就体现在它是集人、技术和组织于一体的最小单元。这种任务团队的形式和知识联盟具有异曲同工的妙处。

组织的柔性化、扁平化和网络化发展的整体效能体现在以下三个方面：以自治的分布式组织取代集中式组织，组织单元的复合型技术结构，以变化的组织应对变化的市场。

另外，建立高效的客户知识管理团队对于客户知识管理的实施非常重要，知识管理团队的五要素（5P）即目标、人员、职位、权限和计划的践行，能带给企业积极的凝聚力，这对于企业目标的实现和集体绩效的提升意义重大。由于知识管理系统要集不同领域利益相关者的专业技能、知识和洞察力于一体，因此知识管理团队的人员也必定是来自各职能部门的专业人才，使得知识管理团队具备综合性、专业性和协作性。这个客户知识管理团队将领导整个组织客户知识管理体系建设的工作，制定相关战略与目标，统筹各方资源，保证整个电力客户知识管理实施向着既定目标稳固推进。

（二）电力客户知识管理的运作系统

1. 基于 CRM 的 CKM 系统

电力系统先后实施了电力营销系统、中间业务系统和电力客户服务中心等传统意义上的电力客户关系管理系统。传统电力客户关系管理系统集成了与客户相关的所有业务活动，它强大的操作功能为企业存储了海量的客户数据，既包括企业与客户互动交流的数据，也包括了企业业务运营中的客户数据。

然而，传统电力客户关系管理系统缺乏对客户数据高效分析的能力，而且无法实现知识共享传播所要求的闭环商业流程，集成客户关系管理系统的客户知识管理系统正好解决了这一问题，使得企业经营过程中的业务流程与知识管理系统中的知识流程有机地融合为一体。

客户知识管理系统通过与客户多渠道互动和营销业务往来获取客户数据，并集成企业其他应用信息系统的数据，根据客户需求定义商业目标并提交给数据分析系统。分析成果以客户知识的形式用于支持商业决策，最终再通过营销、销售和服务等业务往来作用于客户。营销决策和战略决策都建立在客户、信息、知识和管理的基础上，实现客户知识从获取到使用的循环往复的闭环动态流程，这样不断循环运作的客户知识管理系统终将实现客户知识再创新。

2.CRM 系统

在 CKM 中的功能基于 CRM 的 CKM 系统为客户知识管理提供了运作平台。而且，有效利用 CRM 系统的功能，再辅以知识管理机制，可以更有效地发挥 CKM 实施效果。正如第三章第四节所阐述的，知识管理系统包含了组织支持系统、知识技术系统、执行系统和监控评估系统。而 CRM、CKM 系统可以很好地集成知识的技术系统和执行系统。一方面，CRM、CKM 系统包含了知识管理运作的执行系统，它有效实现了营销、销售和服务的自动化过程；另一方面它整合了数据挖掘、知识仓库、知识地图和协同技术等信息技术，解决了知识管理的技术难题。

根据美国调研机构 Meta Group 将客户关系管理系统分成运营型 CRM、分析型 CRM 和协作型 CRM，而运营型 CRM 系统正好实现了知识管理执行系统的功能，相应地，分析型 CRM 系统和协作型 CRM 系统也完全能完成知识管理的知识技术系统的功能。接下来，我们可以从总体上分析客户关系管理系统在客户知识管理系统中的业务功能。

（1）运营型

CRM 系统运营型 CRM 系统是客户知识管理的执行系统，它面向的是市场营销、产品销售和客户服务与支持等业务流程的自动化、知识化和智能化。在为客户提供服务的同时获取客户需求信息，将客户需求提交给企业战略层和知识管理小组。同时，它又是客户知识的需求方和使用者。运营型系统是客户知识获取的数据来源所在，主要是客户消费偏好和用电特征等方面的交易数据。

（2）分析型

CRM 系统分析型是客户知识管理系统中知识技术系统的一部分，它能实现知识技术系统的知识挖掘、知识存储与组织功能。它主要面向客户数据分析，其常用的技术是数据仓库、数据挖掘、商业智能和知识地图等。利用此知识技术系统强大的数据分析工具可以挖掘隐藏在客户数据内部的潜在客户知识。即从运营型 CRM 系统所产生的大量客户用电数据中提取有价值的商业信息，再应用知识管理的方法整合信息，为企业的经营管理和制定商业决策提供科学依据。目前，分析型 CRM 对客户信息的分析是基于"80 / 20"原理，带有对现行市场的深度营销和对未来市场进行预测的功能。

（3）协作型

CRM 系统协作型是企业与用户交互的实际接触点，通过面对面交流、视频对话、呼叫中心和企业门户网站等多媒体方式实现了多渠道、全方位的客户交互服务。通过集成各种沟通渠道，一方面，开展主题的、针对性地交流沟通活动，确保企业与客户得到的信息是一致的、完整的；另一方面，可以快速响应客户需求和发现商机；因此它是一种综合的解决方案。而且，协作性 CRM 能实现知识技术系统的知识发布与共享功能，也是知识技术系统的一部分。

综上所述，借助于运营型和协作型 CRM 系统，完善营销、销售和服务支持等业务流程，加强与客户之间的联系。将客户的各种属性信息和交易信息进行分类管理，然后再将这些信息经过抽取和预处理，载入客户数据仓库。

同时借助于分析型 CRM 系统中的知识挖掘、知识存储和知识组织等技术，将整合后的客户信息以客户知识的形式发布在 CKM 共享平台上，再经过员工与客户的重用和复用，使得知识不断完善、创新，最终实现客户智能及决策分析。

3. 基于 CRM 的 CKM 系统的作用

CRM. CKM 系统实现了电力企业客户与企业多渠道互动服务，从而发现企业资源与客户需求之间的供需信息不对称。集成和挖掘市场、销售和服务等各类信息数据，并组织成客户知识存储在知识库中，实现客户市场划分、客户用电需求趋势预测和企业智能决策。

开放的 CRM. CKM 系统还可以集成企业的 ERP、SCM 和 EAM 等管理信息系统，将各历史信息系统的信息化孤岛进行有机整合，使其各种业务资源和信息都能够共享和调用，这样的综合管理下更能够实现组织内部协调运作和互助经营；而且，在获取更多客户数据的同时，采用规范化的方法将企业积累的客户知识融入企业各信息系统的业务环节中，使客户知识在整个企业流程内得到有效的共享与运转，这样不断循环运作的 CRM. CKM 系统能够不断进行知识创新和价值创造。

同时，电力客户知识管理是落实科学发展观、实现集约化发展、转变电力营销服务理念和创优质高效服务的全新管理模式。在现代智能电网全面建设和一强三优的加快推进下，电力企业客户知识管理也正朝着系统化、全面化、智能化发展。而且，电力客户知识管理也终将产生客户智能——创新地使用客户知识从而发现商业需求、辅助面向客户的决策和提高企业整体运营能力。

（三）电力客户知识管理的流程

电力客户知识管理的流程，即客户知识获取、共享流转和应用创新，伴随着电力企业经营管理和业务运作的全过程。

1. 客户知识获取

知识获取是客户知识管理的前提，而数据仓库、数据挖掘和联机分析处理（ＯＬＡＰ）等知识获取工具在客户知识管理的过程中是重要且必要的。良好的数据仓库环境可以为知识获取准备主题相关的高质量数据，满足客户知识对数据的多重需求。结合数据挖掘和ＯＬＡＰ中的一系列算法和模型发现隐藏于客户数据中的消费模式和规律，生成支持决策的客户知识。客户知识获取过程是一个持续的动态的过程。

2. 客户知识共享与流转

客户知识必须通过共享使用来体现其商业价值。将客户知识输入动态知识库，而知识仓库的动态结构正体现了客户知识的不断更新，并且建立一套完善的共享机制，实现基于知识库的客户知识共享。最终借助客户知识管理系统，将存储于知识库中的客户知识分发到组织中任何需要客户知识的终端。

3. 客户知识应用及创新

客户知识管理的最后环节就是客户知识的投入使用及正向推进知识创新，这是利用可得的显性和隐性知识去解决商业问题的过程。比如，客户针对企业某一发展问题向咨询管理公司寻求帮助，而咨询公司将就企业问题制约因素加以分析，利用组织已有的知识和实践中的新知识、新思想、新体验为客户撰写解决问题的方案报告。客户知识在实践中的有效运用，能够促进知识创新和知识拓展。正如电力营销服务人员在营销活动开展中，总是会发现客户的其他的潜在需求和偏好等，这样就拓展了营销人员的知识储备。而知识的应用再创新是发现潜在的商业需求和开发全新的商业需求从而获取更大竞争优势的先决条件。

（四）电力客户知识管理的关键技术

1. 客户知识挖掘技术

要进行客户知识管理，首先要进行知识审计以便明确知识需求，然后才去寻求和获取客户知识，而知识的获取需要用到数据挖掘技术等信息技术，正如著名管理咨询专家 Jim Berkowitz 所说客户关系管理的成功实施还需要一个合理的信息机构。企业如果不能全面及时地分析客户数据，挖掘客户需求和消费模式，预测客户行为动向，企业将失去竞争的优势。因此客户知识管理的信息机构更强调运用客户数据背后的客户知识优化客户关系，将操作型客户数据转变为决策型客户知识，支持面向客户的决策。

数据挖掘的多学科交叉性和跨领域性，可以帮助企业进行信息重构、资源整合和知识创新等。客户知识管理中的数据挖掘是指分析数据库中的交易数据来获得客户理解并应用商业智能有效地发现隐藏其中的客户知识，精准地响应客户需求的变动。最终将掌握的客户信息转换为辅助企业决策的知识，提高企业运营、决策能力。

传统的电力管理信息系统贮存了庞大的客户数据，但纯粹的客户数据并没有商业意义，只有通过数据挖掘算法和模型导出的隐含客户知识才具有商业价值。

数据挖掘的聚类、分类和孤立点分析等算法可用于客户知识挖掘的各个不同阶段。数据挖掘作为客户知识管理的核心技术，正逐步融入决策支持系统中，解决知识获取瓶颈问题。数据挖掘也是国际上最新形成的客户知识管理研究的有效方法。

另外，由于客户知识管理既是一种管理理念、机制，也是一种管理软件和技术，其实现既包含了商业问题也包含了技术问题，所以客户知识管理应用中的知识挖掘过程应综合两方面考虑。

企业营销过程开展的每项业务运作都需要与客户接触并据此获得客户需求，以此定义商业应用目标，然后商业目标被提交给知识挖掘部门。知识挖掘根据商业目标，从数据存储中选择和提取数据进行数据挖掘，挖掘成果用来支持商业战略决策，最终的商业战略决策再通过客户接触应用于客户。这样的整体性使知识发现过程像个封闭圆环一样，不断循环流动运作，最终实现知识应用及创新。

2. 客户知识存储技术

知识在获取的同时，就应该妥善存储以便于日后的充分利用。因此，实施客户知识管理首先要建立功能强大的客户数据仓库和客户知识仓库，这对于企业各应用系统中客户数据的挖掘、客户知识存储和客户智能决策至关重要。知识仓库不是简单的知识收集，而是根据决策目标有选择地抽取知识，并将其分类组织、准确编码、分类索引转换成统一标准、快速检索、可用的知识。将知识仓库应用在知识管理系统中可以整合企业分散的、异构的客户知识，为知识的流转和使用提供规范的、标准的、可传递的知识。

尤为重要的是，客户知识仓库作为一种特殊的数据仓库，不仅涵盖了各种客户知识类别，还能加速知识的动态更新以确保知识的有效性。而且，基于网络平台的知识仓库具有高效的信息共享功能，这也是动态客户知识库的共享机制。

由此可见，知识仓库的存储流程包括：知识的汇总、抽取和过滤；知识编辑、分类和标识；知识存储和检索；知识的更新与维护。如图 2-8 所示知识的存储流程。

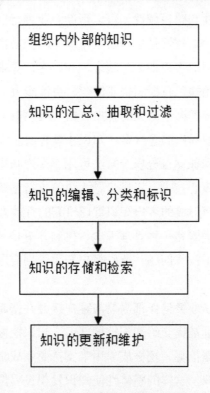

图 2-8 知识管理的存储流程

3. 客户知识组织技术

知识的组织是为了使知识呈现组织化、有序化和系统化以方便人们有效利用知识。有效的知识组织不仅要完整表达出知识要素，更重要的是知识要素之间的关联性。知识地图是一种图像处理技术，利用清单和图表等信息模式来形象化表示知识分布及其关联性。知识地图作为知识组织的一种良好工具，能协助人们精准地检索到所需要的知识来源并提取知识，有效缩短知识检索时间、加速知识的运用。知识地图有效集成了散落在组织内的相关知识，并联合知识库中的各种知识，将所有这些知识的性质、来源和关联性用各种不同的连接线表示出来，可以说知识地图是包含了人员信息、知识源和工作流程等信息及其联系的综合体。知识地图绘制的基本步骤：

首先，知识的搜集、汇总和整理；

其次，复杂知识分解为简单的知识元，并对知识元重新标记、分类和存储；

再次，建立知识元标签，包括时间、来源和关键词等；

最后，建立知识元之间的联系，使用不同意义的连接线表示出来。

需要注意的是知识的时效性和更新也应该在知识地图中标示出来。

4. 客户知识发布技术

现代信息技术的广泛应用为知识管理提供了便利和有效途径。企业知识门户（ＥＫＰ）就是一种基于信息技术和 Web 架构的、用于支持知识管理的、能够应用和综合于客户知识管理系统平台上的综合应用系统。它是一种能够为知识工作者提供企业知识资源访问入口的高级的、综合的软件系统。企业知识门户能够有效集成各交流和通信渠道，比如 E-mail 聊天社区、讨论社区和专业论坛等，用于知识的发布和传播过程。另外，企业知识门户开放的系统集成功能，能够有机整合企业各应用系统以及企业外部网站等，应用因特网实现组织内、企业之间、企业与客户之间的端到端的业务集成，完成信息流程传递，帮助企业和客户有效利用知识资产做出正确决策。

（五）电力客户知识管理的内容

电力企业中客户知识管理的内容主要体现在以下几个方面：客户价值细分、客户满意度评估、客户信用风险评估和客户负荷预测等方面，接下来具体分析各部分内容。

1. 客户获取和保持

获取客户的关键就在于寻找客户信息与行为模式之间的关系。通过数据挖掘提高市场推广活动的反馈率并且分析客户的反应模式，根据反应模式预测、修改指标变量，匹配指标与模型从而获取相关产品偏好的顾客。客户保持是指延续企业与客户持续稳定的客户关系，客户保持能力与企业盈利能力正相关。保持客户一方面是指保持原有客户以降低企业获得新客户的成本和传承企业品牌；另一方面是指为避免客户流失而利用知识挖掘为已流失的客户进行预警建模，采取相应的措施防止这些客户流失，进而保持客户。

2. 客户价值细分

客户细分是实施高效的客户关系管理的坚实基础。客户细分是指利用知识挖掘模型对客户需求偏好、交易行为及其贡献价值等因素判断客户类别，制定个性化、针对性的营销策略，以期保持原有客户、锁定优质客户和吸引新客户。曾鸣等构建的电力客户价值细分模型，具体指标包括用电情况、服务成本、信用状况和节能政策，除此之外还需要综合考虑客户的市场前景和发展潜力等要素。深入解析客户价值评估指标的权重以及指标之间的复杂关系，可以提高细分模型的科学性。目前的客户细分方法主要有聚类算法、神经网络、成分分析和组合赋权法等。明确了客户的潜在价值之后，就可以有效整合企业资源对客户实行个性化营销和提供增值服务，同时优化企业服务资源配置。

3. 客户满意度分析

客户知识管理的最终目标是提高客户满意度，以获取企业持续竞争优势。客户满意程度源于企业业务经营管理品质，提升客户满意度与企业的客户保持率和流失率有着直接关系。电力企业影响客户满意度的变量一方面是企业形象、客户期望、质量感知和价值感知这四个因变量，其中企业形象是结合电力企业独特的社会服务职能而引入的；另一方面是受因变量影响的结果变量：客户满意度、客户忠诚和客户抱怨，其相互间的影响如图 2-9 所示。通过定性与定量分析客户的期望与感知价值等信息，发现客户差异化需求并采取"一对一"客户服务策略，从而减少客户抱怨、提高客户忠诚度，使之与企业保持长期合作关系。

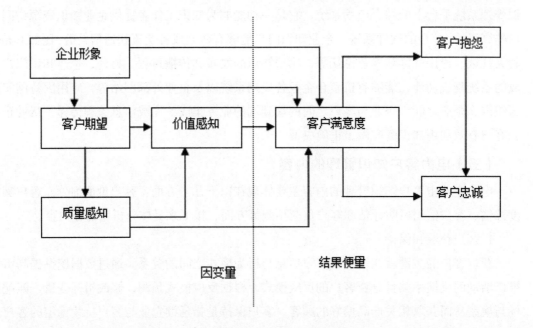

图 2-9 客户满意度因果变量间的相互影响

4. 客户信用风险评估

客户信用风险评估就是通过数据挖掘中的决策树、关联规则、神经网络和孤立点分析等模型对客户的信用状况及信用风险做出客观、公正的评估活动。电力企业的客户信用评估体系主要依据电费缴纳信用和安全用电信用等指标项评估客户信用级别。对于大客户企业还需要考虑其经营能力风险,并按照客户信用等级实施定制化客户服务和电费催缴措施。同时定期趋势化分析客户信用评估模型的有效性并检验定制化服务的实施成效,促进客户信用评估模型的持续改进。

5. 客户窃电和欠电分析

目前,电力企业面临着严重的客户窃电和电费滞缴问题,虽然电力企业采取了追缴电费和加收滞纳金等应对措施,但是仍给社会带来严重的用电安全隐患。知识挖掘是分析异常用电的有效的工具,通常会用到聚类、多维分析和孤立点分析等算法中的一种或多种的组合算法来全面分析客户数据,及时地发现客户违规用电并采取相关的监控措施。同时,对欠费客户进行实地调查,区别对待恶意欠费行为和缴费确实有困难的行为,为电力企业塑造良好的社会形象。

6. 电力负荷预测分析

电力负荷预测是优化电力调度系统的基础,也是电网安全经济运营的前提。目前常用的预测方法主要是系统动力学、马尔科夫链、支持向量机和时间序列分析。利用上述数据挖掘方法追踪历史电力负荷数据的变化规律与模式,发现电力数据中的前瞻性知识,提高电力负荷预测的准确性和有效性。精准的电力负荷预测一方面可以科学地调整电力生产计划以节约能源,另一方面可以有针对性地指导客户合理用电和错峰用电等。

7.客户盈利能力分析

在不同的市场营销活动中，客户盈利能力是大不一样的。知识挖掘技术能够对不同营销策略中的客户盈利能力的变动进行预测。通过分析客户交易记录发现其行为模式以预测客户盈利能力，从而改善、发展有贡献但不盈利客户，开发高利润的客户，并且动态监控客户盈利能力使企业保持竞争优势。

8.交叉销售

企业与客户之间是一种持续的、发展的商业关系，交叉销售就是客户持续接受企业提供的新产品和服务的营销过程。交叉销售的最终目标是共赢，一方面，客户受益于更多贴心的服务；另一方面，企业得益于增长的销售额。交叉销售的"三最"方法，即客户维持时间最长、客户交易次数最多和每次交易的利润最大，可以获得更加完美的客户关系。我们都知道"啤酒＋尿布"获利的故事，但是只有找到非常精确的模型才可能从中获利，而知识挖掘技术就是通过从销售记录中发现关联性知识，分析具有关联销售可能性的商品，发现最优的销售匹配，赢取客户。

二、电力市场营销及电力优质服务在营销中的作用

市场营销观念的出现，使企业经营观念发生了根本性变化，也使市场营销学发生了一次革命。市场营销观念同推销观念相比具有重大的差别。

（一）新形势电力市场营销

1.创新价格营销

在电力市场竞争日益激烈的今天，电力企业应该在保证供电质量的基础上，保证电力价格的稳定以及与行业供电价格同步。与此同时，为保证企业的市场竞争力，电力企业应采用灵活的电力价格营销策略，在国家规范允许的情况下创新价格定位方式。而价格营销策略的制定需要对服务区内电力市场进行充分调研与分析，掌握企业自身服务范围内客户的用电性质及用量情况，进而制定灵活的价格营销策略。比如，高能耗企业用电量大且具有较强的弹性，对于此类企业可采取适宜的工商业电价调整策略，如深圳供电局2015年2月1日开始实施工商业电价调整，深圳市工业电价维持不变，高需求、大量和普通商业及其他电价统一降至对应电压及用电效率等级的工业电价水平，与工业电价统称为工商业及其他电价，而同样对于居民等生活用电采用阶梯电价，此种方式能够在一定程度上促进用户用电量的增长，等等。

2.创设品牌营销

电力企业在发展及营销过程中，应注重建立企业的品牌效应，通过创设自身电力品牌影响来拓展自身业务量及业务范围。因此，电力品牌的创设亦是企业市场营销的重要内容，企业应通过宣传牌、媒体等各种渠道宣传企业的优点，将企业电能的安全、廉价、环保等

特点告知广大消费者，转变消费者的消费理念。与此同时，为革新企业原有的旧形象、旧品牌，电力企业应大力倡导技术、产品以及服务的革新，通过自身的改变来树立良好的企业形象。电力企业形象的正确建立对于企业的发展有着重要的意义，尤其是在竞争激烈的市场环境中，树立良好企业品牌效应，紧抓电力客户的心理特点，这是保证企业市场竞争力的有力保障。在当今的电力市场，电力产品具有较高的同质化现象。因此，如从电力产品中提升企业经济效益难度较大，电力企业的发展需要从服务方面凸显企业形象，提升企业的营业范围与经济效益。服务是现今电力企业营销的重要手段，为确保企业服务质量，电力企业需要不断完善企业电力网络，保证企业电能的优质与稳定。电力企业在完善基础服务内容的同时，可根据企业客户的供电合同履行情况划分客户信用等级，对于不同信用等级的客户采用不同的对待策略。对于信用等级较高的客户可给予一定的政策优惠，如可使用一定量的电量、电费价格等方面一定得便利；而对于信用等级较低的用户，为保证企业的效益不受影响，需对其电力使用进行严格的审核，实行预缴电费或电费担保政策。

3. 创建服务营销

电力企业在对用户供电合同履行信用方面的评价对于双方都是有利的，一方面，电力企业可督促用户主动地践行合同约定，促进企业市场营销；另一方面，用户可通过信用等级的提高，享受到一定的便利。电力企业如要提升自身的服务质量就必须要充分了解客户的需求，覆盖重要客户、大客户和重点关注客户的大客户经理团队，通过客户经理的活动，增强掌握客户需求、引导客户需求、满足客户需求的能力，实现与重要客户和利益相关客户建立长期稳固的关系，根据用户的需求来调整自身的服务内容与服务质量，为公司生存与发展争取有利的外部环境。只有如此，电力企业才能够在服务营销方面有所突破与创新，才能确保企业在市场中的竞争力。

（二）优质服务在电力企业市场竞争中的作用

在当前形势条件下，优质服务对于电力企业生存与发展而言具有重要的意义。其是企业稳固与拓展市场的通行证，是企业营销策略实现的有效途径。随着市场经济的不断发展，用户对于电力企业服务内容与质量提出了更大的要求，这对电力企业而言既是机遇也是挑战。电力企业服务是在生产与消费这一动态过程中完成的，企业要保证企业基本电能供给基础上，进一步提升服务质量，并积极开发新电能产品、功能与业务内容，以适应市场多样性的需求。

1. 电力企业开展优质服务策略

电力企业如要提升企业服务质量，需在以下几个方面入手：

（1）确保电网运行稳定

电力企业的基础任务就是为客户供电，因此，电力企业优质服务的基础就是确保电网运行的稳定。这就需要电力企业在生产管理的各个环节把好质量关，从生产足够的电能、电压的输送、变电安全、设备的可靠运行等各个方面努力，确保在供电服务方面的优质、安全、稳定。

（2）转变传统思想观念

随着市场经济体制的不断深入与完善，电力企业应转变陈旧的企业管理理念，以适应激烈的市场竞争需求。电力企业经营服务的对象是市场，而企业效益的实现主要是通过企业服务。因此，电力企业的优质服务与企业生存与发展息息相关，企业在制定发展战略的时候应对服务营销策略投入足够的重视。

2. 构建营销技术服务管理系统

电力企业服务的对象是市场，而市场对于电力的需求又各有不同，这就要求企业经营中要掌握各用电群体的不同需求。营销技术服务管理系统就是在此基础上发展而来的，系统具有需求预测、报修投诉、电费管理等不同模块功能，能够对企业业务整个流程进行管理，实现业务流程的电子化管理。该系统设计理念在于将企业营销策略与优质服务有效结合，构建便利的信息反馈渠道，以便掌握客户用电过程中的困难与限制，并将其反馈给企业领导机构，调整企业服务内容，创建便利、高效、便捷的服务标准，最大限度地满足客户用电需求。

第三章　新形势下电力客户服务人员管理

第一节　电力客户服务团队管理

客户服务工作是指一种以客户为导向的综合服务体系，任何能提高客户满意度的内容都属于客户服务的范围之内。客户服务工作是电力企业与用户之间的纽带，它不仅代表着企业的形象，还是双方相互了解的重要手段。但现阶段，我国大部分电力企业还没有意识到客户服务团队和体系建设的重要性，使得企业与用户之间发生了脱节，从而限制了电力企业的发展。

一、电力企业客户服务工作现状

电力资源是我国重要的能源产业，也是人们的生产生活必不可少的资源，我国一直非常重视基础能源的建设。迄今为止，我国的电力行业已经形成了一套具有我国特色的发展模式和行业体系，但是在电力资源的管理过程中，电力企业只是一味地追求供电系统的创新和发展，却忽视了客户服务质量对于企业发展的重要性，导致了电力企业与用户之间发生脱节，不能快速地将用户反馈的信息上报到企业相关管理部门，从而影响了电力企业在用户中的形象。

当前我国电力企业的客户服务工作发展时间尚短，没有形成有效的服务体系。大部分电力企业的客户服务工作还处于被动的服务状态，往往是当供电设施发生损坏，或者是在用户用电出现问题时，由用户向供电机构的客服进行反馈，然后供电机构的工作人员再到故障地点进行故障排除。一个问题的上报往往需要经过许多部门和环节，不仅浪费了大量的时间，使工作效率大大地降低，还影响了用户的用电质量，使用户的满意度下降。而且被动的服务状态，只是解决用户所上报的问题，并没有对整个电力系统进行检查和维修，用户上报的问题大部分只是小范围的故障，在进行故障维修时，工作人员往往只是解决了眼前的问题，却忽视了故障产生的原因和其他的安全隐患，这样整个电力系统中还是存在着许多不稳定性。

二、客户服务团队的建设

客户服务部门不是企业的盈利部门，因此，很多企业并不会在客服部门的运营和管理上投入过多的成本和精力。甚至在很多企业客服部门都处于可有可无的尴尬境地，而且客户服务部门与其他部门的协调与合作上也有所欠缺，但是眼前的利益和企业的长远利益是需要企业的决策者进行深入考量的，要想企业获得长远的发展，必须加强客户服务团队的建设。

（一）加强内部管理

随着电力体制改革的深入，服务观念的更新，提高服务质量，提升服务水平，已成为电力企业发展的必然要求。客户服务作为电力企业的服务窗口，更要严格地执行内部管理制度，规范服务行为。内部管理工作是企业规范自身行为的重要手段，在制定内部管理体系时，要按照国家和各级政府的有关规定，并根据客户服务工作的运行情况，在原有的工作规范、工作标准和岗位职责上进行修改和重新制定，从而提高客户服务工作的运行水平和服务质量，建立起完善的客户服务体系。

（二）提高服务营销意识

首先是建立全员的服务营销意识，转变服务营销观念，以适应形势的变化。所谓观念的转变是指传统经营观念向现代经营观念转变。企业经营观念是其经营环境的反映，并且只有与环境相适应，才能引导企业不断发展，电力企业经营环境正在发生重大变化，客观上就要求树立起服务求市场，质量求效益和改革创新的观念，必须建立起以市场为导向，以优质服务为手段，以最大限度满足客户的需求为核心的营销观念，而所有这些观念必须是全员的，仅靠电力营销岗位的人员是远远不够的。只有全员意识都改变了，整个服务的流程在执行期间才不会遇到阻碍。

其次是进一步规范服务流程，把服务快捷、方便客户置于制定流程的首要位置，不但要建立起一套与服务过程相适应的流程体系，而且在规范的服务流程基础上，通过计算机参与到流程的过程管理中，提高流程运行的规范性。再次，要明确各部门在服务中的角色与职责，提高他们在营销服务中的主人翁意识，在进行故障检修时，确定第一负责人，这样可以有效地避免推诿、塞责情况的发生。真正形成以电力客户服务团队为龙头的服务体系。

（三）构建学习型团队

无论是面向智能电网中的数据展开分析和工作，还是进一步提升主动客服的思想意识，都需要客户服务工作团队中的所有成员不断深入学习，提升自己的思想意识和专业素养，只有客户服务人员具有很高的专业素养才能真正提升电力组织的客户服务工作质量。学习型团队的建设，除了相关部门应当关注的团队自身专业素质，并且据此为整个团队提供的具有一定针对性的培训等以外，更为重要的在于为团队建设起开放的知识系统。从数据的角度看，知识系统的建立能够帮助相关工作人员学习到不同状况下应当做出的正常反应和处理方式，而从实际工作的角度看，如果能够为客服团队建立起一个内部的、实现自由和舒适沟通的环境，帮助其分享和发现存在于工作中的经验和问题，对于进一步提升团队内部工作水平必然有着积极的意义。与此同时，人力资源部门应当充分鼓励学习态度和习惯的养成，唯有如此才能实现团队学习精神的塑造，并且进一步实现提升客户服务工作质量的最终目的。

（四）构建闭环绩效管理

客户服务团队管理的根本是对于团队中每一个客服人员的管理，因此，在电力企业中，要想提高客服人员的服务水平和服务质量，最为有效的方法就是实行绩效管理制度。所谓绩效管理，是指各级管理者和员工为了达到组织目标共同参与的绩效计划制订、绩效辅导沟通、绩效考核评价、绩效结果应用、绩效目标提升的持续循环过程，绩效管理的目的是持续提升个人、部门和组织的绩效，给企业带来更多的经济效益。当前我国电力企业的人力资源管理已经相对成熟，绩效考核系统的发展也趋于完善。但是现阶段我国大部分电力企业客户服务团队的绩效管理工作，还是依赖于被动的客户服务工作展开的，而对于主动客户服务，由于数据的引入一直未能真正深入到客服工作中去，因此给予主动客服的绩效环节也有所缺失。对于这一方面，可以适当加重主动客服工作的绩效权重，切实促进客服工作人员主动分析数据和发现问题的行为产生。应当关注的不仅仅包括客户服务工作人员是否在面对数据的时候实现了主动地分析，更在于客户服务人员是否能够主动分析出电力需求环境中的特征，甚至提出相应的关于电力供给网络发展趋势的建议。

第二节　电力客户服务人员的素质要求

一、技能素质要求

（一）良好的语言表达能力

良好的语言表达能力是实现客户沟通的必要技能和技巧。

（二）丰富的行业知识及经验

丰富的行业知识及经验是解决客户问题的必备武器。不管做哪个行业都需要具备专业知识和经验。不仅能跟客户沟通、赔礼道歉，而且要成为产品的专家，能够解释客户提出的问题。如果客户服务人员不能成为业内人士，不是专业人才，有些问题可能就解决不了。作为客户，最希望得到的就是服务人员的帮助。因此，客户服务人员要有丰富的行业知识和经验。

（三）熟练的专业技能

熟练的专业技能是客户服务人员的必修课。每个企业的客户部门和客户服务人员都需要学习多方面的专业技能。

（四）优雅的形体语言表达技巧

掌握优雅的形体语言表达技巧，能体现出客户服务人员的专业素质。优雅的形体语言的表达技巧指的是气质，内在的气质会通过外在形象表露出来。举手投足、说话方式、笑容，都表现你是不是一个专业的客户服务人员。

（五）思维敏捷，具备对客户心理活动的洞察力

对客户心理活动的洞察力是做好客户服务工作的关键所在。所以，这方面的技巧客户服务人员都需要具备。思维要敏捷，要具备对客户的洞察力，洞察顾客的心理活动，这是对客户服务人员技能素质的起码要求。

（六）具备良好的人际关系沟通能力

客户服务人员具备良好的人际关系沟通能力，跟客户之间的交往会变得更顺畅。

（七）具备专业的客户服务电话接听技巧

专业的客户服务电话接听技巧是客户服务人员的另一项重要技能，客户服务人员必须掌握，怎么接客户服务电话，怎么提问。良好的倾听能力是实现客户沟通的必要保障。

二、品格素质要求

（一）忍耐与宽容是优秀客户服务人员的一种美德

忍耐与宽容是面对无理客户的法宝，是一种美德。你需要有包容心，要包容和理解客户。真正的客户服务是根据客户本人的喜好使他满意。客户的性格不同，人生观、世界观、价值观也不同。即使这个客户在生活中不可能成为朋友，但在工作中他是你的客户，你甚至要比对待朋友还要好地去对待他，因为这就是你的工作。要有很强的包容心，包容别人的一些无理，包容别人的一些小家子气。因为很多客户有的时候就是这样，斤斤计较，蛮不讲理，胡搅蛮缠，什么样的情况都会有。

（二）不轻易承诺，说了就要做到

对于客户服务人员，通常很多企业都有要求不轻易承诺，说到就要做到。客户服务人员不要轻易地承诺，随便答应客户做什么，这样会给工作造成被动。但是客户服务人员必须要注重自己的诺言，一旦答应客户，就要尽心尽力去做到。

（三）勇于承担责任

客户服务人员需要经常承担各种各样的责任和失误。出现问题的时候，同事之间往往会相互推卸责任。客户服务是一个企业的服务窗口，应该去包容整个企业对客户带来的所

有损失。因此，在客户服务部门，不能说这是哪个部门的责任，一切的责任都需要通过你把它化解，这就叫勇于承担责任。

（四）拥有博爱之心，真诚对待每一个人

拥有博爱之心，真诚地对待每一个人。这个博爱之心是指"人人为我，我为人人"的那种思想境界。做到这一点的人不是很多。日本在应聘客户服务人员面试的时候，就专门聘用有博爱之心的人。

（五）谦虚是做好客户服务工作的要素之一

拥有一颗谦虚之心是人类的美德。谦虚这一点很重要。一个客户服务人员需要有很强的专业知识，什么都要懂，什么都要会，就有可能不谦虚，认为客户说的话都是外行话，特别是做维修的人员。

（六）强烈的集体荣誉感

客户服务强调的是一个团队精神，企业的客户服务人员，需要互相帮助，必须要有团队精神。什么是一支足球队的团队凝聚力？人们常说这个球队特别有团结精神，特别有凝聚力，是指什么？是指每一个球员在赛场上不是为自己进球，所做的一切都是为了全队获胜。而客户服务人员也是一样，你所做的一切，不是为了表现自己，而是为了把整个企业客户服务工作做好。这里谈到的就是团队集体荣誉感，这也是品格方面的要求。

三、心理素质要求

（一）"处变不惊"的应变力

首先一个，对于客服人员很重要的，是处变不惊的应变力。所谓应变力是对一些突发事件的有效处理。作为客户服务人员，每天都面对着不同的客户，很多时候客户会给你带来一些真正的挑战。比如说，像一线的客户服务人员，在宾馆工作的，在零售店里工作的，做电话接线员的，做电话客户服务人员的，都有可能遇到一些挑战性的环境。

（二）挫折打击的承受能力

第二叫挫折打击的承受能力。销售人员经常会遇到一些挫折打击。客户服务人员有可能遭受什么样的挫折打击？很多客户服务人员，每天都要面对各种各样客户的误解甚至辱骂，你需要有承受能力。更有甚者，客户越过客户服务人员直接向你上级主管投诉。有些投诉可能夸大其词，本来这个客户服务人员没有做得那么差，但到了客户嘴里变得很恶劣，恶劣到应该马上被开除。那么作为你的主管在客户走了以后就会找你谈话。因此，你需要有承受挫折打击的能力。

（三）情绪的自我掌控及调节能力

情绪的自我掌控和调节能力是指什么呢？比如，每天接待 100 个客户，可能第一个客

户就把你臭骂了一顿，因此心情变得很不好，情绪很低落。你也不能回家，后边99个客户依然在等着你。这时候你会不会把第一个客户带给你的不愉快转移给下一个客户呢？这就需要掌控情绪，调整自己的情绪。因为对于客户，你永远是他的第一个。特别是一些客户服务电话中心的在线服务人员，专门接电话的，一天要受理400个投诉咨询。你需要对每一个都保持同样的热情度，做到这点容易吗？只要中间有一个环节出了差错，跟客户有了不愉快的口角，你就很难用一种特别好的心态去面对下面所有的客户。因此，优秀的客户服务人员的心理素质非常重要。

（四）满负荷情感付出的支持能力

什么叫作满负荷情感付出呢？就是你对每一个客户都提供最好的服务，不能有保留。不能说，因为今天需要对100个人笑，估计笑不了那么长时间，所以一开始要笑得少一点。做客户服务可以吗？不可以。你对待第一个客户和对待最后一个客户，同样需要付出非常饱满的热情。因为这是公司对你的要求，只有这样，你才能够体现公司良好的客户服务。对每一个客户而言，你都是第一次。客户不知道你前面已经接了200个电话，只知道你现在接的是我的电话，并不理解你已经累了。这种满负荷情感的支持能力每个人不同。有的人比较弱，有的人就比较强。一般来说，做得越久这方面能力就越强。

（五）积极进取、永不言败的良好心态

什么是积极进取、永不言败的良好心态？客户服务人员在自己的工作岗位上，需要不断地去调整自己的心态。遇到困难，遇到各种挫折都不能轻言放弃。很多时候，有的客户服务人员遇到挫折就打退堂鼓了，觉得干不下去了。因此，需要有一个积极进取、永不言败的良好心态。这些和团队有很大关系。如果你整个客户服务的团队是一个积极向上的团队，员工在这个团队氛围当中，很多心理的不愉快都能得到化解。如果不是，那这就要靠自己去化解。

四、综合素质要求

（一）培养换位思考能力

其实，处理客户投诉并不是靠对原来的错误或失误进行罚款来进行的，其中很重要的一点是要将自己放在客户的位置上，而且要一切"向前看"，以解决问题为主，查根源、找责任为辅，这样才能处理好投诉。当然，前提是一定要有客户投诉处理的流程，这样才能使客户投诉的过程简单、快速、有效地执行，得到较高的客户满意度。人与人之间的相互理解是化解矛盾的良药，客服人员要学会站在客户的角度来理性地看待问题，用换位的方法来思考，充分理解客户投诉的情绪，为解决问题奠定基础。客服人员所表达的理解和尊重，会平息客户的不满情绪，也会使投诉人理性地认识问题，为后面圆满解决问题建立起一个平等沟通的平台。

（二）运用好尺度把握能力

在日常业务受理中我们经常会遇到客户会带着怒气投诉或抱怨的现象，这是客户发泄心中不满的一种方式。我们遇事先要遵循"先处理心情，再处理事情"的原则，做到有礼有节，不卑不亢，接受客户的投诉和抱怨，专注倾听客户意见，使其感到我们有诚意对待他们的投诉或抱怨，再引导客户讲出原因，搞清楚客户不满的要点所在；然后针对问题表明对此事的态度解决，能够马上解决的当时解决，不能马上解决的如实告诉客户情况有点特别，我们会尽力寻找解决的方法但需要一点时间，并约定给客户回复的时间且确保准时给客户答复。即使到时仍不能帮客户解决，也要准时打电话向客户解释问题进展，表明自己所做的努力，并再次约定给客户答复的时间，直到客户感到满意为止。同向客户承诺我们做不到的事相比，诚实会更容易得到客户的尊重。

（三）提升业务答疑解惑能力

对一些咨询投诉，能解释的要尽量说清楚，把矛盾消除在萌芽状态。对于客户有关电价电费方面的询问要准确无误地告知，不能含糊或一知半解，这就要求座席人员认真学习电力法规和各类电价电费标准，提高应答能力。通过娴熟的业务知识和真诚的服务态度赢得客户肯定，树立公司良好形象。

（四）增强优质服务效率能力

客服人员面临的工作不仅仅是接电话，查看信息这么简单，要切身想用户之所想，急用户之所急，把服务和爱心延伸到了电话线以外。对查询停送电信息、报修故障的客户，除了电话里当场解答外，有些还需与公司其他部门沟通、协调后才能解答的，了解情况后及时回访客户。对受理的每一起投诉业务，应记清客户的联系方式和详细地址，并表明对客户投诉的问题在多长时间给予答复，认真接待每一位投诉者，让投诉者感觉到他的投诉得到了我们的重视。反之，如果久拖不办，推诿扯皮或议而不决，不仅会增加客户的不满情绪，而且也会对企业的诚信度打上一个问号，导致越级投诉，把问题扩大化，对整个系统带来负面影响。

第三节　电力客户服务人员的行为规范

一、迎送客户的服务行为规范

迎送客户的服务内容是客户进入营业厅（走向）柜台时，营业服务人员按照礼仪标准规范，做到主动向前（站立）迎接，并向客户问好，当客户离开营业厅（柜台）时，主动站立恭送。质量要求是按照服务礼仪标准，主动、热情、真诚迎送客户。

迎送客户的服务行为规范是：当客户走进营业厅 3 米范围时，保持微笑、目迎客户；当客户走进 2 米范围时，若引导员在引导台内，行 15 度鞠躬礼，若引导员在台外时，主动前跨一到两步，行 15 度鞠躬礼，向客户问好；雨天时应主动提示客户使用雨伞桶，避免厅内雨水过多而脏乱；遇到雨天或刚拖完地板时应放置"小心地滑"的告示牌，并提醒客户小心地滑。主动迎接，标准站姿，使用鞠躬礼；微笑应自然得体，问候时要求声音亲切、语调和缓、态度诚恳。

客户走向柜台办理业务，走进柜台 3 米范围时，面向客户，微笑示意；客户走进柜台 1.5 米范围时，应起身相迎，礼貌示坐，待客户落座后方可坐下；当客户排队交费时，向客户微笑点头示意，说"您好"，不用一一起身相迎。

客户离开柜台时，应起身鞠躬，微笑与客户告别；当客户排队交费时，向客户微笑点头示意并说"请慢走"，不用一一起身相送。送客前，要主动询问并确认客户是否需要办理下一环节业务或者需办理其他业务，若有，应引导客户办理。

客户离开营业厅时，面带微笑，点头欠身恭送客户；客户出门时，应提醒客户携带好随身物品。

二、分流导办的服务行为规范

分流导办的服务内容是客户进入营业厅内，引导员通过询问客户需求，判断不同业务类型，进行客户引导办理和业务分流，缩短客户的等待时间。质量要求是严格按照服务礼仪规范要求接待客户，主动表达服务意愿，正确解答客户提问，有效安抚客户情绪，避免矛盾激化，正确判断客户需求，准确、高效、快捷分流（引导）客户，不发生因判断错误产生的引导差错。

迎接询问客户需求时，主动问候客户，向客户表示关注并表达服务意愿；询问客户需求，领会客户目的，解答客户问题。要求语调上扬，态度热情，语速稍快；解答问题时，面带微笑、语气温和，忌流露出不耐烦的表情。分流、导办时，正确判断客户需求，准确、高效地进行分流、引导办理。客户咨询时正确回答、解释咨询内容；提供相关宣传资料。

客户自助服务时，引导客户至自助服务终端并给予必要的指导。客户柜台办理业务时，引导客户取号，耐心指导客户使用取号机；不需填单的客户，直接引导至等候区等候。指导客户填单时根据客户业务需求和提供的资料，指导填写；客户填写有误，应礼貌地请客户重新填写，并给予热情的指导和帮助；客户填单结束后，引导客户到等候区等待。后台办理的，引导或电话联系，将客户交接至后台；联系不上时，留下客户联系方式，提供预约服务。其他部门办理的，电话联系，将客户交接至相关部门；联系不上时，留下客户联系方式，提供预约服务。

三、咨询、查询的服务行为规范

咨询、查询的服务内容是受理人员依据有关规定，为客户提供业扩报装、电费电价等咨询查询服务；不能直接答复的，及时创建并流转工单至其他部门，并跟踪、催办工单及时办结。质量要求是对咨询、查询业务，按照有关业务规则和规定，及时准确地给予答复。

客户来人来电咨询、查询时，认真倾听、详细记录并确认客户的咨询、查询内容，不随意打断客户讲话，不做其他无关的事情；当未能听明白客户需求时，应礼貌请求客户再重点谈谈其需求，并致谢；对客户描述的内容，复述确认。

客户咨询用电业务办理、供电法律法规时，提供相关宣传单；提供相关办理注意事项和需要资料清单；耐心、细致地答复，答复完毕，应主动检验客户的理解，直至客户满意；主动询问客户是否还有其他需求。

客户停电咨询时，应首先向客户了解停电范围、停电时间及相关信息，在初步判断后进行查询，告知客户停电原因；因电网故障、计划检修引起的停电，客户询问时，营业人员应告知停电原因，并主动致歉；因突发性故障导致停电，应告知客户供电公司会尽快排除故障，尽早为客户送电；如因欠费停电，应告知客户复电手续。

客户提出查询电量电费时，如果客户没有任何证件证明身份，需向客户说明无法查询的原因，并告知客户办理查询业务需要提供客户户号、电费卡或者身份证；当查询条件满足时，根据客户提供信息，从营销系统中查出相应信息，并告知客户查询结果；若发现缴费记录中时常有滞纳金发生，应善意提醒客户。

当客户要求查询电费存折余额时，应礼貌请客户向银行直接查询。客户提出要查询业务流程进度时，首先询问客户号；核对客户姓名和业务类型；当查询条件满足时，根据客户提供信息，从营销系统中查出相应信息告知客户，并确认客户理解。客户表示对咨询、查询结果不理解时，应耐心细致向客户说明，不得不耐烦。

多个客户同时咨询时应耐心与客户交流，切忌表露出一些不耐烦的表情和情绪；当第一个客户提出的问题无法回答（或需要较长时间）时，可礼貌地告知用户；当其他客户表现出急躁的情绪并同时不停咨询问题时，应及时安抚，并让客户说出自己的问题，然后依次回答；当服务人员很难应付多个客户咨询时，其他同事应及时上前协助分流部分客户。应注意语言亲切、诚恳、耐心且面带微笑。

无法立即回答客户咨询时，向客户致歉，请客户留下联系方式，并告知客户，由具体工作人员联系回复；创建咨询工单，流转至相关部门，及时跟踪督办工单，工单办结后，及时做好办结记录；及时回访客户，工单存档。业务办理完毕后，提醒客户使用满意度评价器，选择评价满意服务度。

四、业务受理的服务行为规范

业务受理的服务内容是指依据《供电营业规则》和营销工作标准的规定，接受客户业扩报装、变更用电等用电业务。质量要求是及时接待和受理用电业务，在规定时限内完成业务办理，认真核对用户填写表单和资料，确保客户填写内容准确无误，营销系统各项参数准确。

业务受理的服务行为规范是：当多个客户同时前来办理业务时，严格按照"办一、按二、招呼三"的基本原则进行服务；了解客户用电需求，并判断客户业务类型，做到认真倾听，正确理解客户用电需求，并向客户确认；当未能听明白客户需求时，应礼貌请求客户再重点谈谈其需求，并致谢；根据客户的服务需求表达，准确判断用电业务类型；提供相关一次性告知卡，提供相关办理注意事项和需要资料清单的咨询。按照新装增容、变更用电等工作标准，核对客户提交申请资料的完备性；按照新装增容、变更用电等工作标准，审核客户提交资料的准确性和内容的完整性，指导客户改正申请资料的错误项。严格履行一次性告知制，对缺少的客户申请资料一次性告知，并发放缺件通知单。按照用电需求，确定用电业务类别，在营销系统内录入客户信息，启动营销系统流程。指导客户正确填写业务申请相关表单。指导和确认客户签名，防止代签。严格履行一次性告知制，详细告知客户办理用电业务的有关后续业务流程、注意事项等。业务办理完毕后，提醒客户使用满意度评价器，选择评价服务满意度。

五、收费的服务行为规范

收费的服务内容是指客户来柜台缴纳电费或营业服务费业务，受理人员按规定进行收费，并出具收费服务的凭证。质量要求是加强责任心，提升操作技能，避免发生多收、少收费用等责任性差错事件，严格执行国家规定的收费标准，严禁自立收费项目和擅自更改收费标准，严肃财务纪律，按规定做好资金的上缴工作。

收费的服务行为规范是：询问并确认客户交费类型。询问客户信息，并在营销系统核对，准确告知客户交费金额及交费明细。收取现金时，应当面点清并验清真伪，应唱收；找零时，应唱付。银行票据交付时，验证票据是否真实有效，核对票据金额；若票据有误，应向客户解释确认，并请其更换，当客户对违约金有异议时，耐心向客户解释违约金的收取依据和计算方法；建议其订阅催费短信，避免再次产生违约金。当为多位客户同时打印发票时，应在为第一位客户打印发票时用手势示意客户在一边稍等，然后问第二位客户的账户资料。出具的收费凭证应加盖收费专用章。

六、投诉举报的服务行为规范

投诉举报的服务内容是指受理人员依据有关规定，受理客户投诉、举报，提交相关部门进行处理，并跟踪、催办。质量要求是保持敏感性，准确判断客户意见表达，对出现抱怨投诉意见的，应首先安抚客户情绪，并及时汇报，有效避免事态扩大；从客户角度出发，切实解答客户正当的服务诉求，避免形成属实投诉事件。

投诉举报的服务行为规范是：当客户表示要投诉、举报时，辨认客户情感，主动缓解客户情绪；请客户到安静的地方坐，并提供茶水，可将客户引至接待室，以免影响其他客户办理业务；耐心倾听客户意见，并承诺一定帮客户处理；准确领会客户意思，迅速判断问题性质和类别，认真完整记录投诉内容；安抚客户情绪，避免客户情绪激化。客户提出相关建议时，把握问题关键，认真完整记录建议内容，并询问客户是否需要回复，留下联系方式，承诺在时限内就相关问题反馈处理情况，对客户表示感谢。发现有客户要求填写意见簿时，对客户表示感谢，及时注意意见、建议内容，并在第一时间予以回复。在接待室为客户解决问题时，表示歉意，并请客户谅解；了解具体不满的原因，认真记录内容，并请客户留下联系方式，提请班长或主管处理。当客户反映的问题无法在现场立即解决时，应委婉解释，告知接下来处理程序，并请客户留下联系电话，以便及时反馈处理意见。

第四节　电力客户服务人员的激励

一、电力行业优质服务激励机制的原则

不同的激励机制，运行结果截然不同，不同的电力企业实际情况不同，激励机制也应不同，但是所有的激励机制都有相同的目标：有效激励员工，在促进员工身心健康发展的前提下，挖掘其潜力，提高工作效率。所以，电力行业在完善激励机制之前，应该确定一些基本原则，用以指导激励机制的设计。根据电力的实际情况，在激励机制的建设中，应当遵循以下原则：

（一）电力行业与社会需要相结合的原则

在电力行业优质服务激励机制中，电力行业优质服务动机，就必须以满足社会对电力的各种需求，社会对电力的需要与电力行业组织目标并非完全一致。所以，提高优质服务的前提条件，就必须社会需求与组织目标一致，调动电力行业的服务积极性，就必须将社会对电力的需要和组织目标结合起来加以考虑。因此，在激励过程中，只有将电力行业目标和社会需要结合起来，使电力行业的目标能够包含较多的社会对电力的需求，只有这样才能收到良好的激励效果。加快电网建设步伐，夯实服务基础，充分认识做好优质服务的

重要意义，增强员工责任感和使命感。

（二）电力员工的物质激励与精神激励相结合原则

电力行业优质服务以人为本，只有通过对工作人员的激励才能增强优质服务。所以电力行业工作人员激励，也是对电力行业优质服务的激励。工作人员的激励主要表现在物质和精神两方面，因此激励也同样有物质和精神两方面，这是激励过程中不可分割的两个重要组成部分。物质需要是人类最基本的需要，也是最低层次的需要。其激励的深度有限，其作用也是表面的。精神需要是人自尊和自我实现的需要，是最高层次的需要，其作用具有持久性。因此，在现代社会，随着生产力水平和人员素质的不断提高，激励的重心逐渐转移到精神激励上来。以物质激励为基础，精神激励为根本，在两者有机结合的基础上，互相补充、互相渗透，是当代激励的发展趋势。

（三）优质服务激励机制建设要具有可操作性原则

完善的激励机制一定要符合电力行业的实际，要具有可操作性。激励机制建设是管理理论与电力行业员工管理现状的结合，是管理理论在实践中的具体应用。激励机制只有高度的可操作性，才能够真正地改善电力行业的员工激励现状。同时应该注意到，完善激励机制的最终目的是提高电力行业电力整体绩效，实现电力企业目标，所以激励机制的具体措施应该强调与电力行业电力的绩效与目标相结合，而不应该为了激励而激励。

（四）激励的奖励与约束并重原则

奖励不适度和惩罚不适度都会影响激励效果，因此在进行员工激励时，只讲求适度的奖励，不进行适度的约束或惩罚是不行的。但这里也同样必须强调的是惩罚的适度，惩罚过重会让员工感到不公，或者失去对电力的认同，甚至产生怠工或破坏的情绪；惩罚过轻会让员工轻视错误的严重性，从而可能还会犯同样的错误。只有将适度的奖励和适度的约束结合起来，才能达到好的激励效果。

（五）因人而异原则

要根据员工的不同偏好，施予不同的激励措施。也就是说，把员工的需求作为激励措施制定的出发点，因人而异的制定激励的手段，才能使激励达到事半功倍的效果。具体到实践中，每一个人的需求和认识不同，对事物的理解也就不同。如有的人希望通过劳动获取高额的报酬，有的人希望得到晋升，有的人热衷于任务完成后的成就感，有效的激励机制不在于知道组织需要什么，而在于知道员工需要什么。

二、电力客户服务人员的激励思路

（一）正视电力行业与社会需求存在的矛盾

一是正视电费回收与优质服务工作的同等重要性。

二是正视意识、观念和技术创新的同等重要性，充分借鉴银行、电信等部门的有益经验，开发电费充值卡业务。

三是正视地方经济建设与电力发展的同等重要性，把支援地方经济建设当作电力发展的一个重要组成部分来对待。

四是正视客户利益与企业利益的同等重要性，在为客户服好务的同时，推行客户产权范围内设施的有偿服务。

五是正视电网建设与优质服务工作的同等重要性，加大对配网和低压电网改造的资金投入力度，使得那些迫切需要进行"一户一表"改造的用户能够实施改造。

六是正视电力体制机制与法制建设的同等重要性，明确机构职能，理顺优质服务工作机制，同时积极推进电力法制建设，形成有利于电力发展的良好法治环境。

（二）完善电力行业优质服务激励机制

开展技术研究，提升电力技术，完善电力行业优质服务激励机制。由于现行电价政策没有落实高可靠性供电价，为了解决提供高可靠性供电相关的电网建设费用问题，合理配置电网资源，对申请新装及增加用电容量的两路及以上多回路供电用户，在国家没有统一出台高可靠性电价政策前，除供电容量最大的供电回路外，研究对其余供电回路收取高可靠性供电费用的政策方案建议。

建设坚强电网，保障电力供应。有序用电：据报道，前几年江苏用电很紧张，拉闸限电，在今年紧张形势才基本得以缓解。在电力供应紧张的非常时期，服务态度也要真诚，要确保有序用电的实施。如在制定有序用电方案时征求政府有关部门的意见，并由电力主管部门牵头，组织社会各阶层和典型重要客户对有序用电方案进行讨论和论证，充分听取社会各方的建议和意见，制定出较为科学的有序用电方案。在限电期间，公司领导和有关职能部门多次走访重要客户，了解有序用电方案执行过程中是否存在问题，有否好的建议。

做好错峰工作，防止大范围的拉闸限电和保障电网安全：

每天下午发布后三天的错峰信号，并把信号以短信、电话、报刊、电视等方式通知客户。

通过负荷控制系统实时监控各线路及用户的负荷情况，对没按要求进行错峰用电的客户进行通知提醒。

对客户用电情况进行现场抽查，督促疏忽错峰的客户。

及时更新错峰的相关资讯，把错峰形势及政策的变化，以"人对户"的方式，通过电话、传真、派提醒单的方式第一时间通知客户。贯彻优质、方便、规范、真诚的服务理念，做到缺电不缺服务，限电不限真情。

深入调查，增进沟通，提升优质服务水平。重视社会评价，建立客户和发电企业满意度调查体系和评价体系，组织对客户和发电企业服务需求与满意度的调查分析，定期开展客户满意度调查、行业作风测评。可根据已制定的类似《接待、走访客户管理办法》、《行风建设明察暗访工作制度》等制度，采取走出去、请进来的办法，深入调查，加强与客户之间的沟通，了解客户对供电服务的需要，解决优质服务工作中存在的问题，改进行风建设中的服务作风。通过开展一系列的走访活动、明察暗访、满意度的测评和召开座谈会征求意见活动，将优质服务、行风建设工作中存在的问题进行归类和整理，并进行认真的分析，采取相应的整改措施进行整改，对个别违反行风和优质服务有关规定的员工进行严格的考核，对群众反映较为强烈的热点问题，有关职能部门负责跟踪监督，督促有关部门限期整改。

（三）完善电力行业员工福利制度促进优质服务水平的提高

丰富而具有弹性的福利是激励性薪酬体系中不容忽视的重要组成部分，深得人心的福利，往往比高薪更能有效地激励员工。电力行业电力的传统福利项目包括法定保险、带薪假期、免费班车、培训进修、疗休、例行体检等等，这些福利项目在电力行业中多数是人人有份的福利。这样的福利只能发挥保健作用，并不能有效地激励员工。如需通过满足员工深层次的需要，进而营造出电力企业持久的竞争优势，可通过以下几种方法来完善福利制度：

在提高原有福利质量的基础上，根据员工需要增设新型的奖励性福利项目，如为员工提供住房贷款、电力企业付费旅游、关键岗位人才的奖励和商业保险等。这些奖励性的福利项目不属于平均主义，人人有份，将物质激励和精神激励有效地结合起来，力求起到激励员工积极性的作用。

根据员工的特点和具体要求，实行自助式福利制度。电力提供一个"福利菜单"，特种保险、带薪休假、提供专车接送、发放特殊津贴等福利项目，并规定一定的福利总值，让员工自由选择，各取所需，满足不同人员不同时期的多样化需求。例如，中年员工若有正在上学的子女，他们所选择的一套福利项目就会不同于年轻的单身员工。此外，对辅助岗位员工可在以往的基础上着重增加福利项目（比如住房公积金、补充养老保险等），以增强他们的归属感和安全感。

加大对福利政策的宣传。完善福利制度后，电力企业福利支出的比重越来越大，但福利似乎是看不见、摸不着或者想当然的东西，所以电力企业有必要向员工介绍福利的内容和相应的货币价值，让员工了解他们所享受着和有机会享受的待遇。只做不说、缺乏沟通的福利即使有再良好的项目设置，也无法达到充分激励的效果。完整的福利系统对保持员工队伍的稳定性非常重要，良好的福利系统一方面能解除电力企业员工的后顾之忧，另一方面也能增加他们对电力企业的满意度和忠诚度。

（四）提供工作与发展激励

双因素理论指出，工资、工作条件、人际关系、电力政策等因素属于保健因素，对员工没有激励效果，工作本身、责任、成长等是激励因素，对员工起着激励的作用。电力行业电力与国内其他电力一样，没有对工作激励给予恰当的关注。研究表明，工作激励是一种内在激励模式，对员工的激励水平比较高，激励时间比较持久，电力应该挖掘这一激励模式的潜力。

1. 人本激励

电力在处理人与岗位关系时，主要考虑专业、技能与岗位的适应，忽视了人的气质、性格、兴趣等心理因素与岗位的匹配性。性格是人的态度和行为方面的较稳定的心理特征，是个性或称人格的重要组成部分。性格对人的事业能否成功具有重大影响。行为科学的研究表明，不同的性格适宜不同的职业，所以，组织在人员安排上应该主动了解员工的气质、性格和兴趣。瑞士精神分析学家荣格将人的性格划分为内倾型、外倾型两种。属于外倾型的人对外界事物表现出关心和兴趣，善于表露自己的情感和行为并乐于与人交往；而属于内倾型的人对外界事物缺少关心和兴趣，不善于表露自己的情感和行为而且不乐于与人交往。

无论是内倾型的人还是外倾型的人，都有许多非常具体和丰富的性格特征，而且一般来说，外向型性格类型的人，更适合从事能充分发挥自己行动能力积极性并与外界有着广泛接触的职业；内倾型性格类型的人，比较适合从事有计划的、稳定的、不需要与人过多交往的职业。一般纯粹属于内倾型或外倾型的人不多，大部分都属于混合型，只是存在着程度的差别。因此，在实际的匹配过程中，还应根据人的性格特征与职业生涯要求的具体情况采取有针对性的方法。

2. 资本激励

资本激励是指建立在人的要素层面的一系列激励方式的选择，是"人力资本"和"人才是最活跃的生产要素"思想在激励机制中的具体体现，包括的内容主要是：物质激励。早期管理者认为，一般员工有一种不喜欢工作的本性，只要有可能，他就会逃避工作。基于这一观点，企业所采取的是严格的管理制度。２０世纪初，一种新的理论风行起来。这种理论认为，企业家的目的是获得最大的利润，而工人的目的是获得最大限度的工资收入，因此，工人积极性背后有一经济动机，如果能给予工人一定量的工资激励，会引导工人努力工作，服从指挥，接受管理，结果是工人得到实惠即工资增加，而企业主增加了收入，方便了管理。这一观点所强调的是一种引导，同时，也不再将工人与管理者摆在完全对立的位置上了。这也是当今中国使用最广的激励形式，迅达集团也应不例外。

"人才价格"狭义上是指"与为企业创利所付出的成本相应的货币和物资收益"，其实施的关键是建立科学的分配体系。对于已经完成改制的迅达集团，可先由董事会根据企业效益的高低及发展的后劲来确定员工工资、奖金支用总额或股权配给总量，再以能力、实绩、效益决定个人工资、奖金水平、股权或其他福利，只要这种分配制度对人才工作和创新起到激励效用就符合现代企业制度的安排。在我国，薪水一般就是工资单上的工资额。目前有这么几个参考标准：

国家"定价"，即国家对机关公务员、事业单位职工规定的工资标准；

工资指导价位和最低工资标准，由国家和地方劳动部门公布的劳动力市场工资指导价位是求职者确定自身价位的重要"参考系数"，主要按人才学历高低确定工资额；有关调查机构发布的市场价位；

由于这些机构所调查的对象和数据大多取自市场，所以统计结果基本上是"行情价"；

其他招聘单位在人才市场公布的职位薪水标准，这个价格因不同经济性质、不同行业、企业的不同规模而异。这几个参考标准可供迅达确定员工工资标准。

3. 知本激励

知本激励是指建立在人的资源层面上的一系列激励方式的选择，是以知识为本位，促进智力资源开发和增值的激励手段，包括以下几种主要形式：

（1）培训激励

培训激励的突出特点是让企业通过对员工提供培训的机会和条件，提高员工素质，激发员工更高的创造力。

（2）职业激励

职业激励的基本做法是让企业的领导者指导员工进行个人职业生涯设计，然后公司提供一定条件，如对员工的技术攻关项目等给予资助，与员工共同努力以促进其职业生涯发展计划的实现。

4. 文化激励

电力企业文化具有激励功能，这不是理论研究的结论，更是管理实践所证明的真理。从本次调查结果显示，电力员工对电力企业文化不太了解，且多数认为电力企业文化对自己没有太大影响。这足以说明电力文化建设非常薄弱，广大员工对电力企业文化没有认识，更不知道本电力是否有自己的文化，从而错误地认为，电力企业文化是没有实用价值的摆设。

第五节　电力客户服务人员的绩效管理

绩效考核是企业管理者与员工之间进行沟通的一项重要活动，在既定的企业战略目标和战略计划下，企业运用恰当的绩效考核方法，可以提高业绩水平和管理水平。

一、绩效考核概述

（一）概念

绩效考核指企业在既定的战略目标下，运用特定的标准和指标，对员工的工作行为及取得的工作业绩进行评估，并运用评估的结果对员工将来的工作行为和工作业绩产生正面引导的过程和方法。其通过考核原理来评价员工在职务上的工作行为和工作成果，是企业管理者与员工之间进行沟通的一项重要活动。

（二）目的

科学规范、运转有效、充满活力的全员绩效考核机制，可以确保实施有标准、管理全覆盖、考核无盲区、奖惩有依据，实现员工绩效持续改进，提升企业整体绩效，确保企业年度经营目标的完成，促进企业和员工的共同发展。彼得·德鲁克说过："组织的目的是通过工人力量的结合取得协同效应，并避开他们的不足。"这也正是有效的绩效管理的目的。

（三）意义

1. 绩效考核是企业管理体系中的有效抓手

绩效管理体系为管理者提供了具体的实施平台，在管理循环中将组织目标分解给员工，提出管理期望和具体的工作衡量标准，并在实施监控管理中可观测、可对照衡量、可分析提炼、可总结反馈，形成有效的、可循环的结构化管理机制，落实对员工的期望，提供给员工实时的绩效反馈和优秀绩效表现认可标准，进而指导解决问题。全员绩效考核是企业管理中最典型的、最有效的经验反馈模式，其扎实推进，能有效推动反馈体系化、各阶段绩效比照具体化、绩效提升行动的及时性。

2. 绩效考核是员工个人成长的有效工具

绩效管理重视员工对自我价值实现的需求，为员工提供了实施自我管理、实现自我发展的平台。员工通过团队中的横向比照及管理者的绩效评价，了解自己的绩效现实与在团队中的状态，分析绩效实现过程中的长短项，及时调整绩效目标、学习提升有关方面的能力、调整绩效实施途径与方法，获得自身满意的绩效表现。这样一种螺旋式推进管理轨迹能有效实现员工的自我认知、自我调适与自我提升，从而获得团队成员的认可、尊重。

二、电力企业全员绩效考核体系

（一）绩效考核原则

1. 客观公正原则

严格按照考核要求，实事求是，做到考核办法、考核过程公开，考核结果公平、公正。

2. 业绩导向原则

将员工个人绩效与所在部门绩效挂钩，结合个人承担任务和实际贡献，由上级依据可观察到的事实或工作表现进行相应考核。

3. 责任传递原则

将企业部门的责任与目标逐级落实到具体岗位和人，形成"目标层层分解、责任层层落实，压力层层传递"的管理机制，共同致力于企业绩效的改进与提升，推动企业和个人的可持续发展。

4. 考评结合原则

考核工作采用考评相结合的方式，即采用绩效指标对员工绩效进行考核，采用360°考评对员工素质能力进行评价。

5. 分类实施原则

根据员工岗位以不同的形式、频次进行考核，并针对不同层级员工设定不同的考核评价权重，充分体现考核的针对性。

（二）绩效考核指标分类及来源

1.绩效考核指标分类

关键绩效指标（KPI）。关键绩效指标是体现岗位主要工作内容、有效评价任务目标完成情况的重要指标，是有效反映关键业绩驱动因素的衡量参数，需要根据不同岗位的工作特点和工作内容，逐步提炼形成各岗位关键绩效指标。

工作任务目标（GS）。工作任务目标来自企业部门的工作计划或工作安排。根据年度计划或年度重点工作任务，将工作任务层层分解，结合员工的岗位职责分解到员工，形成员工月度、季度、年度考核的工作任务目标。

约束性指标（MI）。根据行业实践、上级单位下达的考核任务及企业实际工作中对安全质量、保卫保密、信访维稳、企业文化等方面的要求形成对企业员工工作行为、工作标准、工作结果等方面的约束性指标。

2.绩效考核指标来源

员工绩效指标来源于企业战略目标、JYK（计划—预算—考核）任务、企业年度重点任务和员工岗位工作职责。各层级员工的绩效指标应与相应上级管理者的绩效指标建立承接关系。企业各部门紧密结合岗位工作特点与部门管理实际，制定部门员工绩效考核实施细则，在考核过程中持续优化员工绩效考核指标库，充分体现绩效考核指标设定中的针对性、科学性、关键性、可测性等原则，利于各部门进一步细化责任、量化指标，完善纵到底、横到边的各具岗位或领域特色的全员绩效考核体系。

（三）全员绩效考核框架

为深入推进企业全员绩效考核管理，确保考核工作有效开展，企业成立全员绩效考核委员会、绩效考核办公室和部门绩效考核工作组，三级组织纵向分布，分工明确，各司其职，确保企业全员绩效考核工作目标能够有效传递。全员绩效考核明确了考核主体，涵盖企业全体员工（含企业高管），针对员工岗位性质构建企业全员绩效考核框架（见表3-1），明确了考核对象、考核人、考核形式/内容、考核周期及年度绩效考核成绩计算方式等。同时，对企业特殊情况员工的绩效考核作出规定，抓住各岗位人员绩效管理与考核的重点，使全员绩效考核与企业重点工作的按时推进和有效控制有机结合，形成有力抓手，使管理无盲区。

（四）绩效考核反馈与面谈

月度、季度、年度绩效考核结束后，各级管理者将考核结果及时反馈给考核对象，并有针对地开展考核面谈。面谈内容包括考核对象考核周期内的工作亮点、存在不足、绩效改进计划及改进措施，使被考核对象明确自己的绩效状况、企业或部门对自己的绩效期望，从而及时调整工作方式方法，提升绩效水平。

表 3-1　企业全员绩效考核框架

考核对象	绩效考核			年度素质能力评价		年度绩效成绩计算方式
	考核人	考核形式/内容	考核周期	考核形式	考核内容	
领导班子正职	中国核电	公司年度JYK责任书	年度	上级部门/公司全员绩效考核办公室组织360°测评	领导人员/干部素质能力项	年度业绩得分=公司年度绩效考核成绩
领导班子副职/副总工程师	总经理	绩效考核责任书（JYK任务+分管处室绩效考核内容）	季度			班子副职年度业绩得分=∑季度绩效考核得分÷4×60%+年度绩效考核责任书考核得分×40%；副总工程师年度绩效得分=（∑季度绩效考核得分÷4×60%+年度绩效考核责任书考核得分×40%）×70%+年度综合素质能力评价得分×30%
处室第一负责人	企管处	处室绩效考核责任书（JYK任务+年度任务）	月度	公司全员绩效考核办公室组织360°测评	干部素质能力项	年度绩效考核得分=∑处室月度绩效考核得分÷12×70%+年度综合素质能力评价得分×30%
处室其他处级干部/科（值）负责人	处室第一负责人	员工绩效责任书				年度绩效考核得分=∑员工月度绩效考核得分÷12×70%+年度综合素质能力评价得分×30%
班组长/主管	科（值）第一负责人	员工绩效责任书	季度	处室绩效考核工作组组织360°测评	员工素质能力项	年度绩效考核得分=∑员工季度绩效考核得分÷4×70%+年度综合素质能力评价得分×30%
基层员工	科（值）第一负责人/班组长/主管	员工绩效责任书				年度绩效考核得分=∑员工季度绩效考核得分÷4×70%+年度综合素质能力评价得分×30%

（五）绩效考核结果应用

绩效考核结果与岗位或岗级调整、绩效工资、职务任免、专业技术职务资格和评优评先挂钩。企业员工绩效考核与组织绩效考核有机结合。

一是规定员工月度、季度绩效工资在部门绩效工资整体框架内进行分配，员工月度、季度绩效工资依据其月度、季度绩效结果，由部门自行分配；年度绩效考核结果作为年终奖发放的依据之一。考核结果为"C"的，当年年终奖按80%计发；考核结果为"D"的，当年年终奖按50%计发。年终奖扣减部分扔下发给所在部门，由部门另行分配给业绩表现突出的员工。

二是规定员工在同级岗位连续2年绩效考核结果为"A"的，按岗位工资提升一个档次一年确定奖励额度。

三是将员工年度绩效考核结果与岗位或岗级调整、干部职务任免、职称评审和评先推优等挂钩，使员工明确自身的模范履职是促成团队高绩效不可或缺的部分，个人的收入与职业发展及团队的发展紧密相连，不断夯实其团队责任感与主人翁精神。

三、绩效考核改进优化

绩效考核的两个目的：一是推动企业战略发展和落地；二是提升员工的绩效水平，进而培育企业和员工的核心竞争力，为"建设一流企业，打造一流员工"提供有力支撑。

（一）进一步优化全员绩效管理体系

1. 摸清各部门绩效管理实施情况

通过归档资料检查、员工访谈，发现、总结、解决各部门遇到的管理问题，诊断各部门绩效管理运行的实际情况。采用经验交流的方式，展示部门绩效管理的良好经验，讨论目前存在的不畅通环节，集中解决各部门绩效管理存在的问题。

2. 建立组织绩效与全员绩效管理的接口

通过定期会议的形式组织部门绩效管理与全员绩效管理的定期沟通，主要目的是沟通组织绩效和员工绩效两个体系在衔接上存在的问题。建议以季度或半年度的形式召开定期会议，形成一种定期的机制，促进两个体系的共同改进。

3. 推动建立各部门绩效考核指标库

各部门应结合现有经验，逐步建立完善本部门的绩效考核指标库，按照考核周期梳理指标库，剔除无用指标、添加当期重要指标，达到"需要什么考核什么"的效果，使员工绩效考核紧跟企业战略和重点工作。当然，组织绩效管理也应建立相应的指标体系，并与各部门的指标库形成联动，实现关键指标贯穿企业、部门、岗位各级指标。

4. 设置更加合理的考核周期

根据员工岗位以不同的形式、频次考核，其中考核周期的设置很重要。对于基本干部和基层员工更关注适应岗位需求的实际工作能力和解决技术业务难题的能力和执行力，采用月度考核更能准确把握工作的进展情况和完成情况，通过绩效反馈及时发现工作中的偏差。对于处级以上干部，管理能力和决策能力是考核的重点，考核中涉及工作层级领导的评价，采用月度考核，会将很多时间用于考核中，导致考核成本会大大增加。处级干部采用季度考核，总经理助理级以上干部采用年度考核，更加符合当前企业的实际情况。

5. 建立考核评价打分总体原则

为规范各部门的打分标准，应建立考核评价打分总体原则：月度或季度绩效考核、履职情况评价、年度综合素质能力评价按百分制打分，90分以上的人数不超过考核总人数的 30%。同时，建立评分责任追究制度。评分人应以客观事实和本人实效为依据打分，如出现直接上级评分人对考核对象的评分分数高，但对其工作不认可或是考核对象实际工作能力不强、综合测评得分不高、群众意见反映不好的情况时，要追究直接上级评分人的责任。

（二）提升各级人员的绩效管理水平

企业各级管理者、绩效考核组织实施人员和考核对象对绩效管理的全面认知和高效使用，可以促进绩效管理体系更有效地运作。

1. 针对管理层实施绩效管理实施方法的培训

绩效管理不是人力资源部门的事情，而是各级管理人员的工作工具，绩效管理实施效果和各级管理对绩效管理的理解和推动是密不可分的。为此，应通过绩效管理培训，使各级管理者充分认识到绩效对管理工作的重要性，并将绩效管理融入日常的各项工作，包括如何实施绩效考核、绩效反馈与面谈等。

2. 对各部门绩效管理联络员实施绩效管理技能的培训

各部门绩效联络员是绩效管理的"中转点"，联络员熟知绩效管理的各个环节、把握各个环节的重点工作，将促使绩效管理更健康、稳定地运行。需要指出的是，绩效联络员还应掌握绩效指标制定的相关方法，并配合本部门管理人员将组织绩效指标分解到科室、岗位，这是制定绩效考核责任书的关键环节，考核指标的质量直接影响绩效管理的后续环节。

3. 针对全员普及绩效管理理念

目前，全企业范围内已建立了绩效管理体系，员工对绩效管理的理解与支持是基本点。建议通过企业现有宣传渠道、内部会议等加大对绩效管理的普及培训，使员工能清晰认识到绩效管理对员工工作业绩提升的积极帮助，而不是简单地认为"绩效管理就是给员工挑毛病""绩效管理就是每年年底的一次考核"。

（三）营造良好的绩效沟通氛围

绩效文化实际就是一种"沟通的文化"，建立良好的绩效文化应该从沟通开始。绩效管理的各个环节需要管理层与执行层持续的沟通，传达管理期望、传输工作指导，通过绩效沟通渠道落实企业战略、重点工作的跟踪、反馈与监督。对于"沟通文化"，有些是短期就应该重视起来积极实施的，有些是一个长期的过程，需要引领示范与长期培育。

1. 建立绩效管理的过程沟通

在每一个绩效考核周期内，管理者与执行者应主动进行双向沟通：管理者跟踪指标的执行情况，避免指标执行出现延后或误差；执行者反馈指标执行过程中遇到的疑问或难题，提出需求，给指标的完成创造良好条件。

2. 完善绩效反馈与面谈

月度、季度、年度绩效考核结束后，各级管理应将考核结果及时反馈给考核对象，并有针对地开展考核面谈。面谈内容包括考核对象考核周期内的工作亮点、存在不足、绩效改进计划及改进措施，使考核对象明确自己的绩效状况、公司或处室对自己的绩效期望，及时调整工作方式方法，提升绩效水平。对于月度、季度绩效考核结果低于 75 分或年度绩效考核结果为 C 级及以下人员，考核人与考核对象必须进行绩效面谈并填写绩效考核面谈表。

（四）细化部门绩效考核细则

针对企业各部门在绩效考核实施中存在的问题，绩效考核办公室应加强指导，督促相关部门细化实施部门全员绩效考核细则，设定明确的打分标准，实事求是，从工作数量、质量、效率等多方面进行衡量，避免考核过于随意性和大面积分数相同的情况。

（五）建立绩效考核信息化管理平台

目前，全员绩效考核周期比较频繁，考核维度多，统计量大，并且人工统计易出差错。为提高考核效率，提升绩效管理，应逐步健全全员绩效考核体系，搭建全员绩效考核信息化平台。

第四章 新形势下电力企业大数据的关键技术

第一节 数据挖掘

电力企业大数据的分析和挖掘主要面向结构化和非结构化数据，能够针对复杂数据结构、多类型的海量数据做有效的处理。但目前电力企业的数据挖掘计算大多是基于小数据集进行计算的，这是因为目前在大数据行业内主流的大数据计算框架还没有在电力企业大数据领域内得以普遍应用，使用传统方式做海量数据的挖掘计算往往需要数天甚至几个月的时间，这是人们在实际业务场景中无法接受的。而是用小数据集进行的数据挖掘操作，其真实性、可靠性都远不及基于海量数据的挖掘结果。

一、大数据技术

（一）大数据特征

随着信息化通信技术的不断进步，数字化、信息化已经渗透进我们生活中的各个角落，同时，技术演进和应用创新加速发展，数据量急速增长，这些产生的大量数据隐藏了需要重要的信息，数据体现在体量大（Volume）、类型多（Variety）、速度快（Velocity）、价值大（value），概括的称为 4V 特性。

随着 SG-186 及 SG-ERP 的建设推进，国家电网公司数据中心积累了大量的数据资源，具备良好的数据基础，并初步实现了企业级数据资源整合及共享利用，已具备进行大数据分析的基础条件。电力大数据的特征可以概括为 5V1C。其中 5V 分别是体量大（Volume）、类型多（Variety）、速度快（Velocity）、价值大（Value）、灵活度高（Vitality），1C 是指复杂度高（Complexity），其中，灵活度高主要体现在分析和处理模型必须快速适应新的需求，复杂度高主要体现在需要有新的方法来满足异构数据统一接入和实时处理的需求，若仅从体量特征和技术范畴来讲，电力大数据是大数据在电力行业的聚焦和子集。但电力大数据更重要的是其广义的范畴，其超越大数据普适概念中的泛在性，有着其他行业数据所无法比拟的丰富内涵。

（二）大数据分析技术

1. 数据统计分析技术

主要用于对数据形态、数据分布情况的分析，通过数据统计分析可以掌握数据的稳定性情况和数据的分布情况，是通过数据掌握业务的稳定性和变化趋势的重要手段。在描述数据形态时我们多使用中位数、四分位、众数、均值、方差、标准差、标准分等统计分析方法；在数据概率分布时采用均匀分布、二项分布、泊松分布、正态分布来描述数据，在判定上采用 T 检验、F 检验、二项分布假设检验、卡方检验、K-S 检验、游程检验等。

2. 数据挖掘

是（Data Mining）从大量的、不完全的、有噪声的、模糊的、随机的实际应用数据中，提取隐含在其中的、人们事先不知道的、但又是潜在有用的信息和知识的过程，与之相似的概念称为知识发现。

3. 传统分析

是在数据量较少时，传统的数据分析已能够发现数据中包含的知识，包括结构分析、杜邦分析等模型，方法成熟，应用广泛。

4. 信息处理

是指基于查询，可以发现有用的信息。但是这种查询的回答反映的是直接存放在数据库中的信息。它们不反映复杂的模式，或隐藏在数据库中的规律。

5. 数据分析工具

是指各种厂商开发的数据分析的工具、模块，将分析模型封装，使不了解技术的人也能够快捷地实现数学建模，快速响应分析需求。

6. 数据挖掘

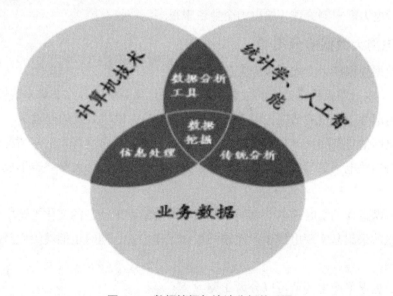

图 4-1 数据挖掘与统计分析关系图

图 4-1 中又被定义为就是充分利用了统计学和人工智能技术的应用程序，并把这些高深复杂的技术封装起来，使人们不用自己掌握这些技术也能完成同样的功能，并且更专注于自己所要解决的问题。

（三）系统支撑平台

技术经过多年的积累和发展，大数据分析处理的底层存储技术如 HDFS/Hbase 已经成熟稳定，实时流处理技术如 Storm/S4/Spark、离线处理框架 Map Reduce 以及相关衍生技术如 Hive/Impala 等也得到了广泛的应用。整个大数据分析平台百花齐放，日臻成熟，国家电网公司也发布了大数据平台参考架构。本项目参考国家电网公司的大数据平台架构，结合实际需求，搭建了基于 Hadoop 的分布式存储环境。首先数据采集服务按照预定规则将数据写入数据交换区，数据传输应用程序将交换区数据写入"数据存储区"，该数据区规划在 HDFS 之上。由"结构化数据抽取应用程序"将结构化指标数据抽取到"结构化分析数据存储区"，并作为 HIVE 服务的数据存储由 HIVE 服务将数据以结构化数据服务的形式发布。

二、电力企业中的大数据概念

（一）电网大数据的概念

电网大数据的关键在于将数据当成一个企业的核心资源，并能够利用这些资源创造价值。如果电力企业能够充分发挥企业运营过程中的各类数据信息，并针对这些信息进行深入全面的分析，就能够产生很多高附加值的服务。而这些基于大数据技术的附加服务能够有效地提高电力网络运转的安全性，并及时排查电网存在的安全隐患，收集用电人员的行为信息，实行电力需求侧管理，给电力企业带来很多经济收益。

（二）电网大数据的分类

电网大数据根据产生方式可以分为 3 类。

首先，各个电力监控设备产生的数据。目前我国电网系统中存在非常多的监控采集点，能够将区域内部各个节点的情况记录并上传到数据中心，以供后续的处理。

其次，电网信息扩展而产生的数据。这些数据主要就是电网日常运作情况的数据，其中有关键设备的放电信息等。这些信息的采集频率都非常高，因此最终也形成了非常庞大的数据量。

最后，电网运作的实时信息。电网系统的内部信息处于动态的变化平衡中，对于各个设备实时信息的采集是实现电网生产控制的基础工作之一，同时也能够给生产决策提供必要的辅助作用。

电网大数据根据产生环节可以分为 3 类。

第一，发电侧产生的大数据。其主要是电力企业内部设备运作过程产生的数据，同时也包括了设备故障诊断、数据挖掘等信息。

第二，输电侧和变电侧产生的大数据。这些大数据的采集主要是为了保障输变电过程的正常进行，并且需要每日都进行采集，数据量非常多。

第三，用电侧产生的大数据。目前我国很多地区都安装了智能电表，给大数据技术的推广使用营造了良好的环境。智能电表通常都具有双向通信能力，能够自动电力企业发送每一个用户的用电信息。

（三）电网大数据的特征

电网大数据主要具有 5 个方面的特征。

1. 数据量庞大

智能电网的普及使得很多物联网技术开始在电力行业中推广，而电力企业在运营发展中也就产生了很多海量数据。这些数据经过汇总以后就变得非常庞大，使用传统方法很难进行处理，必须要借助大数据技术。

2. 数据种类多

在传统电力模式中，电力数据的种类并不算太多，只是一些电量测量、设备运行状态等结构化数据。但是自智能电网发展以来，电力数据的种类得到了大幅度的拓展，出现了很多视频、音频等非结构化数据，并且在数量上也超过了结构化数据。大数据技术相较于传统方法来说，比较擅长梳理这些种类繁多的非结构化数据。

3. 数据处理速度较快

电力企业在运营中需要维持发电和用电的动态平衡，因此在数据处理上就要求企业能够快速处理电力调度、设备运行状态等各类信息。大数据技术处理信息的速度非常快，能够直接提高电力企业的数据管理水平，满足企业日常经营的需求。

4. 数据的价值潜力较高

当前的电网大数据不仅仅是电力网络运作状态的信息，同时也能够揭示电力行业的内部发展特征，反映社会民众对于电力资源的需求变化。如果能够对这些数据信息进行深度挖掘，就能够充分发挥电网大数据的潜在价值。

5. 数据处理的灵活性较高

电力企业的运营是以市场用户需求为基本导向的，因此在数据分析和模型处理上就需要很好地应对新业务的需求。想要达到这种目的，电网大数据的数据必须要具有较高的灵活性，能够快速契合新型的电力生产模式、电力计量计费、电力营销手段等。

第二节　实时计算

电力企业的实时计算在其大数据应用领域内具有不可忽视的地位。电力企业的实时数据往往代表着设备运行参数、生产环境的各项指标、客户的实时需求等等，这样的数据，其价值只有在其刚刚产生的时候，才是最大的。而且，在数据刚刚产生的时候，就对其进行移动、计算和使用才是最有意义的，这也符合数据应用的一般规律。因此，电力企业大数据一定要重视实时计算场景的应用。

一、数据挖掘算法

（一）时间序列

时间序列挖掘就是在时间序列数据中挖掘频繁模式、演化规律等，并对未来的发展趋势进行预测。主要时间序列挖掘算法有自回归模型（AR）、滑动平均模型（MA）、自回归滑动平均模型(ARMA)、自回归积累滑动平均模型（ARIMA）等。

（二）线性回归

线性回归分析是尝试从待分析的数据中寻找某种特定规律的方法。线性回归分析是分析和确立某种响应变量 Y（因变量）和重要因素 X（自变量）之间的函数逻辑关系。回归值代表任意一个条件期望值，在数据建模过程中，经常是给定条件变量下因变量的条件期望值。将预测属性视为自变量，预测目标视为因变量，则可使用线性回归技术进行预测。

（三）聚类算法

聚类分析指将抽象或物理对象的集合分组形成由类似的对象组合而成的多个类的分析过程。它的目标是在相似的基础上收集数据，并对其进行分类。聚类源于很多方面，包括经济学、统计学、计算机科学、生物学和数学。在不同的应用方面，很多聚类技术都得到了应用和发展，这些技术方法被用作描述数据，衡量不同数据源间的相似性，以及把数据源分类到不同的簇中。聚类是把数据按照相似性归纳成若干类别，同一类中的数据彼此相似，不同类中的数据相异。聚类分析可以建立宏观的概念，发现数据的分布模式，以及可能的数据属性之间的相互关系。

具体的聚类方法主要有：划分方法 (Partitioning Methods)：k－均值法；层次方法（Hierarchical Methods）：AGNES 法（Agglomerative NESting）；基于密度的方法 (Density-based Methods)；基于网格的方法 (Grid-based methods)；基于模型的方法 (Model-based methods)：统计学模型方法 COBWEB，Autoclass，神经网络模型 SOM；视觉方法：Vision Cluster 算法。

（四）神经网络

神经网络的基本单元是神经元，是集数据输入、运算、结果输出于一身的装置，既可以做模型预测，也可以提供信息给其他神经元。神经网络就是众多神经元系统的连接在一起组成的结构。常用到的是前馈神经网络，也即多层感知器。神经元分布在各层中，通常有一个输入层、一个或多个中间处理层和一个输入层，并且每层中的神经元都跟相邻层的神经元充分连接。每个连接具有关联权重，描述神经元之间的影响力度。信息从输入层通过中间处理层到输出层的过程中，产生预测。并通过样本不断学习，自动调节关联权重，使预测越来越精确。

RBFN(radial basis function network) 是另外一种特殊的神经网络，包含三层：输入层、中间处理层和输出层。其中的中间处理层是聚类模式，类似于 K-means 模型中的聚类。神经网络是生理学上的真实人脑神经网络的结构和功能，以及若干基本特性的某种简化、模型和抽象而构成的一种信息处理系统，从系统方面看，人工神经网络是由大量神经元通过极其完善和丰富的连接而构成的自适应非线性动态系统，即具有耗散性、不可逆性、广泛连接性、高维性、不可预测性、自适应性等。神经网络具有人类大脑功能的基本特征：归纳、记忆和总结、学习。神经网络需要的经验知识比较少、适应性比较广、并行运行速度快，它为解决大量复杂度问题提供了相对比较有效的简单方法。

（五）支持向量机

支持向量机（Support Vector Machine，SVM）是 Corinna Cortes 和 Vapnik 等于 1995 年首先提出的，它在解决非线性、高维模式识别中及小样本表现出许多特有的优势，并可以推广应用到函数拟合等其他机器学习问题中。支持向量机（Support vector machines，SVM）与神经网络类似，都是学习型的机制，但与神经网络不同的是 SVM 使用的是数学方法和优化技术。SVM 的关键技术在于核函数。低维空间向量集通常比较难以划分，有效解决的方法是将它们映射到高维空间。但这种办法同样会带来困难，就是计算复杂度的增加，而核函数正好有效巧妙地解决了这个问题。也就是说，只要选用适当的核函数，就可以得到高维空间的分类函数。在 SVM 理论中，采用不同的核函数将导致不同的 SVM 算法。

（六）逻辑回归

Logistic 回归（也称为名义回归）是一种通过依据输入字段的值对记录进行分类的统计技术。该技术与线性回归较为相似，但通过分类目标字段替代了数值字段。同时支持多项模型（用于具有两种以上类别的目标）和二项模型（用于具有两种离散类别的目标）。Logistic 回归的工作原理是构建一组方程式，使输入字段值与每个输入字段类别所关联的概率相关。模型创建后，便可以用它来估计新数据的概率。对于每条数据记录，将计算每种可能输出类别的归属概率。具有最高概率的目标类别将被指定为该记录的预测输出值。

（七）关联规则

关联规则挖掘是指两个及两个以上变量的取值之间存在某种特定规律。数据关联是数据库中存在的一类可被发现的、重要的知识。关联分为时序关联、因果关联和简单关联。关联分析的目的是找出数据间隐藏的关联网。一般用可信度和支持度两个阈值来度量关联规则的相关性，还不断引入相关性、兴趣度等参数，使得所挖掘出的关联规则更符合需求。

（八）决策树

决策树（Decision Tree）是在各种情况发生概率已明确的基础上，利用构成决策树来求取净现值的期望值大于等于零的概率，评价项目风险，判断其可行性的决策分析方法，是直观应用概率分析的一种图解法。由于这种决策分支通常画成的图形很像树的枝干，故称决策树。在机器学习中，决策树是一个预测模型，它代表的是对象属性与对象值之间的一种映射关系。常用的决策树算法包括 C5.0、C4.5、CA&T 等。

二、数据分析步骤

（一）业务分析

业务分析阶段集中在从业务角度理解项目的目标和要求，然后把理解转化为数据挖掘问题的定义和一个旨在实现目标的初步计划。

（二）数据理解

数据理解阶段开始于原始数据的收集，然后是熟悉数据，标明数据质量问题，探索对数据的初步理解，发掘有趣的子集以形成对隐藏信息的假设。

（三）数据准备

数据准备阶段包括所有从原始的未加工的数据构造最终数据集合的工作。数据准备任务通常需要多次实施，而且没有任何特定的顺序。这些任务包括记录、表格和属性的选择以及按照建模工具要求，对数据的转换和清洗。

（四）建立模型

建立模型阶段主要是应用和选择建模技术，同时对模型的参数进行校准以达到最优值。通常对于相同的数据挖掘问题类型，可以应用多种模型技术，但是，一些模型技术对数据格式有特殊的要求。因此，常常需要返回到数据准备阶段进行数据处理。

（五）模型评估

模型评估阶段通常是在模型最后发布前，更为彻底地评估、验证模型和核查建立模型的各个步骤和过程，从而确保它真实地达到了商业目标。此阶段关键目的是分析确定是否存在一些重要的问题未得到充分的考虑。数据挖掘模型的使用决定应该在此阶段结束时确定下来。

（六）结果分析及应用

模型的创建通常并不是项目的结尾。根据需要，发布过程可以简单到产生一个报告，也可以复杂到在整个企业中执行一个可重复的数据挖掘过程。

三、系统需求分析

（一）业务分析

1.业务需求说明

电力营销业务是作为公司售电工作的核心和重点，此前一直以原有的落后的方式对营销系统所涉及的五项服务主题进行日常的整理，随着数据量不断增加，数据接入频度不断提高，数据范围不断扩大，传统的数据分析方式在分析效率、梳理数据关联关系等方面面临越来越大的困难。对于公司资源配置较弱、管理粗放、作业点多面广、业务操作频繁，极其容易发生因人员业务素质、政策理解、工作态度等差异，导致政策、标准、流程执行不到位的情况。

因此不断提升营销数据分析水平，提高营销数据的利用率，加大数据对电力营销业务的辅助支撑力度，成为我们需要解决的最主要问题。

（1）电费回收风险主题

从电费回收风险的业务角度来讲，电力营销分析系统所需要的有：

风险信息识别。

需要对风险信息进行分类整理，形成风险识别信息，发起风险识别审核流程，最后识别归档，在风险识别信息审核通过后，收集、整理、核对相关资料，建立风险台账，并记录归档时间。

风险监测希望。

可以采用指标管理，根据风险识别结果，建立各风险点的预警监测指标，维护预警监测指标的各项信息，包括计量单位、数据来源、数据类型、计算公式、阈值、监测频度等；实行预警监测，通过定期抽取营销业务系统的数据，与预警监测指标阈值进行分析、比较，对风险点进行在线监测；如果业务数据存在异常，则自动进行实时预警，预警等级分为黄区预警、红区预警两种，预警方式分为系统消息、短信等；并建立监测日志和监测报告，记录预警监测情况，包括监测时间、监测指标、数据值、预警时间、预警通知结果等内容。

（2）客户停电信息主题

客户停电信息主题主要需求有：

根据停电计划制定辅助决策，是基于营配系统中清晰地站—线—变—户关系，在基于数据挖掘技术的电力营销分析系统中停电模块可以统计和展现每条线路上挂了多少高停电敏感客户以及分布状况，并支持对单个客户停电敏感度的查询。在参与计划停电计划制订和停电协调会的时候，作为安排和优化停电计划的辅助参考；在错峰用电实施方案的时候，考虑不同停电敏感度客户的错峰等级。

需要了解停电后 95598 的应急预警反应，对 95598 客服中心，可以查询、统计和展现已经下达的停电计划线路或突发故障停电后，每条停电线路具有高停电敏感度的客户的数量及比例，以及高敏感客户的呼入时间段偏好，可以提预估可能到来停电咨询话务高峰，做好事前的风险预判和控制。

停电事件统计功能的优化和提升，在 95598 应急预案的事后分析进行应用，在"停电事件统计功能"模块中，增加停电敏感度统计分析维度，可以按客户的敏感程度进行统计分析。

停电敏感度客户分区域综合查询与分析，在统计报表功能中，支持展现不同营业区域的不同停电敏感度客户的占比和分布情况，有利于制定差异化的停电管理策略，加强不同营业区域的停电客户沟通和停电计划安排，辅助营销决策。

（3）用电风险主题

在用电风险主题下，需求有以下几种：

差异化周期性用电风险检查功能，是将传统的周期性用电检查工作转变为风险导向型的差异化用电检查。在进行周期性用电检查时，提供客户风险排名，方便周期性用检人员，在每次用电检查中按照客户的风险等级，合理安排工作，提高异常查处率。

现场检查结果处理改造，改造增加高危及重要客户检查工单、结果通知书扫描上传功能，检查结果处理环节增加完整性校验。上传客户签章的用电检查结果通知书。

客户隐患通知，提供用电检查结果通知书打印，提供告知结果录入功能包括告知事项信息，告知时间，允许上传客户签章的用电检查结果通知书。

隐患情况排查的查询，提供高危及重要客户隐患查询、整改情况查询；可按照客户类别、客户编号、客户名称、整改时间、发现时间等条件进行查询。增加用电检查、隐患管理中高危及重要客户以及分类、分行业查询功能。并支持对客户隐患告知及时性进行统计。

（4）电力服务主题

在电力的服务渠道主题下，电力营销分析系统的需求如下：

客户调查分析，根据要求方案管理主要用于根据管理需求设计不同的调查方案。主要功能包括方案编号、方案制订、方案变更等。问卷管理主要用于调查问卷的动态调整和修改等问卷管理，主要功能包括：创建问题库，问卷变更。

服务质量分析，对供电服务现状进行多角度展示分析，包括内部服务质量分析、外部客户调查分析以及内外结合分析，为服务质量改进、个性化服务以及政策研究提供辅助决策信息。服务指标分析对每一个指标，依据其指标性质和类型进行多角度、个性化的分析。

客户调查分析，外部客户评价将以国网品质评价办法要求的客户综合满意度指数和专项服务客户评价为主题，通过多渠道的外部问卷调查系统，以软件形式实现自动化采集，及时评价，集中分析，缩短评价周期，并集中展示客户满意度现状和客户评价结果。

客户调查结果分析，针对综合满意度分析和专项服务分析，在对客户满意度七大结构变量进行分析，包括质量感知、用户期望、形象感知、价值感知、客户抱怨、客户忠诚以及客户满意度。

（5）大客户服务主题

在大客户服务主题下，所需要的需求是：

客户细分，将完善营销业务应用系统客户关系管理业务模块的客户细分、客户群管理、重点客户认定等模块功能，提高其客户细分的实用性，按照客户价值、客户需求、电费回收等进行客户细分，为细分客户提供不同的服务与管理策略。

大客户识别，大客户识别是通过完善营销应用系统和电能采集系统，在客户信息展现的时候提供明显的大客户标识，并提醒操作人员。例如客户包装，抄表收费，采集不成功等情况，一旦出现大客户及重点客户，操作人员应根据不同的客户分类等级进行相应级别的响应。

展示项目设置情况，展示项目设置是为大客户分类展示的维护功能，可根据不同的展示类型和对象设置不同的展示内容和范围，支持按单位、按用户群、按照内容类别进行设置展示。

大客户差异化管理机制，根据大客户分群的结果，在服务资源有限的情况下，优先对第二群活跃型大客户进行95598绿色通道的开设。根据客户拨打的电话号码，属于第二群的大客户，95598自动将电话转接到客户经理专线上（或人工服务），不需要客户收听语音菜单。

2. 业务对象说明

（1）业务对象清单

根据以上业务需求说明，归集整理后，形成本次分析的业务对象清单，每个业务对象都有其来源处，即业务活动。部分对象如下表：

表 4-1 指标对象表

业务对象名称	初始数据量	年增长数据量	读取频度	更改频度	属性名称	数据类型	长度
	2000	1000	极高	极少	指标节点名称	05—名称或地址	256
	2000	1000	极高	极少	数据来源	06—短备注	256
	2000	1000	极高	极少	来源部门名称	05—名称或地址	256
	2000	1000	极高	极少	指标频度	06—短备注	256
	2000	1000	极高	极少	指标所属业务	03—标准代码编码8	8
	2000	1000	极高	极少	数据精度	30—精度	8
	2000	1000	极高	极少	计算公式	07—长备注	4000
	2000	1000	极高	极少	指标用途	07—长备注	4000
	2000	1000	极高	极少	03—标准代码编码	03—标准代码编码	8

表4-2 维度对象表

业务对象名称	初始数据量	年增长数据量	读取频度	更改频度	属性名称	数据类型	长度
维度	2000	1000	极高	极少	维度标识	02—对象类代码—32	32
	2000	1000	极高	极少	维度类别代码	06—短备注	256
	2000	1000	极高	极少	维度代码	06—短备注	256
	2000	1000	极高	极少	维度名称	05—名称或地址	256
	2000	1000	极高	极少	维度说明	07—长备注	4000

表4-3 维度值对象表

业务对象名称	初始数据量	年增长数据量	读取频度	更改频度	属性名称	数据类型	长度
维度值	2000	1000	极高	极少	维度值标识	02—对象类代码—32	32
	2000	1000	极高	极少	维度标识	02—对象类代码—32	32
	2000	1000	极高	极少	维度代码	06—短备注	256
	2000	1000	极高	极少	维度值代码	02—对象类代码—32	32
	2000	1000	极高	极少	上级维度值代码	02—对象类代码—32	32
	2000	1000	极高	极少	维度值层次	19—短数量	5

表4-4 指标与维度值关系表

业务对象名称	初始数据量	年增长数据量	读取频度	更改频度	属性名称	数据类型	长度
指标与维度值关系	2000	1000	极高	极少	关系标识	02—对象类代码—32	32
	2000	1000	极高	极少	指标节点编码	02—对象类代码—16	16
	2000	1000	极高	极少	维度代码	05—名称或地址	256
	2000	1000	极高	极少	维度值代码	02—对象类代码—32	32
	2000	1000	极高	极少	排序序号	19—短数量	5

表4-5 分析模型对象表

业务对象名称	初始数据量	年增长数据量	读取频度	更改频度	属性名称	数据类型	长度
分析模型	100	50	较高	一般	编号	03—标准代码编码	8
	100	50	较高	一般	模型名称	05—名称或地址	256
	100	50	较高	一般	模型ID	01—短ID-16	16
	100	50	较高	一般	数据特征参数	06—短备注	256

	100	50	较高	一般	编号	06—短备注	256
分析方法	100	50	较高	一般	模型名称	05—名称或地址	256
	100	50	较高	一般	模型 ID	01—短 ID-16	16
	100	50	较高	一般	数据特征参数	06—短备注	256
	100	50	较高	一般	编号	02—对象类代码—32	32
算法管理	100	50	较高	一般	名称	05—名称或地址	256
	100	50	较高	一般	公式	06—短备注	257
	100	50	较高	一般	结果表示形式	06—短备注	258

（2）业务对象设计模型

通过分析业务对象之间的关联关系，形成业务对象设计模型。业务对象间通常存在包含、继承、依赖等几种关联关系。包含关系表示一个对象由另一个对象组合而成，例如：项目由多个单体工程组合而成，那么项目与单体工程之间存在包含关系。继承关系表示一个对象是另一个对象的一个分类。例如：计量屏与计量容器存在继承关系，因为计量屏是计量容器的一种分类。依赖关系表示一个业务对象的属性依赖于另一个业务对象。

（二）功能需求分析

系统功能需求分析清单如下：

1. 电费回收风险

表 4-6 电费回收风险—信誉风险分析功能需求表

功能需求编号	GN_DFHSFX_02
功能需求名称	信誉风险分析
参与者	权限用户
业务规则	多指标
输入业务对象及属性	（1）指标（编码、名称）；（2）指标数据（指标编码、指标名称、单位编号、统计周期、指标值、累计值、同期值、同期累计值、上期值、上期累计值、本期计划值、年度计划值、来源系统编码、来源单位、同比值、环比值、累计同比值、累计环比值、同比变化量、环比变化量、累计同比变化量等）；
新增（修改）业务对象及属性	分析结果、分析结果数据
输出业务对象及属性	分析结果、分析结果数据
功能需求描述	选择指标，选择不同条件和展示组件，配置展示参数，依据指标数据进行分类展示。（1）分析数据选择。选择指标，确定分析数据范围，后台进行分析，产生分析结果集；（2）调用："分析结果可视化参数配置"功能；
界面要求	/
非功能性需求	展示参数、展示控件，形成分析结果展示。

2. 客户停电信息

表 4-7　客户停电信息—用电风险聚类分析功能需求表

功能需求编号	GN_KHTDXIN
功能需求名称	用电风险聚类分析
参与者	权限用户
业务规则	多指标
输入业务对象及属性	（1）指标（编码、名称）；（2）指标数据（指标编码、指标名称、单位编号、统计周期、指标值、累计值、同期值、同期累计值、上期值、上期累计值、本期计划值、年度计划值、来源系统编码、来源单位、同比值、环比值、累计同比值、累计环比值、同比变化量、环比变化量、累计同比变化量等）；
新增（修改）业务对象及属性	分析结果、分析结果数据
输出业务对象及属性	分析结果、分析结果数据
功能需求描述	选择指标，选择不同条件和展示组件，配置展示参数，依据指标数据进行分类展示。（1）分析数据选择。选择指标，确定分析数据范围后台进行分析，产生分析结果集；（2）调用："分析结果可视化参数配置"功能；
界面要求	
非功能性需求	展示参数、展示控件，形成分析结果展示。

3. 电力服务

表 4-8　电力服务—聚类分析功能需求表

功能需求编号	GN_DLFW
功能需求名称	电力服务聚类分析
参与者	权限用户
业务规则	多指标
输入业务对象及属性	（1）指标（编码、名称）；（2）指标数据（指标编码、指标名称、单位编号、统计周期、指标值、累计值、同期值、同期累计值、上期值、上期累计值、本期计划值、年度计划值、来源系统编码、来源单位、同比值、环比值、累计同比值、累计环比值、同比变化量、环比变化量、累计同比变化量等）；
新增（修改）业务对象及属性	分析结果、分析结果数据
输出业务对象及属性	分析结果、分析结果数据
功能需求描述	选择电力服务相关指标，选择不同条件和展示组件，配置展示参数，依据指标数据进行分类展示。（1）分析数据选择。选择指标，确定分析数据范围，后台进行分析，产生分析结果集；（2）调用："分析结果可视化参数配置"功能；
界面要求	
非功能性需求	展示参数、展示控件，形成分析结果展示。

（三）非功能需求分析

1. 用户界面

用户界面设计规范符合吉林省电力公司设计规范。系统采用 B/S 架构，支持 windows

平台 IE8 及以上版本 / 火狐 / 谷歌浏览器访问，并符合以下特性：

系统所有界面采用统一风格，便于用户操作完成日常业务办理；

用户界面尽量采用导航功能，方便用户进入相应的业务功能模块办理业务，或调用其他功能界面；

系统中所有输入界面带数据校验功能，当用户输入了不符合业务规范的数据时，系统自动为用户给出明确的提示；

当用户操作系统过程中，业务功能或操作界面出现错误时，系统应该给出友好而明确的提示信息；

用户界面尽量采用自适应屏幕分辨率的风格，在常见的屏幕分辨率下均能正常显示。

四、电力企业大数据平台架构

大数据技术可应用于电力企业的各个生产环节，全面采集来自不同业务领域或不同维度的电力数据信息，通过信息分类提高采集的效率和精准度，为实现数据信息的共享提供基础。通过大数据分析技术对数据信息进行深度挖掘，全面了解掌握实际生产情况，确保数据信息价值的有效运用。现阶段，大数据技术必然在电力企业实现生产数字化转型中发挥重要作用。

利用大数据技术构建电力企业大数据平台，平台架构如图 4-2 所示。

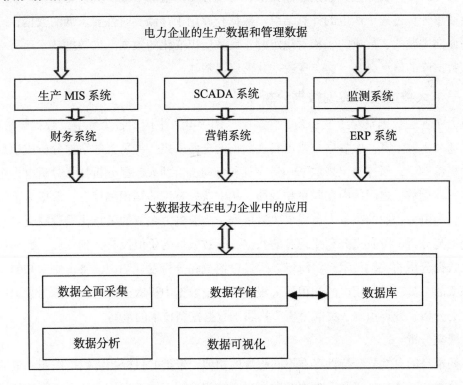

图 4-2　电力企业大数据平台架构

（一）大数据技术实现数据全面采集

大数据技术可实现实时数据、离线数据、网络安全日志、流量信息、用户行为等数据的全面采集，采集的数据类型包括结构化、半结构化、非结构化。由于采集的数据源于不同的业务系统，可能存在数据口径不一致、数据格式不统一、接口形式较多等问题，通过数据质量的管理，全面有效地管控数据质量。在数据采集过程中，按照数据属性采取不同的采集策略，规范数据采集进度，对各项数据进行综合分析和数据治理，经过对账、合规评估、数据清洗、数据水印、数据脱敏、数据 ETL 等过程后，从中提取实体和关系形成清单级数据，为实现信息融合和数据共享提供服务。

（二）大数据技术实现数据存储

现阶段，电力企业基于多年的信息化建设积累了规模庞大的数据，导致电力企业的数据数量庞大、结构类型复杂、增长快速，传统的存储方式面临严峻的挑战，不可避免地使用大数据技术实现数据存储。大数据存储技术指将全面采集不同业务领域的数据进行有效整合，以稳定的方式存储数据，将采集的数据存储到内存数据库、分布式数据库、数据仓库等数据库中。内存数据库将数据放入内存中进行操作，避免了磁盘读写操作中消耗的大量时间，适合实时性数据，实现数据信息的频繁写入和快速存储，也可通过设置一定的缓存机制，提升数据存储和数据访问的效率。NoSQL 数据库采用分布式数据存储的方式，这种存储方式可扩展性强，数据存储灵活，可以存储海量的数据。关系型数据库系统主要存储大数据计算过程中产生的计算结果。数据仓库用于存储实时性要求低的数据，一般是一系列面向主题的、集成的、相对稳定的、反映历史变化的数据。大数据技术还可实现不同类型数据库的信息交互，为实现数据共享奠定基础。

（三）大数据技术实现数据分析

电力企业的数据贯穿于发、输、变、配、调等电力生产的各个环节，数据数量庞大、增长快速、来源丰富。大数据技术可实现数据的全面采集，将采集的数据分析成信息，从信息中提炼知识，通过知识采取下一步决策和行动。借助大数据分析技术分析电力企业中的数据，发掘数据之间的内在联系和规律，从中获取有用的知识和信息，形成有价值的数据报告，为电力企业的决策人员提供决策依据。当前电力企业的信息化建设缺乏对数据信息的挖掘与分析，没有充分利用现有的数据，导致数据的价值没有得到释放。数据挖掘技术是大数据分析的关键技术。将海量数据经过挖掘和分析发现知识，将事先未知的、非凡的、隐藏的、具有潜在用途的知识从大规模的海量数据中提取出来的技术称为数据挖掘技术。聚类分析、分类预测、关联分析等均属于数据挖掘技术的范畴。

1. 聚类分析

数据本身的自然分布特性存在不同程度的相似，聚类的目标是将数据按照一定的划分准则划分成类，满足处于同一类内的数据尽可能相似，不同类型的数据尽可能地相异，聚类分析可获取事物间类聚的潜在规律。例如，在电力营销中，对用户的用电规模和用户行为进行聚类分析，可获取用电模型，有助于用户用电精益化管理，为节电奠定基础。

2. 分类预测

分类和回归可以作为对未来规律进行预测的依据，包括回归分析法、时间序列法、局势外推法等主要预测方法。例如监测机组、发电机、变压器、输电线路等的运行状态，预判可能发生的故障，有利于维护电网的安全稳定运行。

3. 关联分析

事物之间可能会存在一定的关系，其中一件事物发生改变时，另一件事物会随之发生改变，通过关联分析对目前的数据和历史数据加以全面分析，挖掘事物之间潜在的基本规律。例如，将营销业务上的数据和生产中的实时数据进行关联，挖掘用电与发电之间的规律，有助于提升用电可靠性和用电质量。

（四）大数据技术实现数据可视化

大数据可视化技术指导通过先进的数据可视化技术，将生产现场的实时监测数据、电网的规划数据和负荷预测等数据信息或其他的统计数据以及分析结果以动态的、丰富的表现形式呈现，使数据更直观，便于决策层领导、业务人员清晰准确地了解业务态势。通过可视化技术全方位多视角展示电力企业发展概况、电力系统概况、社会用户用电情况、重点工程建设项目进度监测情况、智能电网建设情况等不同业务领域的情况，绘制数据的发展趋势预测未来的数据走势，对数据、风险、用电、设备状态等进行预测，合理规避电力危险事故，高效开发利用电力资源，提高精益化管理，使电力企业运营效率整体提升。

第三节　客户画像应用体系

近年来，电力企业依托电力大数据，建设电力客户画像，并在精准营销、风险防控、客户信用评价等方面取得良好成效。

一、客户画像概述

大数据时代，如何从海量的数据中攫取有价值的信息，进而为客户提供精准和个性化服务，是企业重点关注的问题。在此背景下，客户画像概念和方法应运而生。客户画像，作为大数据的根基，能够完美地抽象出一个客户的信息全貌，为进一步精准、快速地分析客户行为习惯、消费习惯等重要信息，提供了足够的数据基础，奠定了大数据时代的基石。

（一）客户画像定义

客户画像，即客户的信息全貌，通过收集与分析客户的社会属性、生活习惯、消费行为等主要客户信息数据进行标签化。通过客户画像分析技术，将数值型、文本型等类型的客户数据，转化为业务人员容易理解的语义标签，不仅能够帮助企业全方位、多视角地了解客户行为特征，把握客户行为动向，还可以帮助企业针对细分客户群体开展精准营销和个性化、定制化服务。

（二）客户画像特征

结合相关研究，客户画像主要有以下几个特征。

标签化，客户画像的核心工作就是给客户贴"标签"，通过对客户数据的分析，最终提炼出客户标签进而生成客户画像。通常来讲，标签有 2 个明显特征：一是语义化，便于工作人员理解表标签的含义；二是短文本，有利于机器提取标准化信息。比如，通过对客户年龄进行区间划分，为客户贴上"年轻人""中青年""中年人""老年人"的标签。

时效性，由于构建画像的数据多为历史数据，由此产生的客户画像时间越久则价值越低，上一时段的客户画像不一定适用于当前阶段，具有明显的时效性特征。

动态性，由于客户画像主要对客户的行为进行分析，而客户行为特征是不断发生变化的，因此构建的客户画像需要不断地更新迭代。

二、电力客户画像构建

构建客户画像的关键是利用本体对客户画像领域中的标签进行表示、验证、推理和解释。本体一般包括类、属性、实例、公理和推理规则。

（一）需求分析

在开展客户画像工作之前，首先要进行需求分析，明确客户画像的目的。通过业务需求调研，熟悉业务流程，梳理业务关注点，分析业务应用场景，了解客户画像的目标以及期望达到的效果，从而帮助技术人员在标签构建时对数据深度、广度及时效性方面做出规划，确保底层设计科学合理。

（二）数据收集

数据是准确描绘客户画像的基础，只有建立在客观的数据基础之上，生成的画像才具有意义。一般情况可以将客户数据分为客户属性数据和客户行为数据。电力客户属性分析，主要涉及静态数据，包括姓名、性别、年龄、归属地、客户类别、用电类型、电压等级、行业类别等信息。电力客户行为分析，主要涉及客户动态特征及动态变化趋势，主要是包括客户的用电行为、缴费行为、诉求行为、发电行为、用电量、用电趋势、用电风险、停电次数、缴费时间、缴费频次、缴费渠道偏好、发电量、发电异常、投诉频度、交互频度、客户评价等客户行为产生的数据。在电力企业中，这两部分客户数据分布在不同的信息系统之中，主要包括电力营销数据、95598 工单数据、用电采集数据、配变电管理数据等。

（三）标签生成

标签是通过对客户信息分析得到的高度精练的特征标识。利用数据统计分析、数据挖掘建模等方法将业务模型转化为合适的数学模型，制定标签规则，进而得到相应的标签。

本文根据处理过程、标签获取方式的不同，将生成的电力客户标签分为三类：事实标签、模型标签和预测标签。其中，事实标签指可以从原始数据中直接获取，或者通过简单的统计分析计算得到的标签，如年龄、性别、归属地、用电类型、电压等级、缴费次数、停电次数、投诉次数等；模型标签指那些没有对应数据，需要通过定义规则，建立模型来计算得出的标签，如缴费渠道偏好、缴费渠道使用程度、用电趋势、光伏发电量异常、停电忍耐度低、抢修进度敏感、潜在频繁停电投诉等标签；预测标签则需要参考实际数据，通过数据挖掘算法对客户行为进行建模分析后获得，如电费风险评估、客户信用评价、客户星级评价等标签。基于大数据的电力标签挖掘技术，主要有分类分析技术、聚类分析技术、关联分析和回归分析。

（四）标签归类

标签归类，简单来说就是对生成的客户标签进行分类，将散乱的标签划分为不同的层级和类别，进行统一管理。未来，电力客户标签数量将随着应用需求的增加而持续扩增，因此建立一个相对稳定、可扩展、易整合的科学合理的标签体系是非常必要的。本文按照等级列举式的分类方法，形成标签维度、标签分类、标签指标和标签值 4 个层级的标签体系，其中标签维度层级包含基本属性、行为特征、兴趣偏好、综合评价等维度，每个维度下面又划分出若干个标签分类，每个标签分类下再由许多标签指标组成，整个标签体系逻辑严谨、层次分明。

第四节　客户画像标签体系

一、电力企业客户标签体系的内容

构建基于数据挖掘理论的客户标签体系的首要步骤是设计提炼客户标签，包括客户标签维度选择、指标细化等，形成客户标签库，为客户标签体系构建奠定基础。

（一）客户标签维度

提炼有效客户标签，需要寻找一定的标签维度。如以售电企业针对电费风险防控为工作目标，构建的客户标签为例，依据客户特征及提供服务内容，选取了四个维度来描述客户标签，包括客户基本信息、用电行为、互动服务、交费服务等，由此形成精确营销的客户标签库。

（二）客户标签库

确立客户标签维度，能够有效利用大数据挖掘理论归纳现有客户信息与行为特征，方便电力企业通过大数据挖掘收集客户各类信息。

上述客户标签的构建仅仅是电力企业用电风险防范构建的初级标签形式。是一种有效的客户管理的方法，很多大企业都从客户细分角度建立了客户标签，他们通过运营管理客户标签，找到工作方向和重点。

二、电力企业客户标签体系构建

基于大数据挖掘理论的客户标签体系建设则包含了数据采集机制、标签分类、标签库建设、基础标签、风险标签，通过数据加工、清洗、运算，给客户打上标签，并通过标签的全生命周期管理流程及标签组合应用，形成多维度的客户画像。

基于数据挖掘的客户标签应用体系汇集营销系统、客服系统等原业务系统数据，通过数据挖掘方法，识别客户特征，提炼客户标签，构建客户标签库，向原业务系统提供标签应用。客户标签应用体系分为数据汇总层、标签库层、标签应用层三大层级。

数据汇总层为基层，以数据补录、数据链接配置、ETL(Extract-Transform-Load) 等方式，采集客户基础数据、业务工单信息、电费记录数据、渠道接触记录、用电采集信息和外部数据，为标签库提供基础数据来源。

标签库层为客户标签内容层，包含标签管理、客户属性及客户标签三个子层。

标签管理子层以标签元数据为基础，提供标签查询、分析、评估、推送服务；客户属性子层组织、存储、管理客户基础信息、用电行为、接触记录、业务办理等数据；客户标签子层组织、存储、管理客户价值、用电行为、业务特征、情感特征。

客户属性与客户标签形成完整的客户全景视图，全方位、多层次、立体化地描述客户，为标签应用提供基础。

标签应用层，包括信息输出层及系统应用层。信息输出层提供分析报表、推送包、客户群画像、客户画像等输出功能；系统应用层实现信息输出层的内容在各业务系统的应用。

其中，客户标签应用体系的标签库层向应用层提供客户属性和客户标签数据，例如向营销系统推送"微信偏好""分时电价偏好"标签，构建客户画像，支撑渠道建设、业务推荐等业务开展；向营销系统推送"高风险""租赁户"标签，实现电费风险防控等业务开展；向稽查系统推送"高违约用电风险""无表户"标签，实现用电检查计划等业务开展；向95598推送"敏感户"标签，支撑客户投诉处理等业务开展。通过标签回写功能将用户手工标签回写到标签库管理应用。

第五节 电力大数据的可视化展现技术

目前随着电网内部系统中各类业务数据上云，越来越多数据维度的出现和交互并开始发生关联，数据量及统计对象属性的增加，此时要想为数据可视化提供详细的总结和简单直观的表达，对传统的图表图形提出更高的要求。传统的柱状图、饼图很难直观地进行表达，尤其在数据量非常大的情况下。一方面很难快速流畅同时展现这么多数据；另一方面也没有直观地表达出用户关注的重点，导致本来很多的分析结果却不能带给用户清晰明了的结果，反而让用户在琳琅满目的分析结果前不知所措。因此，为了提高电力企业大数据分析结果的有效展示能力，找到之前没有发现的关注点，发现各个数据之间潜在的管理，最终辅助企业经营者进行更好的决策和优化。

一、电力数据的特点

传统电力系统中的数据是分布在不同的系统中，很多业务数据都只能在自己的系统中进行使用和查看，从而形成了各自的孤岛，只有少部分工单是在多个系统中进行流转。当时各个系统也只能展现自己业务内关心的简单数据统计图表。

随着上云之后，例如之前发生停电，生产调度系统可以知道哪些线路的情况，但是客服那边并不能及时得知哪些用户发生了停电直到用户打入电话进行投诉，同时在电网规划的时候，调度系统结合实际的客服数据比较少，对于新设营业厅、推广新渠道存在一定的不足。

二、可视化系统实现

（一）可视化逻辑过程

用户点击界面，然后由 Shiro 权限管理用户拥有哪些权限。

审核用户身份后进入 Controllor 模块，更具用户的请求进入相应的逻辑模块。

控制模块会去调用 Service 及 Dao 接口，由 Spring 完成数据的注入。

把 Dao 的方法映射到具体数据库层的 Mapper 配置文件，获取数据。

最后渠道的数据会通过注入或者 Json 的方式传到前端界面，通过表格组建、图标引擎、Echats 组建及 OpenGL 引擎分别展现出表单数据、图标数据、多维度地展现数据和三维的交互界面。

（二）层次化数据可视化

数据展示目标是理解数据在层次之间的分布。例如对于基于地区的用电数据，想要知道不同地区的用电数量，通过在相同层次上突出不同地区的用电数量可以快速了解不同区域用电量分布，也能理解特定区域内用电分布情况。特点是通过聚合数据减少提供过多大粒度数据时带来的信息过载。层次数据可视化支持用户从不同级别查看所关心的数据详细信息，在显示特定级别数据时隐藏无关信息。

传统的节点、分布法使用边连接表示树结构，空间填充布局通过节点嵌卷来描述树结构。空间填充法的核心思想是将整个层次映射到一个矩形区域，通过节点的分布来展示所有内部节点的关系，提高可用空间利用率。

（三）网络状数据可视化

图数据最常用的绘制方法为节点链接法，数据中的顶点通常在图形中表示为圆圈、正方形或者文本标记，边通常表示为欧几里得几何平面的线条、多边线。节点链接法最早可以追溯到 20 世纪的研究。桑基图和力导向图绘制都是常见的基于节点边连接的图绘制算法，在图绘制时有效展示数据内部关系的同时取得了良好的美学效果，多维数据可视化工具中引入了这两种图形。在对有向图进行绘制时，通常在图形中使用箭头来表示边所指的方向，使用沿着方向宽度递减的方法也能达到很好的效果。

（四）平行坐标可视化

平行坐标是信息可视化的一种重要技术，是多维空间的二维表。为了克服传统的笛卡儿直角坐标系容易耗尽空间、难以表达三维以上数据的问题，平行坐标将高维数据的各个变量用一系列相互平行的坐标轴表示，变量值对应轴上位置。为了反映变化趋势和各个变量间相互关系，往往将描述不同变量的各点连接成折线。

（五）地理信息可视化

地图坐标：地图坐标是将地球进行二维抽象，同时地球表面的对象进行坐标转换，转换为具体的经纬度。通过这个重要的数据化过程来划分国家地区范围，并通过参数具体表达对象在该坐标系的范围，最终来模拟真实地理环境。基于地图建立图层：依据基础地图服务，我们可以通过建立图层进行更丰富的展示。

（六）三维可视化

与传统数据展现最大的区别，有时候实时的数据走势能反映出当前或近一段时间的突然变化情况，例如渠道缴费和停电发生的及时展现，这种趋势的反映可以帮助管理人员快速实时地做出可行的决策。

第五章 新形势下大数据对电力营销服务的影响

第一节 服务方式的变革

随着互联网、移动互联网技术的发展，通过访问 Web 页面、基于移动互联技术的 APP 终端、社交服务软件等方式即可关注电力企业的相关资讯，使沟通更加便捷。大数据可以使供电企业的服务更加主动、精准和透明，用户可以获取更多的信息，通过数据的聚集和共享，形成电力大营销结构。

一、客户心理因素及电力市场营销关系

客户的心理因素对市场营销起着十分重要的作用。在市场营销活动中投入了大量的时间、物力、人力和财力，营销效果却不理想，主要原因在于忽视了客户心理的因素，没有能够摆放好企业自己和市场客户的相对位置。以下从客户的心理角度，分析了客户心理因素与电力市场营销的关系。

（一）确定企业目标与目标客户

为了集中利用有限的资源，提高企业营销活动的针对性和目的性，企业必须在众多的潜在市场中选择适合自身条件，又有利可图的目标市场和目标客户。而要选择好目标市场，首先就得对整个市场进行细分。对于电网企业来说，市场细分是市场营销理论的重要组成部分，目的就是通过市场调研，了解和满足客户对电能不同的需求和欲望，不同的购买行为和购买习惯，寻找供电增长点，开拓新的用电市场，提高电力资源合理配置，达到供用双方"双赢"的目的。

对用电营销市场进行细分，也就是对用电负荷的一种微观需求分析。过去，我们根据客户需求的差异性对用电市场分为居民用电市场、生产者用电市场和各类事业用电市场三大类。居民用电市场分为城镇和农村用电市场；生产者用电市场分为大工业、农业、商业、非普工业用电市场；事业用电市场分为政府和其他用电市场；而没有进一步研究分析其内在的市场潜力和潜在的竞争者，由于电力商品的特殊性，在某些客户群体中，电能可能是其唯一选择的能源，但还有一些客户群体在选择电能和其他能源时，具有可选择性。

（二）市场拓展的有效途径分析和判断

客户的需求和动机，并不是一件容易的事情，没有市场调查所收集的大量有关客户的资料，缺乏对客户心理因素的了解，缺乏消费心理学的基础理论和知识，我们就很容易犯以偏概全，本末倒置的错误。由于经济条件、社会地位、文化背景、地理位置等的差异，每一个人对电力需求的具体内容都有所差别。如何及时正确把握客户的需要和动机就要求广大电力营销人员要深入市场调查了解，根据不同的客户制定自己不同的营销策略。摸清客户心理推出的新产品，从而满足了客户的需求，也占据和拓展了市场。因此，确定客户消费的需求和动机，拓展市场的有效途径。

（三）制定适应客户的市场营销策略

不同类型的客户，要求电网企业提供的营销策略也不一样，电网企业选择每一项营销策略时，都应该从客户的实际需要和具体特点出发，针对不同需要和心理特征的目标客户，选择不同的营销策略。电网企业营销策略内容所涉及的相关因素主要有两个方面，一是与企业资源条件相关的，包括技术力量、人力资源、管理制度等；二是与目标客户相关的营销策略。

树立全方位的"大营销"策略。

企业首先要建立适应市场经济的营销体系，要全面提高营销队伍的素质，精简内部业务流程，建立健全各项规章制度，制定有效的激励政策，调动全员"大营销"的积极性。要充分认识电力营销在企业经营和生产管理的导向作用，立足于买方市场抓市场营销。要加大对市场营销部门的科技投入，提高市场营销的现代化管理手段，建立健全各项服务设施，以适应市场经济发展的需要，提高企业的社会形象。

建立企业与客户"双赢"的市场营销观念。

在市场营销观念中，市场需求成为推动企业经营活动的轴心。而企业生产和销售商品及提供的服务等一系列经营活动都以取得近期和长期利润为根本目标。仅仅考虑客户的需要而忽视企业自身的利益显然是不符合经济规律的，特别是企业的中长期利益。因此市场营销观念强调企业的生产经营活动，一方面要从客户的需要出发，合理选择营销组合策略，向客户提供优质、可靠、价廉的电力和服务；另一方面则要通过内部加强管理，提高生产经营效率，确保企业有利可图。客户付出合理的电费，能够买到自己所需要的产品和服务；企业可以卖出自己的电力商品并获得一定的利润，这就是"双赢"，这是市场营销的根本出发点。

建立"以市场为导向，以客户为中心，以服务为宗旨，以效益为目标"的整体市场营销观念。

1. 以市场为导向

任何企业都离不开市场，没有离开市场的企业，如果企业生产的产品进入不了市场，企业也就失去了生存的空间。因此企业必须要树立以市场为导向的观念，紧紧围绕市场，搞好市场营销。

2. 以客户为中心

客户的需求就是市场，找到了客户就找到了市场。只有满足了客户的用电需求，电网企业才能巩固和扩大电力市场。

3. 以服务为宗旨

客户购买商品时，不仅仅是考虑产品本身的质量，往往还会考虑相应的服务。客户的心理因素对企业的营销起着重要作用，因此电网企业应通过满足客户需求的同时，还应在服务理念、服务内容、服务方式上有所创新，通过灵活多样的服务手段，为客户提供"优质、方便、规范、真诚"的服务，给客户带来安全、舒适、方便和满足感，从而取得自身的经济效益。

4. 以效益为中心

任何一个企业追求合理的最大的经济效益是其本质所在。因此，企业经济效益应从客户需求得到满足中去实现。在依法经营、保证客户利益不受损害的前提下去完成，在强调企业效益时，要注重不损害电力客户的长远利益和社会利益。

建立引导客户购买行为的营销策略。

如何适应目标市场客户的具体需求，如何确保企业市场营销策略的针对性和适应性，如何利用各种营销组合因素来引导购买者的具体的购买行为，都是企业营销决策的核心内容。虽然客户的需要和购买动机是不会受到个别企业营销活动影响的，但是他们的实际购买行为却可能伴随具体购买环境的变化有所调整。因此，企业应当尽量在营销决策过程中，了解和掌握客户的心理机制和特点，有目的、有针对性地制定相关的营销策略。

1. 用广告宣传激发客户购买的欲望

广告是最常用的营销手段之一，特别适用于强化企业和广大客户之间的沟通，高效率地向目标客户传递有关企业和产品信息、营销政策，影响和改变他们对产品和企业的态度。目前全国各地随处可见电网企业的宣传广告，如："让电炊进入千家万户"、"电力是最可靠的绿色能源"、"只要你一个电话其他事情我来办"、"电力的使用标志着现代化生活的水平"等等，各地电网企业还不定期地上街宣传电网企业的规章制度和政策，现场进行用电报装，降低各种收费标准，建立电力急救队，成立客户服务中心等，特别是有些地区在电力和煤气、天然气竞争的情况下，通过广告，让广大客户能及时了解电能的优越性、可靠性，最终去选择电力这一商品，所以广告宣传会激发客户使用和购买电力商品的欲望。

2. 用优质的服务激活市场

广大电力客户对电网企业有各种各样的要求，需要并期待着电网企业能够向他们提供友善的对客户有帮助的销售服务系统。不论是现实的客户还是潜在的客户，他们都需要对企业提供的商品有一个全面的认识和尽可能深入的了解。供电企业必须牢固树立"客户第一"的观念。所谓客户第一，就是企业经营必须从思想上、行动上都把客户作为"上帝"，从客户的角度出发，努力改变企业的形象，在电力营销过程中的每一方面、每一环节，都必须时时为客户利益着想，全心全意为客户服务，最大限度地让客户满意。只有客户信任了，就会产生对你的依赖性，成为你忠实的客户，从而使企业在市场竞争中增加活力，真正进入"客户第一"、效益第一、"义利合一"境界，以获得持续的发展。企业营销本身就是服务市场，服务是现代市场营销的精髓。因此，在市场竞争的条件下，服务优劣在很大程度上决定着市场营销之成败，所谓全过程无忧虑服务，就是以优质售后服务来打消客户的消费疑虑，促使客户做出购买决定。因此在买方市场下，突出服务营销更具有直接的现实意义。

3. 变跟随营销为创造营销

在卖方市场条件下，我们电网企业营销方式主要是跟随营销，即电网企业紧紧跟在市场需求的后面开展营销活动，并随着市场需求的变化而变化。这种观念，往往使企业生产经营比市场需求"慢半拍"。在买方市场条件下，企业必须走在市场的前面，变"跟随营销"为"创造营销"，变"坐等服务"为"上门服务"，真正做到客户"进一个门，找一个人，办成全部事"。要拓宽各种营销渠道，建立适应市场经济发展的现代管理服务系统，为客户提供多种的、便捷的服务。如通过电话、IN-TERNET 网络电子商务直接实现用电报装、缴费、投诉、咨询等服务，帮助客户提高用电效率、降低产品用电单耗、提高他们的竞争力；千方百计与建筑开发商联手将高效电气设备安装在商品房中等，来迎合客户的需求心理，达到电网企业营销的目的。

4. 为客户提供产品的咨询

销售咨询是企业销售服务的重要一环，是针对客户购买决策过程的关键时刻实施的营销活动。忽视企业讲情、讲理、公道、合理的形象，不从客户的角度出发，不去体会客户的感受，就会失去客户的信任。为客户提供电力产品的咨询，既能帮助客户了解本行业的政策、法规，了解电力和其替代产品的各自特点及使用电力产品的优越性，帮助他们解决疑难、消除困惑，而且又有助于开拓市场，增加客户的信任度和使用电力的信心。为客户提供产品的咨询，也是一种重要的营销手段。

二、客户精准营销策略制定依据

传统的营销理念与模式已经难以满足新形势下人民对于美好生活向往的用电需求，随着营商环境优化的不断深入，市场化改革进入攻坚区，互联网浪潮的袭来，电网企业刚从时代风口中转变观念，一时苦于不知如何进行电力营销活动推广，为营销活动没有流量及活跃度而发愁，对电力营销活动的策划制定更是无从下手。因此电网企业亟须融合市场化营销理念，注重营销策略制定依据及方式方法，从源头明确方向，做好整体顶层设计，以便高效高速高质量实现精准营销。

（一）契合国家惠民政策

近期国家相继出台优化营商环境、实施乡村振兴、推进房屋租售同权、压降企业用能成本等等，电网企业作为国家能源供应骨干企业，承担着保障国家能源安全与社会经济发展的基本使命，因此电网公司在制定营销策略时应当注重体现承担社会责任，提高办事效率，满足百姓需求，丰富电能产品，不断提升企业竞争力。

（二）做好市场用电调研

随着电力改革的进一步深入和售电侧市场的放开，电网企业的市场份额将日渐被吞噬，因此亟须改变经营理念，借助市场客户用电调研，结合线上新媒体及"网上国网"和线下营业厅和地推等方式，深入了解用户需求，通过优化营销策略，丰富产品套餐及选择，改善供电服务质量，融合"大云物移智链"技术，不断提升营销策略效益效率。

（三）整合用电数据分析

通过对客户用电数据进行特定分析，深入挖掘客户价值，了解客户的用电特性与规律，并加以细分与标签化管理，辅助指导电网企业依据用户用电需求靶向制定更为精准有效的电力营销策略。有层级有导向性地满足不同类别客户的多样化和个性化用电需求，帮助用户合理用电，改善效能效益，并促进供电企业增供扩销，改善服务模式，提升企业运营效率。

（四）合理规划资源分配

由于电网企业人财物资源有限，而管辖的用户基数庞大，客户需求更是多样化，难以同时满足每个用户的用电需求。因此在制定营销策略时一是可以考虑与其他公司进行业务合作，共享双方资源，借力推进营销策略；二是积极对接政府部门，充分发挥政府的政策引领作用，积极争取对电网企业新业态的支持与鼓励，便于电网企业开展相应营销活动；三是合理进行用户价值分类，按照合法合规合理的标准及规则进行不同层级营销策略的偏向。

三、低压客户精准营销制定

随着我国经济发展质量不断优化和发展速度趋于平稳，人民生活水平的层次需求不断提升，低压城镇居民用电量所占比重还有很大的上升空间，因此针对低压客户进行加强服务与创新尤为重要。

（一）低压客户服务模式

面向低压客户的营销服务模式创新，供电公司主要以服务能力提升和用户数据价值挖掘为驱动，压缩服务开销、提升服务成效、增强客户体验。从企业目标、客户需求、服务产品、渠道资源、核心能力和核心资源等方面进行阐述。

1. 企业目标

借助内部产业单位和外部互联网公司技术支撑，通过数据资源整合、能力互济、渠道扩充等多个层面实现运营体系对接，构建创新型产品，实现增强体验和降本增效的目标。

2. 客户需求

低压客户的需求主要是在保证供电质量、供电可靠性的同时，办电便捷、用电便宜，方便地获取用电信息、缴费方便、服务态度好等，可以概括为"便捷、获利、透明、愉悦"，因低压客户基数非常大，这些看似简单的需求，实际给日常服务工作带来巨大挑战。

3. 服务产品

低压客户服务产品设计，主要借鉴了电信行业的客户、产品、渠道适配模型，从客户服务全生命周期切入，包括客户引流、增强黏性、客户支付、增值服务等方面，研究渠道特征、产品特征、客户特征，对合适的客户用合适的渠道推送合适的产品。通过引入第三方平台拓宽服务入口，提升电子渠道转化率；利用电力积分的办电奖励，提高线上业务渗透率；依托用能分析推广居民峰谷电，增加售电量及客户黏性；开展基于客户信用的差异化预付费服务，增加资金沉淀，降低欠费风险；实施基于家庭电气化的终端用能服务，拓展家庭用电领域的电能替代；推行不同客户触点的错峰激励，提高电网经济运行水平；推出面向不同群体的充电套餐服务，提高充换电市场占有率。

4. 渠道资源

电子渠道将成为低压客户最重要的服务渠道，服务低压客户的电子渠道主要分为自有渠道和外部互联网渠道。自有渠道主要包括网上国网、掌上电力、电 e 宝、电网商城等；外部渠道主要有微信、支付宝等。相比自有渠道，外部渠道具有客户基数大、活跃度高、用户黏性强、体验感受好等诸多特点，比自有渠道更有市场拓展潜力。

5. 核心能力

公司的核心能力主要包括客户关系开拓能力、高质量电能提供能力、产品套餐多样化能力、售后服务增值能力、需求响应能力、风险抵御能力、设备管理能力、技术管理能力和渠道运营能力。公司拥有完整的服务体系，具有健全的服务网络，在长期的低压客户服务过程中积累了丰富的服务经验。融合汇通金财、电动汽车、电商平台等产业单位及各类集体企业的专业领域业务能力，与支付宝、腾讯、京东、移动等线上、线下第三方巨头加强协作，全面增强企业面向低压客户的服务宽度和深度。

6. 核心资源

公司的核心数据资源包括客户信息、用电信息、配网数据等，客户相关的数据主要集中在用电数据、电费缴纳等相关方面，当前公司的数据是以"户"为主，缺乏客户个性数据，数据资产维度较为狭窄，需借力外部单位的数据资源进行补充，才能刻画较为完整的客户画像，为"互联网＋营销服务"提供更全面的数据支撑。

（二）低压客户营销策略

基于以上服务模式设计，供电公司未来将开展以下几种基于客户用电数据价值的低压客户服务措施。

1. 基于客户体验优化服务产品

当前，电子渠道推广资金投入有限，推广活动缺乏对客户获利心理的正向激励，推广效果不理想；同时，电子渠道产品功能较为局限，客户线上活跃度不高，渠道渗透率难以提升。

拓展服务产品,在网上国网 APP 等线上服务渠道,推出电力产品专区、"能量豆"、"好用电"、"电魔方"等增值服务产品,满足客户多样化、延伸性的服务需求。科学制定用户体验评测体系,结合操作轨迹、行为偏好、体验反馈,对已推出的一系列服务产品进行全面的内、外部用户体验测评、改进,提升客户的操作体验。将能量豆与其他互联网平台积分进行功能融通,扩大电力积分使用范围,同步推出趣味性、公益性、互动性的优惠活动,根据客户活跃度、办理业务种类分类制定送豆策略,借助"能量豆"流通变现,提升渠道使用活跃度、客户消费依赖度。

同时借助"电魔方"智能诊断分析功能,为居民客户及低压企业提供用能优化分析,通过柔性手段增强客户黏性、降低用电峰谷差、做大售电量,增加企业现金流。结合居民客户家庭人口、客户用电特征及用电趋势分析,推荐客户采用峰谷电、一户多人口等优化用能方式;引导客户上传家庭用能设备信息,开展终端用能数据调查并推出用能指数排名、用电异常提醒等延伸服务,提升客户体验;远期,居民电价放开后,还可作为开展家庭用能计划、用户套餐推荐的营销工具。发挥全国、全行业低压企业数据优势,推出同行业用能指数排名服务;挖掘电费在低压企业商品成本中占比较大的客户,结合分行业用户用电特性,研究提出低压客户个性化服务策略,激发用能潜力。

2. 基于客户信用的预付费习惯推广

目前,一些地区积极推进开展低压用户智能费控预付费缴费模式,但仍有较大推广空间,其营销关键是电网企业如何向用户表达预付费模式将会给用户带来的哪些便捷优点以及其他相关增值利益。通过电力客户信用评价体系,可将客户分为可信客户、失信客户等两大类。结合"网上国网"以及"电 e 宝"等 APP 推广,为电力客户提供可定制、更便捷的线上支付产品,并提供"电费额度授信""电费理财"等增值服务,对于信用良好的客户,通过电费额度授信、积分激励、理财分红等优待政策,引导客户办理预付费;对于失信客户,通过电子账单、催费单、缴费入口等客户触点推送失信详情及预期影响,并告知以预付费方式提升信用,引导客户培养充值预存习惯,推动供电公司收费模式从"后付费"向"预付费"转变,加快电费回收,增加沉淀资金。

3. 基于家庭电气化的终端用能服务

随着经济发展和居民生活品质不断提高,未来居民生活用电量将持续增长,成为潜力巨大的终端用能市场。

在网上国网 APP 等线上服务渠道,推出居民家用电器、电能替代和节能产品等产品专区,以渠道分销商角色与产品供应商共享渠道,分享产品销售收益。

4. 基于车联网数据的电动汽车充电服务

网上国网上新电动车专项功能应用模块,提供包括车辆超市、即插即充、公共桩充电以及找充电桩等小应用模块,提供电动车购买到用能一站式服务。同时电网企业不定期联合电动车厂家开展电动车优惠购车活动,不断响应政府清洁能源号召,贴近市场需求,丰富广大电动车爱好者和需求者的用车体验。

除此以外，充分发挥公司电动汽车公共服务平台的全辆电动汽车充电运营数据优势，基于充电桩位置信息、实时运行状态等数据，构建便捷找桩、充电导航等服务，方便客户的同时提升充电桩的使用效率。

利用充电次数、充电量、结算等运营数据，开展平均充电量、行车里程分析，比照社会运营商服务套餐，构建套餐测算模型，制定按照充电量或者行车里程的两大类服务套餐，并向无个人充电桩的私家车、电动网约车以及大型高新园区内租车客户宣传推荐，来提升公司电动汽车充电服务市场占有率。

基于充电站客流量分析，选择合适的充电站，与知名快餐店合作，在客户充电等待期间为其提供休息、餐饮服务，并与有关合作方实行收益分成。推出充电车位广告、充电桩身广告，开展广告增值业务。

5. 基于社会行为学的柔性需求侧响应服务

目前国内居民电价尚未放开，居民需求侧响应机制尚未建立。但随着居民消费水平的不断提高，居民用电量增速逐渐高于其他行业增速，用电峰谷差也将进一步拉开，尤其是私人电动汽车的快速发展，很容易引起局部电网负荷过高，因此居民需求侧响应具有较大潜力。

基于大型超市、商场等空调的人均耗能远低于家庭设备这一共识，在用电负荷高峰期，通过活动促销等吸引居民聚集在商业区，以减少家庭用电负荷。借助公司需求响应平台预测分析和制定负荷削减方案，预测出需要削减负荷的用电区域，再结合支付宝小区围栏的客户定位功能，精确定位到负荷削减目标客户。结合上述客户渠道偏好，利用公司与外部单位资源整合形成的优惠活动资源库，定向发放负荷削减时段的限时优惠券、娱乐券等，引导客户外出消费，通过客户社会行为研究分析柔性降低该时段区域负荷，提高电网经济运行水平。

四、高压大客户精准营销制定

（一）大客户服务模式

依托现有大客户的各类用能数据，创新优化基于新规则和大数据技术环绕下的大客户服务营销新模式，综合分析客户用电行为能力，摸索研究客户用电需求，并以此为导向，不断提升自身产品市场竞争力，丰富客户感知，提高客户黏性。

1. 企业目标

借力产业单位和外部公司，通过数据资源整合、能力互济、渠道扩充等多个层面实现运营体系对接，构建创新型产品，主要实现增强客户黏性、开拓市场的目标。

2. 客户需求

从大客户用电的全寿命周期来看，其具有大量的服务需求。在用电之前，具有快速接电的业扩报装服务需求；在业扩工程预算时，具有节约建设成本的建设资金需求；在业扩工程开建时，具有快速可靠的工程建设需求；在配电设备投运后，具有设备运维服务的需求；在参与市场化交易后，具有降低购电成本的需求；在日常生产运作中，具有节能改造、综合用能等控制用电成本的需求等等。

3. 服务产品

针对上述需求并结合公司资源条件，可提供以下服务产品，包括代报装、投融资、代建设、代运维、节能改造、能效服务等，而且根据每个大客户的具体用能情况与实际需求，研究制定适应不同需求类型用户的组合产品与服务套餐，从而形成多样化、个性化和针对性的用能服务组合包，以及相应的电价电费套餐。

4. 渠道资源

大客户服务业务的特点决定了在开展面向大客户的市场化业务中，以大客户经理为核心的直销渠道是最主要的销售渠道。其他客户接触渠道，包括支付宝、微信、95598 网站、网上国网 APP 等，都只能作为附加服务触点，扩大服务影响力的辅助产品渠道。

5. 核心能力

围绕着未来的市场化售电业务及大客户服务，建立公司大客户营销服务体系的核心能力，与产业单位、外部协作单位形成产业链整合，充分发挥公司强大的资源整合能力，提供更加优质的服务，通过服务能力的提升，增强公司的市场竞争力。

6. 核心资源

将电网企业内部的大用户用电数据资源、主业服务资源、产业单位经营和服务资源，与电网企业外部的购售电数据、市场营销数据等进行有机整合，统一运用业务及技术资源开展新型大客户服务，创新基于产业资源整合的商业模式。

（二）大客户精准营销

根据以上基于数据资源的服务模式设计，未来可开展以下几种基于数据价值的大客户服务措施。

1. 基于"电力指数"的能效服务策略

发挥公司全行业、全国电力数据的优势，构建大客户电力指数，通过全面分析客户平均电价、功率因素、峰谷比、变压器容载比等指数，显示客户在同行业的用电排名比较及指数变化趋势等，为大客户提供全面的用能诊断分析，实施定制化能效服务策略。

依托电力指数结果，运用大数据分析技术，探索针对优质大客户多样化、延伸性的增值服务。利用掌上电力 APP 等线上服务渠道，开展全过程 O2O 个性化互动服务，定期向潜在电能替代客户、潜在节能减排客户定期推送电力指数，为平均电价高的大客户提供优化用电建议；为能耗高的大客户提供节能改造建议，推荐节能服务公司等。线下同步开展现场排摸，收集客户用能设备铭牌和启停时间等信息，滚动完善客户侧用能数据，推进客户电能替代、节能项目改造，降低能源使用成本。通过应用大客户电力指数提供增值服务，巩固与提升大用户对供电企业的满意度、忠实度和消费依赖度。

2. 基于高压企业 VIP 客户增值服务

公司有必要以客户价值评级体系为基础，聚焦高价值客户，合理整合优质资源，开展高压企业 VIP 客户增值服务，实现公司与客户的价值共享，提升公司市场竞争优势。通过统一服务标准，固化服务流程，构建服务体系，打造"臻享+"服务品牌，切实提升高价值客户满意度，增加客户产品依赖性，丰富客户线上线下体验感知。

"臻享+"服务品牌，以电压等级 10 千伏及以上用电客户为星级客户划分对象，从经济价值、发展潜力、信用价值、社会价值四个维度，进行综合打分，同时对不同区间的分值进行划分，最终生成客户星级。

对于用户龄大于 2 年的客户，通过四大维度，利用成分分析，优化完善指标权重，加权得出综合得分，输出星级标签。得分在 450~1000 分区间的为 4~7 星级客户，450 以下的为 1~3 星级客户。

对于用户龄未满 2 年的客户，按照当前合同容量和信用等级进行评级，合同容量在 3 万千伏安且信用等级为 A 级及以上的为 VIP 客户，但最高只能至五星级。考察期满 2 年后将按星级模型进行星级评价。

3. 基于客户征信的金融辅助服务

配用电资产一次性投入大，很多客户存在融资难、资金周转困难等问题。基于客户信用，为客户提供相应的金融辅助服务，助力客户申请贷款，一方面可以有助于客户发展，另一方面也有助于电费回收。

基于客户信用评价结果，结合客户新建、改造配电设备的估值、客户经营偿还能力等数据，对客户进行投资收益分析，对信用等级良好、偿还能力优质的客户，公司可按需提供设备租赁、设备分期等金融服务，切实解决用户融资难、投资大等资金问题。例如，临时用电常用的 UPS、发电车等设备一次性投资大，针对保供电等临时用电需求的客户提供设备租赁服务，可大幅降低客户成本。

根据客户的历史用电数据和信用数据，结合其他外部数据等，综合对客户进行星级评定，经客户同意后将评定结果提交给银行，银行贷款可用于缴纳电费或受电工程建设改造。

4. 基于综合能源与电能替代服务模式

供电企业持续开拓电力数据资源利用领域，协同政府能源管理部门，共同打造企业用能综合服务平台，全面接入辖区用户其他用能数据资源，构造多种大数据算法进行数据之间关联分析，不断为企业合理用能提供能效服务支撑，不断打造综合能源服务与电能替代挖潜。

一是明确方向，推动低碳高效发展。当前社会能源消费总量快速增长，大气污染严重，为解决环境污染问题，推行清洁能源可持续发展。国网公司大力推进以"清洁电能、绿色发展"为主题的电能替代实施方案，联合政府共同开展两山理论最佳实践活动，解决政府关心的面子问题。

二是选定领域，治理污染选树典型。纺织、金属加工等属于污染行业且存在较大的替代潜力，因此选定童装、木业、港口岸电等产业集聚区为电能替代首批主要实施领域，契合政府低小散治理和产业转型升级的需求；同时，以民宿产业作为典型案例推广，营造清洁能源助力绿色发展的良好氛围，解决政府关心的帽子问题。

三是创新方法，解决替代成本问题。以"清洁电能、绿色发展"为主题，产业集聚区为领域的条件下，创新运用经典 4P 营销理论，在产品开发、价格套餐、运营渠道和促销活动等方面开展技术与理念创新，形成了切实有效的降低替代成本的解决方案，解决政府和企业关心的票子问题。

5. 基于行业用电分析，支撑公司和政府形势预判策略

一是常态化开展行业用户用电数据监测分析，结合政府经济考核重要指标、经济政策与行业用电行为内在的联系，借助大数据算法构建电力经济框架模型体系，并重点分析预测制造、消费、出口、投资等重点经济先行指标数据，研判地方经济发展趋势。同时电网企业不断优化改善新兴产业、数字经济、重点园区等标签库体系建设，不断开拓和丰富电力目标市场分析维度与深度。

二是探索开展产业链趋势分析与预测。选取某地区某一重点行业，结合政策、价格、原料、产品等相关信息，设置上下游关联行业用电标签。通过海量用户历史数据的关联性分析，建立产业链用电模型。研究环保督察、中美贸易摩擦、能源"双控"、新冠疫情、价格浮动等政策或重大事件对产业链的影响，并开展产业链相关产业中短期用电预测，为企业重点市场开拓与服务指明方向，也为政府进行经济政策制定提供方向。

五、市场化客户精准营销

制定市场化客户，包括售电公司、直接交易客户以及售电公司代理的间接客户，既是电网企业的竞争对手，也是电网企业的潜在客户。其中，直接交易客户以及售电公司代理的间接客户，往往对电价较为敏感，表现出极大的逐利性；而售电公司则希望通过降低自身购电和运营成本、为其客户提供差异化增值服务，来赢得客户和市场。

（一）基于市场化交易数据的电力"同花顺"服务

电网企业拥有大量的客户，可利用用户集群来平衡单个用户的电量预测偏差。因此，电网企业可利用自身数据和技术优势，打造一款基于负荷预测和购售电数据的电力"同花顺"平台，通过提供逐级增值的购电辅助交易服务，实施"交易佣金"模式，帮助市场化客户降低购电成本，从而吸引市场化客户群体，进一步挤压售电公司利润空间；同时，通过平台大量收集客户需求、市场交易等价值信息，更准确地跟踪市场动态，掌握市场竞争主动权，实现电费资金提前归集和沉淀。

1. 基础购电辅助交易

汇集电网企业历史综合行业负荷数据、电网运行数据，客户的负荷数据，以及交易机构的市场交易数据，图形化展现历史和实时的单户负荷曲线和市场交易曲线，为各类市场化客户提供开放式的基础数据服务和交易服务，并收取交易佣金。还可根据交易资金量实

施佣金折扣。

2. 增值购电辅助交易 Level-1

在开放式基础数据服务的基础上，通过大数据分析，开展负荷集成，为各类市场化客户提供负荷预测服务，辅助其掌握自身负荷曲线，以便做出购电决策，并收取包月／季／年服务费用。

3. 增值购电辅助交易 Level-2

在负荷预测的基础上，通过大数据分析，开展负荷预测与竞价交易之间的最佳匹配，形成最优的购电交易策略，为各类市场化客户提供辅助购电决策服务，辅助其降低购电成本，并收取包月／季／年服务费用。

4. 增值购电辅助交易 Level-3

在辅助购电决策的基础上，针对交易规则中的电量偏差惩罚机制，通过大数据分析，寻找正负偏差客户需求，为各类市场化客户提供电量预测偏差撮合服务，辅助其避免电量偏差惩罚，并收取包月／季／年服务费用。

5. 增值购电辅助交易 Level-N

结合可再生能源交易、碳排放交易、设备运维、金融辅助等服务，从客户属性、客户行为、客户需求、客户价值等维度开展客户细分，构建适用于不同用电群体的套餐资源池，为客户提供个性化套餐。

（二）基于客户负荷数据的需求侧管理服务

需求侧管理，一方面可以通过用电政策引导和分流相关用户在用电高峰时期减少相对不重要的用电负荷，而在低谷时通过调整设备使用或产能生产实践等手段增加用电，不断提升供电动态效率。另一方面通过在电网侧或用户侧投入储能设备，在全网用电低谷时调动储能设备充分充电，然后在电网负荷尖峰期不断放电，从而起到调峰作用，优化用电效率和方式，做到在同样的电力输送功率下实现最小电能损耗和保证电力供需平衡，以减缓电力供应压力，降低供电侧和售电侧双方成本。

国外电力企业在多年以前已经引入需求侧管理理念促使电网企业与用户加强沟通，有助于树立电网企业的良好形象。而我国电力行业由于过去长时间处于自然垄断状态和计划经济模式，电力营销发展缓慢，并未在电力市场中起到关键作用，供电企业只要根据电力供应计划按需执行就可。因此，在售电侧市场放开后，这也将成为一个新的市场。

第二节 人才结构的变革

随着电力信息化的快速发展，建设信息化专业人才队伍的需求日益突出。未来的电力营销管理部门除了电力专业人才外，还会引进大量的IT人才和DT（数据处理技术）人才等。

一、加强对电力人才开发与培训的重要性

自我国加入 WTO 以来，市场竞争更加激烈，国际上的竞争归根结底是人才的竞争，只有拥有更多的高科技、高水平的综合性人才，才能在激烈的市场竞争中立于不败之地，才能更好地应对日益激烈的市场竞争。尤其是我国的电力行业现阶段正处于改革创新阶段，加强对电力人才的开发与培养，使之与改革中的电力行业相适应，提升电力工作人员的业务素质和技能水平，能够更好地推动电力行业改革的进行，提升电力行业从业人员的整体素质，提升竞争优势，电力行业进行人才开发与培训的过程中应该借鉴国外先进的、成功的经验，去其糟粕，取其精华，提升电力行业的经济效益，增加电力行业的社会效益。注重对电力人才的开发与培训，能够为电力行业建立一支业务素质高、技术水平高的高科技人才队伍，对进一步实现电力行业的创新以及管理都有着重要的意义，对实现电力行业的自动化、智能化发展也有着重要的推动作用。

另一方面，加强对电力人才的开发与培训，对提升电力行业的软实力也有着重要的意义。软实力也是实力的重要组成部分，软实力也会影响电力行业的发展，良好的品牌效应能够促进行业的发展。不仅仅是电力行业，各行各业都应该注重自身软实力的发展，加强对人才的开发与培训。在电力行业中，不仅要加强对工作人员的能力的提升，对电力行业的管理者的能力也要加强培训，这样能够有利于电力行业的管理者更好地管理与经营，提升经济效益。加强电力人才的开发与培训，是实施人才战略的一种，对电力行业的长远发展具有不可估量的重要作用。

二、如何对电力人才进行开发与培训

电力行业是以电能的生产与经营，以及相关附属产业的开发为主的行业，在现阶段科技水平不断发展，尤其是计算机技术和网络信息技术应用到电力行业的这种大背景下，电力行业正朝着自动化、信息化、智能化的方向发展，人才作为行业发展的原动力，能够有效地提升行业的竞争力，增加生产效率，实现行业的快速发展。因而，加强对电力人才的开发与培训具有十分重要的现实意义，下面就从以下几个方面分析如何对电力人才进行开发与培训。

（一）树立新型电力人才开发与培训理念

物质决定意识，意识对物质具有反作用。正确的意识促进事物的发展，错误的意识阻碍事物的发展。在电力人才开发与培训的过程中，一定要树立正确的人才开发与培训理念，在进行人才引进后，一定要让他们感受到家的温暖，让他们生根发芽于电力行业之中，对他们进行思想引导，认识到电力行业的重要性，促使他们能够将专业的技能应用到电力行业的工作中来，会更好地为电力行业服务，人才是技术的源头，只有高科技的人才才能研发出高新的技术，才能促进电力行业的改革与创新。因此，在进行电力人才开发与培训的

过程中，一定要树立正确的思想理念。

（二）强化电力行业人才的开发与培训

电力行业进行人才开发与培训，并不是短期能够实现的，是一项任重而道远的任务，是一个长期的事业。行业内部最好能够搭建一个人才培训相关的交流平台，能够帮助电力行业的相关人员进行交流与学习，相关的工作人员应该经常参加电力行业的相关培训，学习最新的电力技术，使之能够熟练地应用到电力行业的工作之中。电力行业还应该建立专门的实验基地和培训场所，以期能够为人才开发与培训工作更好地服务，对人才的培训不能一味地讲授，更应注重实践操作，不能培养只会"纸上谈兵"的人才，要意识到实践操作能力更加重要。要建立一定的培训制度和竞争机制，这样能够更好地促进人才之间的竞争和技能水平的提升，对电力行业人才的开发与培训起到更好的推动作用。

（三）人才开发与培训的自主培养

电力行业内部的各个企业应该根据本企业对人才的具体需求，制定相应的人才开发与培训的策略和制度，如需要高科技的管理人才，就进行管理人才的开发与培训，需要高科技的技术型人才，就进行技术人员的开发与培训，这样可以更好地满足企业自身内部的需求，针对企业的发展方向进行人才的开发与培训，实现人才需求与企业发展的合理配合，有利于企业的进一步发展。

（四）在进行人才开发与培训的过程中帮助员工进行职业生涯规划

电力行业作为国民经济的基础行业，在人们的日常生活中起着十分重要的作用。电力行业应该注重对员工的职业生涯规划的帮助，帮助员工建立正确的职业生涯规划，推动行业内部形成浓厚的"学习"氛围，促使电力行业成为"学习型"行业。人才是行业发展的关键，行业内部人员进行职业生涯规划，能够提升员工学习和创新的积极性，提升其专业素质和技术能力，进而更好地为电力行业的进一步发展服务。

（五）建立人才的合理配置和使用机制

电力行业对人才的需求有多种类型，行业内部也有各种不同类型的人才，在进行人才开发与培训的过程中，一定要建立合理的人才配置和使用机制。保障能够根据人才的专业特点和技术特长进行工作的分配，做到人力资源的合理的优化配置。在进行人才培训时，要根据人才的工作岗位和工作需求进行培训，最大限度地提升人才的专业技能，提升人力资源的利用率，使人才能够发挥所长，更好地为电力行业服务。

三、电力体制改革下电力营销人员的模块化培训

我国的现代化技术离不开电力的发展，无论是生产还是生活都需要用电。随着科技的进步，电力行业也在不断地发展，在激烈的竞争之下，电力企业需要进行改革才能够适应社会发展的节奏。近几年，随着电网企业的快速发展，新一轮电力体制改革的深入推进，

电力企业面临竞争与冲击已是不争的事实。特高压、智能电网、全球能源互联网等技术不断更新，"三集五大"体系构建，标准化建设，业务流程的重组和规范不断变革着电网企业的管理模式，使得电网企业综合实力不断增强。面对企业的快速发展，人才的需求已成为企业发展的先决条件。按照人才成长路径，对于电力企业，人才的最佳选拔途径不是直接从社会进行选聘，而是从企业内部优秀员工中进行培养。培训则成为选拔培养管理人员的有效方式。

（一）模块化培训

传统的培训是企业针对性提升员工岗位工作能力的活动，内容主要包括知识、技能和对工作绩效起关键作用的行为。对于电力企业营销人员的培训，其内容是否能够满足员工岗位需求和职业能力发展的要求，是影响培训效果和员工职业能力提升的关键因素。研究和实践表明，在以岗位基础能力和专业技能的训练为主要内容的培训中，能够有效提升培训对象对岗位的胜任能力，适应岗位能力要求，这也是培训的基本出发点。

模块化教学方法由国外引进，是以现场教学为主、技能培训为核心的先进的教学模式。模块化培训是根据每个具体岗位的典型工作任务、工作过程，确定该岗位应该具备的全部知识和技能，再把这些知识和技能转换成各个不同的培训需求，从而形成与每项典型工作任务相对应的模块，并将其按培训教学规律进行逐级分解，确定完成该模块工作所需的知识和技能。所有模块都是一个相对独立而完整地学习单元或任务，岗位应完成的全部工作则由若干模块组合而成。模块化培训模式的特殊结构，形成了它有利于培养在职人员工作能力的特点。因其培训内容可按实际需要选择相应模块，具有极强的针对性、实用性和可操作性，因此，可用于电力营销工作人员的上岗培训、能力提升培训以及强化培训等。

（二）电力体制改革下电力营销人员的模块化培训

在电力体制改革下，电力营销人员经验型的工作方式要加以改变，相应地要以创新的经营思想去适应市场、开拓市场。培训人员要使电力营销人员树立面向市场的营销观念，从用电管理型向营销管理型转变，促使电力营销人员从操作型人员向知识型人员转变。作为培训人员，必须熟悉电力营销的实际情况，细分电力营销人员的层次和要求，根据岗前、在职、知识技能、岗位要求、岗位适应性要求和岗位改进要求，将员工分为不同层次。只有明确培训对象，才能做好培训工作。

此外，培训方法应采用各种教育培训方法和方法。在实施过程中，要及时收集和分析教育培训项目的实施情况，动态修订方案，提出建议，从而提高培训质量。根据某电力企业的调研，针对供电所的主要岗位职责、能力要求，设计出三大培训模块，即人文素质模块、专业基础模块和专业模块。其中，专业模块按两种岗位类别划分，即配电运行与维护岗位电力营销岗位。每个模块由培训单元、培训内容、培训场地及培训方式等内容组成。

（三）培训方案的实施

根据模块化培训方案，对某电力公司电力营销人员进行一周的培训，与人力资源人员协商后，由于一周时间较短，所以只选择主要的培训模块，最终制定相应的培训方案。具体见表5-1：

表5-1　电力营销人员模块化培训方案

序号	模块名称	授课方式	课时	主要内容
1	电力营销相关法律法规	理论讲解＋案例分析	4	《中华人民共和国电力法》《电力供应与使用条例》《电力设施保护条例》《供电营业规则》《居民用户家用电器损坏处理办法》
	电力营业管理	理论讲解＋案例分析	4	介绍我国新一轮电力体制改革；业务扩充、变更用电业务；电费管理，包括抄表、电费核算、收费；电力营销服务规范等
2	电能计量	理论讲解	4	电能计量基本概念；电能表的结构和工作原理（电子式）；无功计量；测量用互感器
	装表接电	理论讲解＋实际操作	4	电能计量装置的换装；低压接户线、进户线及配电设备安装、接电；电能计量装置的接线检查及分析
3	电力营销流程操作	实际操作	8	运用SG186电力营销子系统进行业务扩充流程操作；运用SG186电力营销子系统进行抄核收流程操作
4	配电设备操作及配电网运行与维护	理论讲解＋实际操作	8	配电房、箱变、开闭所的主接线及设备结构特点；10kV开关柜及真空断路器、弹簧操纵机构常见故障分析判断培训；配电房、开闭所的高（低）压盘柜实操培训
5	用电检查	理论讲解＋实际操作	4	运行中用电设备的检查方法和异常情况处理；用电设备常见故障及分析与处理；事故报告编写；窃电、违约用电的查处
	复习考试	理论讲解	4	复习、考试

随着新一轮电力体制改革的深化，电力企业对营销人员的培训需求增多，对电力营销人员模块化培训方案的研究表明，电力企业可按实际需要选择相应的模块，以使电力营销人员的模块化培训更为标准化、规范化，并具有极强的针对性、实用性和可操作性。因此，此方案可用于电力营销人员的上岗培训、能力提升培训，从而提升电力营销人员的整体业务素质。

第三节　服务流程的变革

随着供电企业广泛应用互联网技术、云计算和大数据分析等，未来供电服务响应速度会更快，流程更简化，监督也更透明。

一、现有营销服务流程的优劣分析

目前，各供电企业的营销服务系统基本由四大块构成：一块是主营系统，具体包括了归口电力营销服务的电力营销管理部门、直接面向中心城区客户的电力客户服务中心和既承担归口管理职责又直接受理客户业务的县、市、区电力客户服务中心及所属的营业站点。另三块则是：由上级业务主管部门、供电企业决策层面等构成的决策系统；由供电企业纪检监察、审计稽查、计划财务等部门和社会媒体、社团、政府相关部门及客户等构成的监督系统；由供电企业生产技术、计划财务、农电管理和计量检测等部门构成的支持系统。这里的农电管理部门，实际又是主营系统的一个分支。因为它直接受理了农村绝大部分客户的电力服务业务。

而在此构成下的电力营销服务工作流程通常也就是：作为对外窗口的电力客户服务中心营业厅，首先对客户的用电需求进行接洽，并视需求情况做出分类处理。对于超出权限范围的新客户用电需求，报送上级部门处理。对于权限范围内的新客户用电需求，交由业扩部门办理手续，用电检查部门进行相关项目处理。待业扩部门与用电检查部门共同对客户用电工程验收完毕后，营抄部门再进行立卡处理，并对客户的用电计量进行抄、核和发出电费催收通知。最后，由客户到营业网点缴纳电费及获得其后续服务。

（一）优越性

这一流程的优越性主要体现在：

1. 组织结构的严密性

供电企业围绕电力营销服务所建立的现有运作系统，无论是由决策、监督、主营、支持四大子系统所构成的基本处在同一平面的横向系统，还是从地市电力营销管理部门到县、市、区电力客户服务中心直至最基层营业站点的如此一贯到底的纵向系统，都充分表明了其组织结构的严谨与细密。而这一严谨、细密的组织结构也就有力地保证了供电企业营销服务的正常、有序运行。

2. 职责分工的明确性

供电企业现有营销服务流程不仅层级分明，职责明确，不同的层级有不同的分工和权限，而且同一层级的每一工作过程与工作环节也都清楚明了，并环环相扣。一个环节的工作没完成，就不能进入下一个环节。同时，每一环节又都设有明确的处理时限。不按规定时限完成其工作，就要承担相应的责任处分。

3. 服务改善的鲜明性

供电企业现有营销服务流程的最具意义之处，就在于它的一口对外和内转外不转。即一切用电业务均由客户服务中心所设营业窗口统一受理，相关工作则在与用电业务有联系的各部门之间流转，各部门按照职责分工完成各自的工作。而客户只需到营业窗口办理手续，不必再在其他相关部门之间来回奔波。供电企业现有营销服务流程所显示出的这种自觉摆正服务关系、尽力改善服务方式的倾向与态势是十分鲜明的。

（二）劣势

其劣势主要在于：

1. 整个流程的繁杂性

在供电企业的所有工作流程中，营销服务流程是最为繁杂、琐碎的。前面对流程的描述，自然已作了简化，实际的情形比这要烦琐、复杂得多。比如，在受理客户用电业务的一口对外、内转外不转中，实际的内转情况就非三言两语所能描述清楚。而这一繁杂性显然又与其组织结构得太过严谨、细密和内部分工得太过精细、具体所分不开。

2. 权限设置的呆滞性

供电企业现有营销服务流程因其职责分工得十分具体、明确而极易导致一定程度的呆板和僵硬。特别是各个层级权限的严格设定，就极大地制约了电力营销服务灵活性与主动性的发挥。当遇某一层面职责暂不能履行时，整个营销服务的业务流转就可能终止，客户的用电需求也就可能得不到及时的满足。

3. 服务取向的模糊性

供电企业现有营销服务流程虽已体现出了服务改善的鲜明态势，却并没有从横向层面和纵向层级上真正把客户作为关注焦点与出发点。事实上，现在供电企业的多数在整体运作当中所主要考虑的还是如何提高企业自身的经济效益。这当然没有错。但供电企业毕竟不同于其他纯经营性企业，若一味顾及自身经济利益，就很容易出现一些短视行为和导致纯粹以自我为中心。供电企业现有营销服务流程的不足显然表明其还没有摆脱计划体制的影响。在计划经济时期，客户用电需求往往受到限制，其用电业务量也不可能与今同日而语。如此，围绕整个用电业务的办理过程，过多的把关层级的设定与过细的内部职责的分工等就势所难免，服务取向模糊、用电客户不被作为电力营销服务的出发点与关注点也就十分正常。

二、现有营销服务流程的创新设想

作为一种基本的工作程式与秩序，供电企业现有营销服务流程是经过了一定的时间考验的。由此，它也只能在长期的实践与摸索中不断改进和完善。

（一）切实精简营销服务中间层

切实精简营销服务中间层级，重新构建从地市电力客户服务中心到县、市、区电力客户服务中心及所属营业站点再到客户的这样一个相对扁平化的组织结构，真正体现纵向层级上的以电力客户为出发点。目前，至少也应做到：

合并地市供电企业电力营销管理部门与电力客户服务中心，由电力客户服务中心既承担营销管理职责又负责中心城区的电力客户服务。唯其如此，才能减少中间环节和加快营销服务的流转速度，有效提高营销服务效率。同时，也才能与县、市、区电力客户服务中心从机构到职责对应起来。

调整农电管理部门现有工作职责与权限，将其所担负的农村电力客户的营销服务职能划归到电力客户服务中心来。这样，既便于营销服务的统一归口管理，又能够完全体现一口对外。诚然，在现阶段，农电与主营系统还有些政策上的差别，但这并不影响二者在营销服务上的统一。

（二）尽力缩简内部业务流转过程

尽力缩简内部业务流转过程，不断扩展基层营业网点营销服务功能，努力实现从横向层面上的以电力客户为中心点或关注焦点。这里，也有两个基本的前提和条件。

必须一定程度地淡化业务部门的职责划分，甚至精简、合并一些业务部门的职责与权限。更直接地说，也就是要适当打破现有各个业务部门之间的职责界限，更多地注重因各个业务部门的密切配合而所形成的一种整体优势的发挥。借此，以尽量避免：一方面，由于某一部门工作职责的一时不能履行而导致整个营销服务流程的中断或终止情况的发生；另一方面，由于部门之间分工得太过具体、明确而造成业务流转过于频繁。

必须逐层下放客户用电业务管理权限，大力进行简政放权。最终达到将业扩、装接、营抄、稽查等职责和功能都下放到基层营业网点，使基层营业网点成为不只是收费，而是功能齐备且唯一直接面对客户的营销服务窗口。而各级电力客户服务中心的职责则转到不断加强对各基层营业网点的检查、指导和评价、服务等上来。如此，也就可能最大限度地确保快速反应和快捷服务的实现。而上述改进设想或断想，无论是纵向的以客户为出发点也好，还是横向的以客户为中心点或关注焦点也好，对于供电企业毕竟是一场深刻的变革。变革又总需要有一定的环境支撑与基础保障。供电企业营销服务流程的改进与创新要能顺利进行，并取得实质性成效，自然也需要有一定的措施与手段做保证。在目前情况下，最主要、最有效地保障措施与手段应当是：

牢固树立"客户至上"服务理念。思想是行动的先导。任何变革与创新都必须以思想观念的转变为前提。要改进和完善供电企业现有营销服务流程，同样必须首先转变员工的思想观念，把员工的认识与心态从过去"唯我独尊"和"皇帝女儿不愁嫁"的封闭状态转变到"服务至上""客户至上"的新境界上来。而这，也就需要各有关方面，特别是思想政治工作部门等积极地做工作。

不断加强员工综合素质培训。供电企业现有营销服务流程的改进与创新成功与否，员工综合素质的高低是关键。为此，必须充分注重员工综合素质的培训与提升，使员工真正达到一岗多能、一专多能。只有如此，才能充分发挥员工主观能动性，提高营销服务效率和水平。

大力加强营销信息系统建设。实践已经证明，营销服务信息系统的运用，对于进一步规范营销服务业务流程、加快营销服务业务处理速度和约束营销服务人员行为等都有着积极的意义。因此，必须把加强营销信息系统建设与创新营销服务流程紧密结合起来。通过不断整合现有营销信息资源、积极探索营销信息系统建设新方法、新途径，努力为营销服务流程的改进与完善提供强大的技术支持。

三、电力企业核心资源与流程的重组和管理机制体制变革

面对创新落地阻力大的局面，在由下而上发起的同时，在高层得到国家政策、企业领导呼应，最终形成合力。从局部的"点"开始，延伸到"线"，进一步拓展到"面"，实现迭代式、增量渐进式发展，最终实现系统性变革。构建"互联网＋营销服务"机制，主要分为三个阶段：1.0阶段是融合线上线下，实现"一站式服务"，定位客户反映强烈、影响面广的简单业务，通过新技术应用快速出成效，建立示范作用；2.0阶段是优化全服务链，实现"最多跑一次"，紧紧围绕政府"简政放权、放管结合、优化服务"要求，通过办电做减法、服务做加法，进一步对服务链的流程优化和专业协同，强化业务内部管控；3.0阶段是开展数据运营，实现数据增值，通过大数据分析建立客户标签，开展精准营销，拓展增值服务，实现数据变现。

（一）融合线上线下

该阶段主要以掌上电力的低压新装线上受理应用上线为标志，从单点开始突破，实现传统线下模式向线上的迁移，改变工作模式，触发机制变革。

1. 建设电子渠道，打造立体网络

在传统营业厅线下服务渠道的基础上，全面开展线上渠道建设，使客户可以根据个性习惯自主选择服务渠道和产品获得所需服务，依托互联网扩大客户服务入口和服务方式、增加服务产品和内容、提升服务智能化水平，形成全天候立体化服务网络。依托互联网服务入口和服务方式，自主开发国内领先的"掌上电力"手机APP、"电e宝"、分布式光伏云网、95598网站、车联网等互联网营销服务平台，全面开展公司自有线上渠道建设。

线上办理，"掌上电力"手机APP拓展在线办电功能和上门预约服务，基本实现了线上全业务、全天候集中受理客户业务需求，线下第一时间与客户预约上门服务时间，应用移动作业终端实施现场服务，实现客户"动动手指，一站办电"。

线上支付，"电e宝"推出了扫码支付功能，通过扫描电费账单二维码实现电费支付，丰富多场景缴费方式，为居民提供更加便捷的电力服务。

分布式光伏云网整合光伏全产业链资源，经过短短一年的建设已成为全国最大的"科技＋服务＋金融"光伏服务云平台，为客户提供一键开通光伏服务，实现5大板块、16项功能全网全覆盖、全流程贯通。建设国家光伏扶贫专区，实现村级电站远程在线监测，助力国家阳光扶贫、精准扶贫。

车联网平台加快市场化商业运作，通过2年的创新建设，已成为全球接入设备最多、技术水平最高、服务质量最优的智慧车联网平台，实现财务收费、客户管理、设施监控、运维检修、充电服务、电动汽车租赁服务等全业务线上运行。

2. 开展主动互动，实现服务闭环

服务流程形成闭环，始于客户需求，终于客户评价，"客户"成为最重要的参与者、操作者。一是开展上门服务预约。与客户预约上门时间，工作时间 30 分钟内完成第一次预约，并同步触发短信告知客户及现场作业人员预约信息。对二次预约失败的，通过营销系统触发短信提醒客户回拨电话与座席人员主动预约。二是关键环节主动告知。对高频度业务，及时、主动和客户有效互动，通过 APP、电话、短信等渠道主动告知客户业务处理进度、服务预约、查询渠道和计划停电主动通知信息业务，在业扩报装、电力报修等业务的关键环节，建立与客户互动的实时连接和回访评价，更有效地改进客户体验。如客户在办理峰谷业务后会收到业务办理确认短信，明确告知处理进度、服务预约和查询渠道。深度理解客户需求，分析客户体验频率、感知延续时间以及客户满意度、忠诚度等指标，改进客户体验。如计划停电主动通知业务，通过差异化渠道响应不同客户对停电信息的需求。三是服务评价。为满足客户快捷、流畅、愉悦的深度诉求，建立与客户主动互动的广泛动态实时连接，以数据分析和标签应用实现便捷的客户普遍服务与个性化主动服务。

3. 设立服务调度机构，衔接线上线下

随着电子渠道业务的快速增长，客户线上办电跨地域、非接触的特点使得线上办电需求无法自动对接属地供电服务资源，组织机构严重滞后于业务的发展，无法确保线上线下业务的同质化管控等，服务质量难以得到保障。在市县两级设立服务调度机构，构建全服务链条中承接前端线上服务渠道接入与后端线下服务资源调配的核心纽带，快速响应客户需求，快速协同内部资源，确保线上线下同质、即时服务。将客户需求集中对接、服务资源集中调度、现场作业集中管控、线上办电集中受理，加强业务融合，实现服务资源统一调度、服务诉求统一处理、服务过程统一管控。完成低压居民新装、低压非居民新装、低压居民增容、低压非居民增容、申请校验 5 大类业务流程的服务接入，开展主动预约、协调指挥、跟踪督办、审核反馈、数据校核、流程管控与客户回访，实现服务资源统一调度、服务诉求统一处理、服务过程统一管控。自有渠道线上线下办电申请、外部市长热线、公安、城管等转派工单、国网客户中心 95598 工单，统一汇集到服务调度中心，由服务调度人员进行研判，并与客户联系确认预约，发起相关系统流程，向属地站所派单。对集中管控的业务，建立承载力日清单，根据客户需求，采用"约时、约日、约期"三种现场服务方式。对服务需求与承载力开展预警协调，确保承诺兑现。

（二）优化全服务链

该阶段主要以全流程信息公开与实时管控平台的上线为标志，以营配调融合为支撑，从前端单点突破开始向后全线延伸，带动全服务链的工作模式变化，实现更大范围的机制变革。

1. 建立管控机制，加强流程管控

建立业扩全流程信息公开与实时管控工作机制，供电方案编制，通过企业门户完成供电方案备案及协同部门会签。电网配套工程，由营销系统在供电方案编制后自动触发，实施配套项目可研及批复、ERP 建项、设计施工等环节全过程管理，并按照专业部门职责分工，由发展、基建、运检、物资等部门根据项目进程录入关键环节节点信息。客户受电工程，实施设计、物资供应、施工关键时间节点等信息管理。业扩停（送）电计划，通过企业门户开展意向接电时间等信息推送和结果反馈。实施业扩全流程实时预警和评价，高压业扩按照供电方案答复、电网配套工程建设、客户受电工程建设、装表接电 4 个环节设置 22 项预警指标，依托市、县两级电子座席对业扩环节工作进度实时预警催办。建立业扩报装总体效率、营销环节工作效率、协同环节工作效率等四大主题 33 项评价指标，依托运营监控中心开展监测分析，评价专业协同效率和质量。

在配网全容量开放管理基础上，建立负面清单闭环管控流程。对主变、间隔、线路、配变四类设备利用历史数据，结合业扩项目预期增加容量，按照"预警级、警告级和限制级"三类开展设备受限综合评价，将警告级和限制级设备纳入负面清单并定期发布。实施负面清单销号管理，对已发布的负面设备，明确责任部门和处理时限，由运营监控中心开展督促并评价整改情况。

2. 改造业务流程，提升服务效率

紧紧围绕政府"简政放权、放管结合、优化服务"要求，根据客户痛点和服务难点，融合"互联网 +"理念、依托公司营配调贯通成果，通过办电做减法、服务做加法，进一步简化办电手续，推动业务流程和相关表单从"以专业管理为导向"向"以客户业务办理场景为导向"转变。按照"低压重简化、高压强互动"的思路，整合分裂的专业流程，精简冗长的流程环节，简化烦琐的收资和归档要求，实现公司内部业务的高效流转，使营销业务逐步满足线上办电的需求。低压业扩推行"低压客户经理＋外协施工队伍"的"一岗制"作业，现场作业人员根据与客户预约时间，携带接户线、表箱、表计等必备材料进行现场勘查，当场答复供电方案、当场收集缺件资料、对于具备直接装表条件的，当场完成装表接电。优化高压常用业务及低压全业务共计 15 个典型业务流程，流程总环节从 115 步下降到 39 步，缩短 66.1%，其中，在办理所有居民和企事业单位日常用电等 16 类业务实现了"一次都不跑"，高压新装及增容等企事业单位相对复杂的 5 类办电业务实现"最多跑一次"。浙江、江苏、山东、福建等省公司作为"放管服"典型经验，得到当地政府充分肯定。

原有故障报修流程从国网客服中心下发后，需要流经省（市）客户服务中心远程工作站、市（县）供电公司调控中心，受限于当前各地区电信落地码定位精准度差异，部分省、市无法准确定位到县、区，无法依靠落地码进行区域定位，容易造成工单错发至交叉相邻单位，影响故障报修工作效率。依托营配调贯通"线—变—户"关联关系及标准地址库信息，结合客户来电落地码所对应行政区域以及报修地址，客户来电后可通过落地码、客户历史信息、报修地址等获取报修客户对应市（县）单位，直接向市（县）调控中心派发工单，不用再经过省（市）营销部门，缩短报修业务流转时长，减少中间流转环节，提高故障抢修效率。通过优化业务流程，开展抢修进程数据实时在线监测和过程管理，全程跟踪、督办抢修进程，故障响应时间明显缩短，抢修服务效率大幅提高。

3.建立渠道运营体系，支撑渠道运营

建设省市县三级渠道运营支持机构，前端支撑线上渠道运营和客户服务需求接入，后端强化现场作业协同及管控，加强前端与后端衔接。一是省客服中心成立在线渠道运营机构和全渠道监督管控机构，统筹负责电子渠道的运营管理，负责省级电子渠道受理的客户申请及其他诉求，管理统一电子座席服务、地市公司的运营活动及全渠道全业务的监督管控等。二是地市公司成立渠道运营室作为渠道协同运营的属地业务支撑。该机构负责市本级线上办电业务的受理；负责客户业务申请的预约派单、服务资源调度、现场作业管控及客户回访；负责业扩全流程实时管控和流程审计；负责营销业务精益化管控、投诉、不满意工单等现场调查；协助省客户服务中心开展电子渠道运营。三是县公司成立渠道运营室，负责线上办电业务的受理、客户业务申请的预约派单、服务资源调度、现场作业管控及客户回访；负责业扩全流程实时管控和流程审计；负责投诉、不满意工单等现场调查；协助省客户服务中心开展电子渠道运营。

（三）开展数字化运营

该阶段主要以客户标签库的上线为标志，将业扩全流程的经验进一步向更多业务领域拓展，实现从"线"到"面"，全面启动"互联网＋营销服务"建设，促进企业更好地响应市场变化和客户需求。

1.绘制客户画像，实现精准营销

一是开展客户画像管理，对客户基础数据、服务触点、用电行为、用户体验等客户具体信息的数据价值提炼，通过画像中的客户标签形象直观地表达客户特性，较以往更有利于把握客户需求。利用数据挖掘对客户进行碎片化信息具象重分类，形成数字化、动态化的电力客户画像。二是根据不同的客户细分，配置针对性的业务策略，形成通用业务策略库，支撑基于大数据的市场化精确营销。

2.制定开发流程，支撑数据运营

将服务产品全周期的管理理念和方法逐步导入到现有营销服务体系中，满足"小步快跑，循环迭代"的互联网产品技术创新策略和产品体验要求。一是建立完整的数据产品设计管理方法，制定"互联网＋营销服务"智能互动服务体系建设产品开发流程，提出服务产品化的通用解决方案，实现产品从需求、设计、开发、评估、固化、营销策略制定、产品推广及迭代更新等全生命周期管理。二是坚持 PDCA 管理原则，以典型业务模型设计为轴心，加强项目计划管控，建立项目风险与问题的闭环管理机制和监督反馈机制，严格执行成效评估和总结等管理工作，全面开展项目全过程质量管理工作，确保"互联网＋营销服务"项目建设达成预期目标。

3. 组织变革：建立营销创新基地，实体机构转型

建立"互联网＋营销服务"创新基地。探索适用于电网企业的"互联网＋"营销服务转型发展的新路子、新方法，提出公司"互联网＋"营销服务应用建设的顶层设计、目标蓝图和实现路径，实现从创意到创新、示范试点到推广应用的转化。收集行业信息，研究前沿发展，开展市场竞争战略与专项课题研究，以打造电力营销智库为目标，为电力营销发展提供思路建议，为产品孵化做好顶层设计。基于公司整体战略，整合内外部专家力量，面向公司内部与面向电力用户多维度，打造产品孵化平台，助推创新产品孵化落地。以战略规划、产品孵化、人才培养产出成果为核心支撑，结合"线上＋线下"双重传播渠道，传播"互联网＋营销服务"前沿理念与核心技术，促进电力营销模式转型。建立常态化的营销服务人才培养机制，通过理论培训及项目实践等，培养一批懂业务、懂数据、懂 IT 的复合型人才，为"互联网＋营销服务"储备人才。

创新实体服务机构，优化线下服务。一是全面应用互联网思维方法和技术手段，打造客户体验型营业厅，实现实体营业厅"一型三化"转型升级。从功能分区、硬件配置、业务构成、服务理念等方面优化营业厅功能设置、改造营业厅硬件设备设施、完善营业厅业务渠道、提升业务人员市场竞争意识，提高营业厅智能化管理水平等，全方位打破传统营业厅服务和业务模式，实现供电营业厅由"人工化、同质化、业务化"向"智能型、市场型、体验型、线上线下一体化"转变，从形象展示窗口向市场拓展平台转变，使其作为线上服务的线下体验和补充，成为供电企业吸引客户、抢占市场的前沿阵地。二是紧跟增量配电市场和售电市场的改革变化，因地制宜快速布局园区供电服务机构。设置与园区相匹配的供电服务机构，聚焦电量大、增速快、符合经济转型要求的优质客户，重点将线下优质服务资源向优质客户倾斜，加快适应电力体制改革要求，进一步稳固存量市场、竞争增量市场、抢占新兴市场，实现公司健康持续发展。

第四节　电力数字品牌价值的提升

电力营销服务涉及用户范围广，这些与用户共同衍生的数字生态链将产生巨大的商业价值。未来的供电企业不仅是电力供应商，也是信息服务商，通过大数据平台的信息抓取与聚集，根据电力用户自身的行业特性，向其提供更多有价值的内容。而为大数据服务的电力营销数据库也将成为整个数字产业链的核心。

一、品牌对企业的影响

品牌作为一个综合概念，对一家企业整体经营发展可产生极大的影响，也是企业软实力的重要体现。就品牌建设角度而言，品牌对企业的影响一方面体现于企业产品或服务在

市场中的推广程度，需要明确的是一件产品要想赢得一位消费者的喜爱并不难，但要想赢得更多消费者的青睐并构建自身的市场便存在一定难度，因此高黏性、高价值的产品便是品牌建设的重要基础；另一方面体现于企业整体形象上，品牌不仅是一家企业在文化层面的重要体现，同时唯有独树一帜、无可替代方可形成品牌，所以品牌关乎企业的核心竞争力，是消费者认可企业产品、服务而不选择其他竞争对手的重要原因。就品牌反作用角度而言，品牌既体现了企业在消费者心中的固有形象，也影响着品牌产品对企业经济效益的共享，一般来说，一个良好的品牌可为企业创造超过产品价值本身的附加值，并且品牌可超越时间、空间的限制，在消费者心中形成深刻印象的品牌，则会对一代又一代人产生影响，甚至可跨越不同经济体系、文化观念之间的界限，对更多消费群体产生影响。

二、品牌建设在电力企业经营管理中的作用

（一）品牌建设可增强电力企业的发展动力

电能作为一种特殊的商品，与经济发展及人们的生产生活密切关联。为推动电力企业的不断发展，新形势下，电力行业已由过去的垄断经营向市场经济方向发展转变，由此要求电力企业不断革新经营理念，并切实将供电服务质量放在品牌建设的首要位置，进而有效发挥电力企业市场及服务的导向作用。开展好品牌建设工作，可有效增强电力企业的发展动力。

首先，电力企业良好的品牌建设意味着电力企业的品牌赢得了用户的认可，如此一来，将使电力企业的品牌在用户群体中形成口碑效应，帮助电力企业在能源市场竞争中占据更有利位置，同时帮助电力企业创造更理想的经济效益。

其次，电力企业良好的品牌建设还可以建立起电力企业与品牌之间的强联系，让用户对电力企业品牌形成深刻印象，使用户见到品牌便会联想到电力企业优质的电力产品及服务，进而提升电力企业的社会效益。

最后，电力企业良好的品牌建设还可调动员工的积极性、主动性，增强企业凝聚力和向心力，让员工在思想上、行为上都与电力企业的经营管理目标高度一致，同时在工作中做到爱岗敬业、履职尽责，确保各项工作的有序进行。

（二）品牌建设可强化电力企业的管理质效

企业生存的重中之重在于实现正的现金流，创造利润的能力是企业生存的重大保障。影响企业盈利能力的要素，除了生产成本、市场价格等因素之外，从长远角度而言，还受到企业内部管理模式、管理质量的重要影响。所以，企业内部管理在现代企业生存发展中发挥着越来越重要的作用。电力企业过去的组织形式较为简单，而如今企业内部关系则日趋复杂，伴随劳动者地位的提高及权益的保障，企业经营要同时考虑更多方面的利益，在市场经济大环境下，影响电力企业发展的通常不是竞争对手，而是企业本身的内耗，因此，新形势下对电力企业的内部管理提出了更为严格的要求。品牌建设除可帮助电力企业树立

良好的外部形象之外，还可加强电力企业的内部管理，即通过品牌建设提高员工的品牌意识，让员工积极与其他部门开展协作以推进企业共同的品牌建设，有效解决企业内部因管理壁垒导致的不协同、难融合局面，并有助于减少各部门相互推诿责任的现象。另外，通过品牌建设还可促进电力企业对企业资源的优化配置，进一步提升企业内部的运行效率及管理质效。

（三）品牌建设可提高电力企业的核心竞争力

随着市场经济的不断发展，电力企业品牌建设可提升电力企业的凝聚力，这种凝聚力不单单是企业内部员工之间的相互协作，更是电力企业内部各项资源、力量的充分应用，因为品牌建设离不开企业各式各样资源之间的相互协作，以及各部门的共同努力，所以，电力企业良好的品牌建设可提高企业的核心竞争力，这一竞争力是电力企业生存发展的生命线，是电力企业在当前营商环境下需要持续强化的能力。新形势下，电力企业开展好品牌建设工作至关重要，电力企业应切实明确品牌建设在电力企业经营管理中的作用，并采取合理的手段有效开展，进一步促进企业的全面发展。

三、"互联网+"新媒体运用在供电企业品牌建设中的创新

（一）创新新媒体品牌建设的方式

当前，新媒体有很多种，发展形势也是日新月异，例如较有代表性的有客户端、微信、微博等。除此之外，还包括其他的一些APP。当前社会已进入到新闻信息爆炸式传播的时代，对于供电企业来讲，在品牌建设过程中，需要使用新媒体技术，提高品牌形象。对于品牌互动而言，是消费者和企业之间的一种双向交流模式，二者的交流是相互而不是单方面，这样不仅能使用户更加了解供电企业的发展方向和目标，企业也能更了解用户的实际需求。具体方法可采用构建供电企业微信公众号等，对电力品牌的互动机制进行创新，及时和用户进行交流。这样在进行品牌建设时，就可以了解用户的需求和需要，有针对性地进行品牌建设，推动电力公司品牌建设工作的创新发展，减少所需要的时间，进而提高整体的工作效率。

（二）工作人员具有良好的价值意识

在供电企业的新媒体品牌进行建设过程中，要求相关工作人员具有良好的价值观，对工作思维进行创新，遵循优质服务的原则，为广大用户提供更好的服务为宗旨。供电企业内部工作中，了解员工的需求，完善员工福利，增强员工的主人翁意识，引导员工在工作中主动创新，有利于以后的新媒体品牌建设。供电企业对外要履行社会责任，敢于展示公司，主动履行责任和义务，推动社会和供电企业的发展和交流，以服务思维为导向，实现供电企业、工作人员、电力用户等参与方共赢局面，进而提升供电企业新媒体品牌价值。

（三）在技术方面进行创新

在新媒体形态不断涌现、互联网技术覆盖面不断扩大的今天，作为供电企业，其在进行品牌建设过程中，可以适当借助现代互联网技术和新媒体的作用，借助开通各种微信公众号或客户端平台等方式，构建起健全的对内和对外的互动机制，以便能够及时与用户进行沟通交流，方便客户反馈相关信息，实时解决用户在应用产品过程中的问题，从而提升供电企业的服务水平和质量。这样不仅可以在广大劳动人民群体中树立供电企业的公信力和社会影响力，还可以为供电企业品牌建设工作奠定坚实的客户基础，推动企业品牌的发展，让用户从内心深处认可对品牌的推广。

（四）创新工作机制

在"互联网+"新媒体技术的引领下，供电企业的工作机制将会有质的改变。与传统服务平台相比，由于引入新的技术和平台，可减轻现场工作人员的工作压力，提高工作效率，因此服务效率和质量得到提升。供电服务属于社会基础性服务，从管理方面分析，在发展中可将服务产品划分三个层次，分别是核心服务、便利服务、支持服务。通过不同层次的服务方式，让供电服务呈现更加丰富、多样化，满足社会大众用户的需求。供电服务层次构成，如图5-1所示。

具体实施方案如下：

一是结合先进的技术，创新工作机制。传统工作方式中，由用户主动要求后，再根据当前服务情况确定是否可行。目前，已运用互联网技术，可对用户进行大数据分析，有针对性地为用户提供多元化的服务。此外，用户还可以借助互联网平台、手机移动客户端等，向供电企业反馈意见和建议等，信息系统对相关数据进行整理分析，当达到一定要求后，供电企业可根据社会用户的实际需求，增加其所需要的服务，使供电企业的工作机制更加积极主动以用户要求为导向，让管理流程和服务机制发生根本性的改变，让用户也能积极参与到电力服务建设中，为其献计献策。

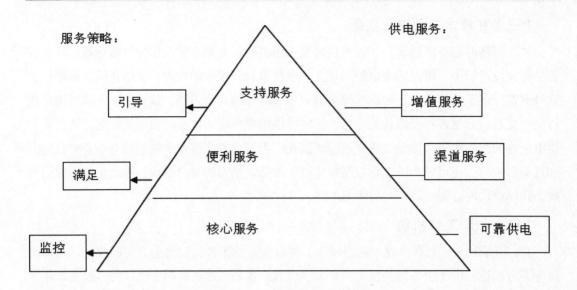

图 5-1　供电服务层次构成图

二是合理利用移动平台。如微信、QQ 等，或建立电力服务方面的 APP，通过设立微信公众号，实现一些特色服务，包括以下几方面：一方面，信息的互动和问答、停电告知、电费在线缴费、电量实时查询等，还可提供业扩新装、欠费复电等业务；另一方面，提供个人月度账单、停电信息等，精准、主动的消息推送功能，为"互联网＋"营销服务打开良好局面。由于工作机制方面的创新，其工作模式发生了很大变化，不仅可以在线服务，在线下该机制也能同时运行。用户不仅能方便快捷地办理业务，还可以根据发现的问题提出意见和建议。对供电企业的工作人员而言，利用互联网平台、移动媒体平台，在以后的工作中，因其针对性更强，降低工作人员的工作量，可以将主要精力放到服务质量方面，维护好客户，实现供电企业的可持续发展。新供电服务模式，如图 5-2 所示。

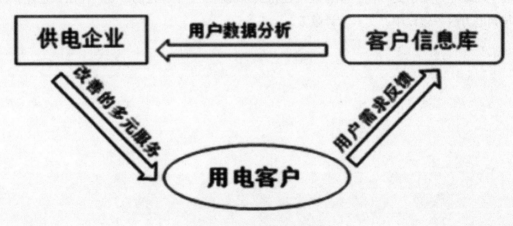

图 5-2　新供电服务模式图

通过对"互联网＋"新媒体运用在供电企业品牌建设中的创新可以发现，虽然目前我国供电企业的品牌建设工作还未能达到理想状态，体制改革也处于初步发展阶段，但是通过落实具体的改革计划，相关工作已经在进行中。为了进一步推动供电企业品牌建设工作的进行，将"互联网＋"新媒体在创新供电企业品牌建设中的作用全面发掘出来，相关人员在工作中还需要及时解决和处理发现的问题，根据设定的目标创新品牌建设、创新品牌建设方式、提高工作人员的价值意识、创新工作机制等，可达到理想状态。

第五节　电力客户画像的精细化应用

客户立体画像是利用关联挖掘、聚类等相关技术，建立客户相关数据的信息维度与标签库中各类标签的映射模型，构建以客户为对象，以客户的用电特征、消费类型、偏好等维度的多切面多层次的立体模型。通过多维的标签组合，全面展现客户的轮廓，形成完整、动态、立体的客户画像，从而深入了解客户的行为偏好与需求特征。

一、客户立体画像应用框架

借鉴大数据的思想，通过对客户立体画像的统一管理，用户能够对各切面各层次标签的组合挖掘与关联分析，依据电力大数据平台，挖掘看似孤立信息背后的关联关系，形成满足业务需求的专业画像，如产品画像、风险画像等，从而为客户风险管理、精准营销等提供企业级的决策支持。客户画像有广泛的应用。战略和策略层面，利用客户画像可以辅助企业制定市场战略、客户服务战略和销售战略；战术层面，客户画像可以用于支撑交叉销售、向上销售、新客户获取、客户挽留、客户忠诚度管理、客户账单欠费管理、客户风险管理等。业务是客户应用场景的依托，业务决定客户专业画像的维度和切面，反过来，专业画像的洞察指导业务的开展。

因此，首先从市场策略、市场开发、客户关系管理、营业管理、客户风险管理的角度，对客户域的应用场景进行梳理，为客户立体画像应用框架的建立奠定了基础。电网企业拥有海量客户，不可能对每一个客户制定和执行相同的供电、服务和收费策略和措施，因此，系统和科学地了解客户，通过客户画像，甄别客户在供电、服务和收费方面的差异性，制定针对性的策略和措施，从而提供产品或服务创新和精准营销，能够为后续电力市场的竞争奠定先发优势。客户画像的核心工作是为客户定义标签库，使得计算机能够程序化处理与人相关的信息，甚至通过算法、模型能够"理解"人，从而支撑多种应用场景。

二、客户画像应用场景筛选

客户画像支撑的应用场景覆盖了从市场策略、市场开发、市场交易、市场营销、客户关系管理、风险管理等全业务链，涉及的范围较广。因此，客户画像应用场景的建设必须循序渐进，根据业务需求的重要性与紧迫性分阶段实践。在客户画像应用场景的筛选中，核心驱动力是业务需求。业务指导思想是客户专业画像是否合适并且取得实际效果的根本驱动因素。

因此，在进行客户画像应用场景的筛选时，在应用场景筛选过程中，从业务需求、分析价值等角度，全面整合业务需求、深刻挖掘客户需求和切实应用客户分群成果，由业务需求来驱动客户专业画像的制定，实现差异化的客户服务策略和服务资源分配。

三、基于客户画像的供电营业厅精准服务

营业厅作为与客户零距离接触的前沿窗口，其重要性与特殊性非同一般。营业窗口一线服务工作是所有工作的基础，给客户留下良好的第一印象，有利于后续工作的开展。目前，供电营业厅服务存在以下几个问题，一是服务人员缺乏主动服务意识，服务手段单一；二是服务人员只是单一翻译客户办理用电业务需求，无法深入理解客户想法；三是未做到针对不同类型客户的差异化服务，导致客户体验差。

不同的客户对于服务的要求和期望不相同，即使是由同一个服务者来为消费者提供服务，也会因为服务的地点、时间、个人当时的心情和身体条件等因素而影响，使服务质量不同，为了找到其中的规律以及共性，深入了解到客户需求，我们以电费风险、客户信用、渠道偏好、用电行为4类主题标签为基础，不断探索针对性的服务策略，实现客户精准营销与差异化服务。

（一）探索四大主题标签，形成系统性标签库

随着社会的进步与发展，电力客户个性化需求日益突出，客户已经不再满足于用电保障需求，还对电能价格、信息、技术、节能、安全用电等提出了更高层次的需求，供电企业需要从服务内容多元化、服务方式差异化角度，向不同电力客户群体提供差异化服务。

通过分析企业内部客户基础信息、触点轨迹信息等自有数据，以及征信、水热气等第三方数据，建设电费风险、客户信用、渠道偏好、用电行为四大业务主题的客户标签，形成系统性的客户标签库。

1. 电费风险主题标签

基于电费风险模型的建立，通过对客户交费记录、交费行为、交费时间等历史数据进行分析，将所有用电客户定义为高风险、中风险、低风险客户，针对电费高风险和中风险客户，采取不同的服务策略，达到降低其电费风险的目的，降低电费回收不确定因素。

2. 客户信用主题标签

客户信用模型建立在客户历史数据的基础上，通过数据迭代对模型结果进行评估验证。同时，寻求第三方合作，尝试获取并将人民银行征信数据、阿里芝麻信用数据、互联网 P2P 数据、跨地市跨省份的房产数据、企业数据等纳入信用分析的范畴。此外，根据信用综合评价产生 7 个不同的信用等级区间（4A ~ 1A、B、C、D），深入挖掘客户特征并对已知或潜在失信客户制定精准防控策略，对优质信用客户提供个性化的高质量服务，提

升客户对于企业的满意度，为实现精准化客户运营，降低企业运营风险提供支撑，不断强化企业运营能力，提高企业市场竞争能力。

3. 渠道偏好主题标签

利用营销系统、95598 系统，收集客户基本信息、缴费业务、业扩业务、咨询查询业务、投诉业务及其他业务信息数据。通过分析以上数据，并用数据挖掘技术的量化手段对各类渠道偏好客户进行刻画，建设客户渠道偏好体系，根据客户的渠道偏好开展差异化的服务和渠道引导，例如停电通知方式、个性化电费账单、服务渠道推荐等，显著提高客户感知。

4. 用电行为主题标签

基于营销系统和采集系统的电量、负荷、功率因素等数据，进行客户用电行为分析，从用户类别、价值特征、用电特征、违约违法用电 4 个维度进行考量，针对不同类型的客户，提出相应的用能指导、峰谷用电、节能用电和规范用电等建议。应用上述四大主题标签，针对不同类型的客户推进精准营销和差异化服务管理，提高客户电力服务感知认同和供电企业服务水平。

（二）典型客户服务策略，实现差异化精准服务

精准服务意味着供电营业厅窗口服务的精确化、深入化、细致化、差异化，利用有限资源，在获取最大利益的同时，提升客户满意度。根据现有的四大主题标签，描绘出具有典型性的客户画像，在排队、引导分流、业务办理、客户评价、后续增值服务业务办理的过程中，供电营业厅服务人员针对不同类型客户画像采取服务策略，提供差异化服务，从而提升供电营业厅的服务能力，实现精准服务。

1. 排队预约服务

针对工作繁忙的上班族，营业厅提供业务办理预约服务。客户可以通过线上渠道，预约取号，号票上显示等待人数和提供服务的时间区段，以节约客户等待时间。此外，客户有特殊用电需求的，也可以预约 VIP 服务，系统会根据客户画像分析客户喜好，安排相应客户经理在 VIP 洽谈室提供服务。

2. 引导分流服务

客户进入营业厅时刷身份证，系统根据身份证识别客户身份后，会自动生成客户画像，并在业务办理过程中提示相应的服务策略。根据办理的业务类型需求以及客户偏好，将客户引导至自助终端或者人工柜台办理。

3. 业务办理

（1）欠费客户

针对高、中电费风险以及经常性欠费的客户，营业厅服务人员可采取以下服务策略：一是高压客户必须办理电费担保、分次结算；二是建议居民客户办理预付费控、银行代扣等；三是在客户办理其他业务前，引导客户先结清所欠电费，再进行后续业务办理。针对欠费但是未逾期的用户，引导客户及时交费，可推荐客户外屏二维码扫码交费，同时可引

导客户电子渠道注册绑定，提供多渠道服务。

（2）优质客户

通过客户信用模型，产生优、良、差 3 级信用综合评价。对于按时交费、信用良好的优质客户，在营业厅设立优质客户通道，可以享受专人 VIP 服务。

（3）敏感客户

为政府人员、重要客户、特殊人群、公众人士等敏感类客户提供服务时，需要提醒营业厅服务人员注意服务态度，提高服务敏感性。针对政府人员、公众人士，服务人员应斟酌服务语术，避免出现敏感词汇；针对重要客户、特殊人群，服务人员应注意自身的服务态度，让客户感受到我们的真诚。

4. 后续增值服务

（1）非居民客户

通过研究客户用电行为特征和生产特点，根据客户用电过程中存在的不合理用电情况，精准提供用能指导相关建议；同时针对客户电价水平和电量规模等市场化特征，识别电能替代潜在客户，提出相关建议。

（2）居民客户

根据居民客户的用电行为特征以及用电过程中可能出现的违约违法用电情况，提出针对性建议，比如峰谷用电建议、节能建议和规范用电建议。

（三）建设营业厅综合服务平台，为精准服务提供技术支撑

营业厅综合服务平台划分出客户画像模块，包括客户标签、服务策略以及服务轨迹三大内容，针对营业厅窗口人员服务场景、客户类型及客户业务轨迹推送差异化服务策略，提醒营业厅人员服务过程中的注意事项，确保服务有重点、有针对性。

1. 客户标签

展示登录人员岗位配置的重点关注标签以及个性化配置关注标签，通过颜色及符号区分重要程度，点击标签弹出标签命中说明界面，标签提取依据界面允许操作人员反馈标签有无意见。

2. 服务策略

标签对应的服务策略按优先级进行排序显示，对已经执行的策略标识已执行，点击策略跳转至相应业务处理页面执行策略（如核对联系人信息、短信订阅、办理预付费业务等）。

3. 服务轨迹

展示历史新装、变更流程工单信息，95598 工单、停电推送短信等，对在途流程、投诉、意见重点标识，点击流程名称弹出营销系统工作单查询流程信息界面。

第六节　基于电力市场营销的客户关系管理体系综合研究

随着电力企业的快速发展，用电用户数量逐渐增多，为供电企业带来经济效益的基础上，对其市场营销策略有着更高的要求，只有提出科学合理的管理方式，才能推动供电企业市场营销活动的深入开展。客户是供电企业的主要服务对象，加强客户关系管理，对增强客户忠诚度和提升其满意度发挥着重要作用。所以，供电企业要实现可持续发展，必须加强客户关系管理，构建相关体系，推动市场营销活动的发展。

一、电力营销中客户关系管理的必要性

改革开放之后，我国电力企业已经由之前的垄断性行业转变为现在的市场化运营和管理，电力市场结构也由之前的卖方市场转变为买方市场。在这种市场化的环境中，电力企业必须紧紧抓住市场和客户，提高企业的服务质量，获得客户的认可和信任，不断提高客户关系的管理水平，才能在激烈的竞争中生存和发展。

具体可以分为以下几步：

首先，加强客户管理力度，改变营销思维，提高产品和服务质量。传统的电力营销属于卖方市场，工作人员无须过于关注客户关系，服务和产品的质量都有待于提高，因此必须改变这种现象。在新的市场背景中，电力企业需要重视市场，维护好客户关系，提高客户忠诚度，抓住客户的个性化需求。

其次，改变电力企业员工的工作态度和效率，使电力企业重拾往日的社会地位。传统电力营销业务的处理被国有化的电力企业垄断，所有需要电力资源的客户都要努力满足电力企业的需求，答应电力企业提出的不公平要求，即使这样，电力企业也常常无法正常满足客户需求，与客户之间的拖沓、扯皮事件经常出现，这些不良行为直接损害了电力企业的经济和社会效益。在市场经济中，企业需要重新理顺与客户之间的关系，提高服务的质量和效率，尽快、尽早地满足客户的多样化、差异化需求，进而挽回电力企业的形象，使客户对电力企业再次充满信心。

最后，改变客户与企业互相扯皮的现状，保持企业资金的流畅运转。之前的电力营销过程中，电力企业服务水平落后，跟不上客户的需求，导致客户满意度极低，于是客户开始拖欠或拒交电费，这种互相扯皮的行为造成企业资金流动困难，对企业和客户都产生不利影响。通过客户关系管理之后，可以有效改善客户与企业之间的关系，提高客户满意度，也就保证了客户及时缴纳电费，使企业实现资金回流，保证企业可持续发展。

二、基于电力市场营销的客户关系管理体系综合管理

（一）政策支持与管理

在供电企业发展中，客户服务能力是尤为关键性的因素，直接决定着供电企业的核心竞争力。从电力市场营销视角，对客户关系管理体系构建和管理时，相关部门应加大支持力度，以促进供电企业向"以客户为中心"的转变。

首先，在电力市场中积极开展客户，如充分挖掘具有潜力的客户，并将已有客户进行等级划分，更好地掌握用电客户的需求。

其次，供电企业构建客户关系管理体系时，注重电力客户服务支持的功能，以从客户差异性需求视角着手，深入开展客户服务工作。

最后，供电企业应坚持"以客户为中心"，积极转变服务方式和拓展服务渠道，与客户加强沟通和联系，从根本上融洽企业与客户的关系。

（二）客服人员的激励与管理

供电企业市场营销中，要加强客户关系管理，必须对客服人员进行激励和必要的管理。

首先，针对客户服务管理进行总体规划。一是确定客户服务理念，加大宣传力度，为客户提供优质服务；二是制定服务标准，为客服人员提供工作依据；三是加强服务质量管理。

其次，对客服团队人员加强培训和管理，尤其加强客服人员服务方式多元化、服务承诺实现率提升、素质能力提高等方面的培训，有助于为供电企业树立良好形象，同时提高企业竞争软实力。

最后，针对企业客服人员，完善激励机制和绩效评估机制，以充分发挥对员工的激励性作用，引导客服人员深入开展服务工作，加强客户关系管理。

（三）一般客户管理

供电企业一般客户管理中，应坚持维系客户的原则。供电企业加强客户关系管理时，应以客户保持为前提条件，但影响客户保持的因素相对较多，如客户购买行为、满意程度、生命周期、成本转换等。因此，从电力市场营销视角看，供电企业要加强一般客户管理，必须提高客户满意度、忠诚度。

首先，供电企业积极拓展服务渠道，为客户提供多元化服务途径，满足客户对服务的个性化需求。基于此，工作人员可提高工作效率，降低时间成本，积极开展业务。

其次，供电企业对欠费停电事件应给予高度重视，加强管理，积极与客户协商和沟通。最后，供电企业对电力服务中心的制度进行创新，着重增强人员的服务意识和业务知识能力，以强化客户管理。

（四）大客户管理

大客户是供电企业客户资源的重要组成部分，加强大客户关系管理更为重要。从电力

市场营销视角看，供电企业在大客户关系管理中，可从四个方面着手：

首先，领导人员对大客户关系管理给予高度重视，使管理者能够积极与大客户进行沟通，以充分发挥客户关系管理的优势。

其次，供电企业加强人才培训，培养一批高素质人才，专门针对大客户关系管理。

再次，供电企业对组织架构进行改造，在服务大客户时，使相关部门与专业管理部门人员协同工作，强化管理。

最后，针对大客户关系管理，健全智能化的客户关系管理系统。在管理中，实现智能化管理，既能规避人工管理的失误风险，又能提高客户关系管理成效，为电力市场营销工作创造有利条件，推动供电企业的快速发展。

（五）阶梯电价交易模式下的客户管理

电力企业在电力市场营销中，制定阶梯式电价交易模式具有重要性，不仅可实现经济效益的最大化，而且对强化客户管理发挥着重要作用。在制定用电标准时，可针对夏季标准、非冬季标准而设定。该模式实施中，供电企业人员应注重从以下几方面开展工作：

首先，从电价制定视角看，每档价格和用电量标准的设置应力求合理性。基于此，供电企业必须针对地区居民用电情况而合理制定，尽可能多设几档，为居民提供多元化收费标准。

其次，针对客户进行法律风险管理，与用户加强法律沟通，规避法律风险。

最后，在电力市场营销中，相关人员应加强客户服务，如对营销信息系统加以调整、培训员工等。

第六章 新形势下大数据对电力能源系统的影响

第一节 大数据对电力能源系统的影响

挖掘、获取并且有效地应用大数据，可以推进智能电网的发展和转型，并且对于分布式可再生发电的资源，大数据有助于其预报和调度的实现，进而提高了电力企业的发电效率，在行业管理运营中，大数帮助分析顾客需求，极好地改变了客户模式，为行业和用户都提供了方便并节省能源。

一、新能源系统结构

随着我国城市化水平的不断提高和城市化建设进程的不断加快，当前我国电力行业发展的主要内容之一就是对新能源项目进行规范化管理。新能源项目是我国电力系统当中的一个新型的基础设施，因此，做好新能源项目的规划工作与管理工作是十分重要的。而我国的电力行业工作人员在实际对新能源项目进行规划和管理时，面临着电力系统工程规划模型十分复杂、数据过多、容易出现误差等问题，要想更高效地对复杂的电力系统工程模型进行规划、对大量烦琐的数据进行处理并减少误差，就需要对电力大数据进行分析和利用，对城市的电力发展状况、用电情况以及数据进行调查、处理和分析，并利用这些数据来对电力系统的新能源系统结构进行规划。

电力系统工作人员通过利用电力新能源数据采集系统来不断地推广、渗透新型能源与电力系统的电源节点，让新能源的电源节点可以进行更为精确、准确的定位，从而让新能源与电力系统的电源节点有效进行应用。电力系统工作人员在对规模较大的新型能源电力系统进行规划时，采集和处理电力数据的这一过程会用到大量复杂的数据，针对这些大量的、复杂的数据，电力系统工作人员需要利用电力大数据来进行处理和分析，才能高效率地完成数据的处理工作。

同时，电力系统工作人员要想更好地优化、处理新能源电力系统的规划，更为精确地利用大数据计算方法对电力信息和数据进行整理和计算，更为准确地对电力设备进行检查和故障预测，更为准确地对电力系统运行的可靠性、稳定性进行评估，还需要利用到传统的城市电力网络规划方法，深度挖掘新能源项目规划系统当中的数据，并对这些数据进行计算，并对新能源电力系统中的各线路进行模拟建模，通过建立三维模型来让电力系统当中的各项数据随时进行整合，从而可以通过迅速整合、分析电力系统当中的各项数据来及时了解新能源系统的运行状况，及时发现新能源电力系统中存在的问题。通过利用电力大数据，可以让新能源系统的规划工作变得更加智能化，可以建立起一个新能源项目规划工作平台，提高新能源电力系统规划工作的效率和质量。

二、大数据在电网公司中的应用

（一）电力大数据在电网公司运营中的应用

伴随着互联网技术的迅猛发展，人们花费在互联网上的时间也越来越多，互联网上传播的信息也越来越多，关于用户的大量信息可以通过互联网获得。电力企业可以对用户用电数据等信息进行统计分析，来建立起分类负荷特性模型以及参数，这样能够对电力企业未来的发展进行一定的预测，对社会的发展进行一定的推断。电力企业通过对收集到的用户大数据进行分析和整理，可以提高同发电、负荷等预测的科学性、可信性。确保新能源系统的稳定，确保电网的安全，是控制电网的主要目标。在这种情况下，我国积极推动建立互联互通的高压电网，这需要专业化，对电网运行管理工作的要求也越来越高。在当前我国的电网公司运营当中需要利用到大数据的综合分析处理技术，通过对海量的、复杂的数据进行分析，筛选出电网安全运行所需数据，确保智能电网安全稳定运行，最终促进电力企业的发展，促进我国电力行业的发展。

（二）电力大数据在新能源项目规划上的应用

新能源电力系统要求公司一次又一次地进行不同的调整和计划，同时实行强有力的临时实践。分销网络可以通过深入挖掘大型数据来获得更真实、更有效的数据。我们的电力专业人员对收到的数据进行系统分析和计算，从而获得有效的数据并比较现有数据，从而获得更有效的数据。在工作期间，网络工作人员还可以根据内容确定不同的数据收集方向。例如，功率数据，如瞬时功率、振荡频率、瞬时电压、瞬时电流，可以通过计算设计的电网电路的可行性来确定。此外，我们还可以分析发电厂、位置等故障原因的数据，目标是支持和支持电动设备，从而降低企业维护成本，提高智能电网的效率。

（三）大数据的发展目标

通过分析电力公司用户的需求，可以控制用户的电力需求、供电账单、电力峰值等，根据用户的需求调整供电网络的分布，从而改善和优化电力的生产、分配和消费。同时，增加用户体验，降低电网成本，实现智能电路。与此同时，由于地形复杂、电网庞大、客户广泛，我们的能源安全系统还没有准备好，大型数据处理技术的出现可以有效地解决这个问题。通过计算不同的数据，能源公司可以提高电力系统的安全性，大大提高电力系统的安全性。在当今快速发展的社会中，有关电力的大量数据在新能源电力系统规划中起着重要作用。随着信息社会的发展，电力企业的持续规划模式和管理理念将不可避免地被社会抛弃。因此，我们的新能源公司必须跟上时代的步伐，抓住数据时代的机遇，让企业在新的高度蓬勃发展。

第二节　大数据实现电力企业一体化

当下，运用信息化推进企业发展的方式在电力业界中极为流行，众多企业为了迎合"十八大"所提出的"推动信息化和工业化深度融合"理念，都在积极地完善自身业务理念和运作模式，这也就意味着电力业界中的各大企业正逐步趋于一体化发展，而他们所筹划一体化平台，从本质上来说，就是隶属大数据背景之中的数据挖掘、数据获取、数据分析以及数据集成等。而这些数据系统框架、集成方式或者应用技术都是推进电力企业进步不可忽视的问题，也是实现企业良好发展、实现一体化的关键所在。

一、一体化大数据平台

（一）智慧电厂大数据来源分析

随着电厂信息化程度的提高、系统和设备传感器数量的增加、管理模式的不断创新，电厂在进行生产时产生了海量生产数据及运营管理数据。

1. 生产数据

生产数据是智慧电厂大数据的重要组成部分，数据价值较高，主要包括系统及设备运行的参数、生产的产出和消耗数据、设备故障信息、缺陷处理信息、各种生产日志及报告等重要的生产一线数据，可从中提取关键信息指导设备维护、系统优化运行。

2. 运营管理数据

电厂经营需要多方面大量信息的支撑，运营管理数据往往是跨专业、多维度数据。对此类数据进行加工处理，并将有效信息用适当的方式呈现出来，可辅助电厂经营者做出最优管理及运营决策。从数据结构上，智慧电厂大数据还可分为结构化数据和非结构化数据。结构化数据包括发电机、汽轮机、锅炉等设备传感器产生的实时数据和故障类别、生产日志、设备信息等非实时数据。非结构化数据包括实时的音频文件、视频文件、图像文件和一些技术资料、图片文件等。

（二）一体化大数据平台的架构

智慧电厂数据来源复杂，数据量大，为满足数据处理要求并深入挖掘出数据信息，设计了如图 6-1 所示的一体化大数据平台架构。在该平台中，电厂原始数据经过预处理、质量监控、数据清洗后进入数据库，后续的操作以数据库中的数据为基础，预警系统根据设定好的模型对数据进行监控，数据挖掘系统对数据库中的数据进行深度挖掘分析，用户也可通过综合技术平台进行查看、制定统计等操作。

系统采用分层架构的优势将更利于系统的业务扩展和分布式架构，可快速基于系统之上进行业务需求的持续集成及二次开发，以最小的代价部署上线新的业务模块和功能，快速适应需求变化、提高功能、业务的复用度，进一步提高开发效率、缩短开发周期、减少运维成本。

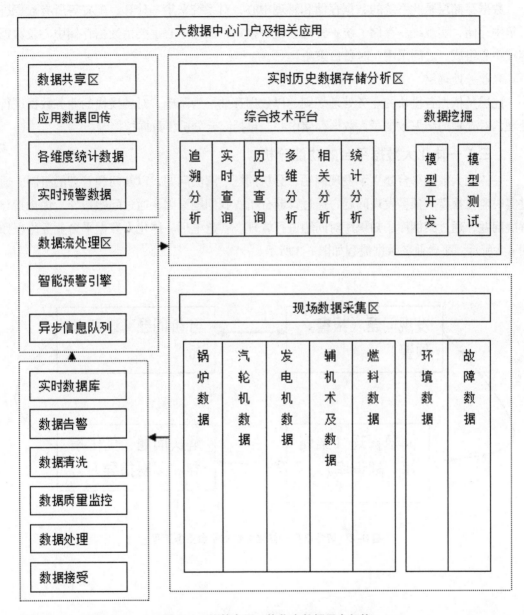

图 6-1　智慧电厂一体化大数据平台架构

1. 数据采集层

负责对现场数据进行采集，支持从实时数据库、关系数据库或接口机上进行数据采集，如从接口机上进行数据采集支持 101，104，OPC 等规约。

2. 数据传输、处理层

负责数据从采集接口到数据库的数据传输、写入前的数据甄别及数据写入数据库。数据甄别是采用多重数据计算模型，对数据缺失、数据错误等情况进行验证，对采集有误的数据进行实时提示告警，并视情况进行数据的替换、剔除等处理，保持数据的准确性。

3. 数据存储层

数据存储层是此系统的数据存储和管理中心，对系统采集、计算、配置等所有数据进行集中存储，实现统一存储、统一管理、统一接口；数据中心主要由数据存储中心及数据容灾中心组成，之间采用实时备份策略。

4. 业务处理层

此层是依据各模块的业务处理规则、以数据存储层为基础，对各模块的业务数据进行处理，对处理的结果数据写入数据存储中心，包括综合分析、数据挖掘等。

（三）一体化大数据平台的功能分析

一体化大数据平台建立了发现问题、分析问题、解决问题，以及问题管理的机制。通过实时监控报警、预警发现问题，通过诊断分析查找问题原因，通过问题指导、优化指导解决问题，通过案例库、知识库对问题进行管理。智慧电厂一体化大数据平台业务流程如图 6-2 所示，平台业务数据流程如图 6-3 所示。

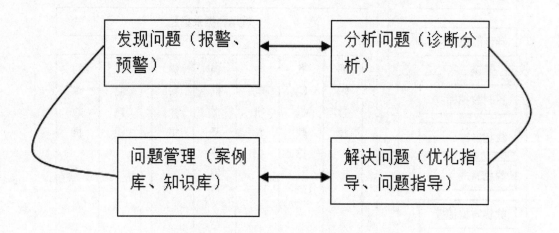

图 6-2　智慧电厂一体化大数据平台业务流程

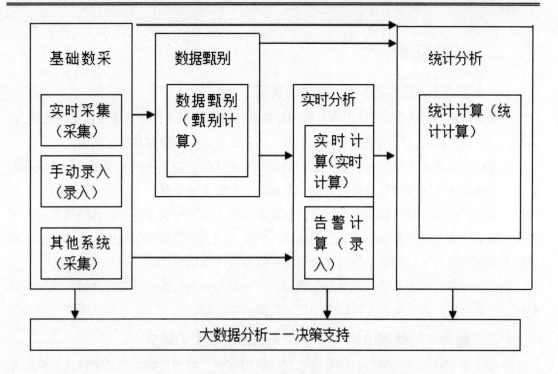

图6-3　智慧电厂一体化大数据平台业务数据流程

1.基础数据

包括机组实时数据、设计数据、试验数据、运行数据、工作任务、文档信息以及从其他系统获取的数据。

2.数据甄别

对采集的数据进行准确性甄别，以判别数据质量的好坏并提供报警。

3.实时分析

根据业务功能的要求，通过相应的服务程序实现数据的实时分析，典型的是实时计算和实时告警计算。

4.统计分析

由于系统功能需要，基于基础数据、数据甄别结果、数据实时分析结果，按照相应的业务规则进行统计分析。

5.大数据分析———决策支持

通过大数据分析平台，用合适的挖掘算法对基础数据、甄别结果、实时分析结果、统计分析结果进行深入的挖掘计算，以获取供决策支持的知识，同时将信息以丰富的可视化工具展现出来，成为可读、易读的决策支持信息。

二、关键技术分析

（一）多源异构数据处理、存储的实现

在智慧电厂的架构下，用以提取有效信息的数据量远超出了传统数据管理系统的能力；同时，由于数据具有不同的格式和不同来源，还存在数据多样性和复杂度问题。

能够高效地利用大量实时和历史过程数据，这是优化决策支持的关键要求；可以帮助企业连接和采集不同系统和设备的数据，发掘数据中隐含的信息。

采用时间序列友好的数据结构，使其性能大大优于传统的关系或关键值数据结构；可在大数据集合相关时间段内高效地进行查询，为真正的实时数据提供速度大幅加快的读写性能和微秒级分辨率；能够采集过程级的信息值，持续推动改良。

能够与过程数据源连接，直接获取数据、合并整个企业的数据并进行压缩，实现高效存储，极大地减少了精确再生时间序列信号所需的数据量。

（二）时间序列数据中噪声点和缺失点修正模型的建立

平台应采用时间序列模型识别各状态量的时间序列，检测出数据的异常模式，判断异常数据是能提取设备故障信息的"有用数据"，还是可以被清洗的"无用数据"。当异常数据是由设备异常状态产生时，用时间序列干预模型进行拟合以提取有效故障信息。在数据清洗时，根据序列中异常值的种类选择不同的修正公式，从而达到修正噪声点数据和填补缺失值的目的。相比于传统的删除噪声点，该方法清洗出的数据是不带有噪声点和缺失值的数据，从而避免了时间序列中有用信息的丢失，更能有效地反映原始时间序列的动态变化。

（三）基于大数据的智能预警技术

对于电厂安全和经济运行的高标准要求，一体化大数据平台需要能够模拟人工智能，全面自动地监视电厂各个系统、子系统、主机、辅机等，实现更加广泛的智能预警技术。与传统数据分析技术相比，智能预警技术能够在渐变性故障发生之前，劣化趋势达到一定标准时及时报警，并提供该异常的具体变化趋势以及相关异常参数情况，供故障预警与分析。该技术不仅能监视转动设备，还要能对系统、子系统以及参数、设备组等建立智能监视模型，能在各种运行工况下持续监视所有设备和生产流程，可用于监视负荷变化工况和机组启动 / 停机工况，并能在到达临界点之前发现那些蠕变的缺陷。本项目拟采用当今最先进的人工智能技术，实现网上对全厂设备及系统的全工况智能早期预警和初步诊断的自动化状态监视和诊断。

通过对电站中锅炉、汽轮机、发电机、给水泵、凝结水泵、循环水泵等主要辅机，以及真空系统、余热锅炉系统重要设备等为对象进行建模，实现对该系统和设备的全时监控，提前对影响机组、系统、设备安全运行的异常征兆进行预警和故障诊断。提供异常参数范

围和异常参数偏差趋势及发生时刻，为运行、生产专业人员提供安全早期报警，尽量防止机组及系统非停发生。另外，在故障发生后，可以查看模型分析结果，帮助准确定位故障源头和发现故障发生过程。成功挖掘出大量过程参数数据里隐含地对提高机组安全稳定运行有价值的信息，提高电厂安全运行水平。提高电厂专业人员运行分析、故障分析、生产管理决策水平，从而提高机组可靠性，增加电厂效益。

三、电网企业中营配一体化的应用与成效

随着信息技术在人们生产、生活中运用效率的不断提高，智能化产品已经成为促进人类社会发展必不可少的部分。供电营销配电信息一体化系统是现代信息技术与传统供电营销配电良好融合的产物。

（一）营销配电信息一体化平台梗概

"营销配电信息一体化"系统是采用现代化的信息技术在企业统一的电网设备和客户信息模型、基础资料和拓扑关系的基础上，应用于面向客户的供电可靠性管理、供电资产管理、客户停电管理、线损管理、业扩报装辅助决策及配网建设规划等领域的基于 GIS 的标准化、一体化企业级信息平台。它的目标是结合数据库和地理信息技术，对客户、配电网络的空间资源进行有效管理，建立客户、配网系统资源的实用化维护工具。

GIS 即地理信息系统，GIS 地理信息系统是以地理空间数据库为基础，在计算机软硬件的支持下，运用系统工程和信息科学的理论，科学管理和综合分析具有空间内涵的地理数据，以提供管理、决策等所需信息的技术系统。

城市配电系统的数据是海量的。电压等级每降低一级，统计数据质量提高一个甚至几个数量级。如果深入到 0.4kV 以下电压等级时，数据不仅包括各种地形学资料、客户资料、配网设备资料、网络拓扑结构资料，还包含终端用户信息以及纷繁复杂的"长尾"等，其数据量则进一步膨胀。随着经济建设的长足发展，未来几年这些数字还会大幅度增加。

（二）营销配电信息一体化平台的建设目标

1. 建立营销配电信息一体化模型

营销配电信息一体化模型是客户、配电设备空间模型完整的"变电站—10kV 线路—配电变压器—低压线路—低压表箱—客户计量装置"的全信息的电网模型，是营销配电信息一体 GIS 平台应用和分析的基础。

2. 构建营销配电信息一体化数据展示平台

营销配电信息一体化系统在 GIS 平台的基础上，把营销配电信息一体化特有的管理分析功能与业务流程管理应用相结合，也就是与营销 SG186 系统、配网生产管理系统、线损自动生成系统、大客户负荷管理、电力用户用电信息采集等系统建立数据与功能接口，实现资源共享，客户、电网信息统一维护、分析和管理，同时描述整个电力企业真实运作的环境，构成一个基于地理空间资源的关于电网、设备、客户的营销配电信息一体化的信

息平台。通过 GIS 平台和业务处理流程既紧密结合又相对独立，GIS 作为一个数据的支撑平台，需要和业务处理的应用系统进行互联、互通。进行业务处理的应用系统通过 GIS 提供的基于网络模型的分析方法和手段，能够更加直观地完成自身的管理工作。

营销配电信息一体化系统的 GIS 模块在提供基于网络模型的分析方法和手段的同时，也是一个整合后数据展示的平台，并可以将处理（过程、结果）的数据放在 GIS 环境中展示，从而实现电网信息化共享。

3. 营销配电信息一体化的体系结构

营销配电信息一体化系统的 GIS 模块应用平台的体系结构采用集中式的客户机/服务器和浏览器/服务器两种模式（C/S+B/S）体系进行构建。C/S 结构是在 GIS 平台中被采用最多的一种体系结构，是客户端能够方便实现对图形和属性数据的更新，并更加实时、全面地提供系统其他应用功能。虽然目前 B/S 模式正日趋流行，并显示出其不可比拟的优越性，但是对于需要处理海量空间数据的营销配电信息一体化 GIS 平台来说，C/S 模式仍然无法被 B/S 模式所取代，特别是对响应速度要求高、交互数据量大的应用，如电网建模、编辑修改、拓扑分析、实时响应系统、现场基础信息维护等，依然需要采用 C/S 结构的模式。

（三）营销配电信息一体化平台建设的关键

1. 建立营销配电信息一体化平台

在配电网 GIS 平台的基础上，把营销配电信息一体化系统特有的管理分析功能与业务流程管理应用相结合，也就是与营销 SG186 系统、配网生产管理系统、线损自动生成系统、大客户负荷管理等系统建立数据与功能接口，实现资源共享，客户、电网信息统一维护、分析和管理，同时描述整个电力企业真实运作的环境，构成一个基于地理空间资源的关于电网、设备、客户的营销配电信息一体化的信息平台。

（1）建立基于 10kV 配电线路的 GIS 信息平台

采用与原有 10kV 配电线路软件管理平台与建模方式，在 GIS 信息平台的基础上从配电变压器向低压电网延伸，高、中、低压三级配电网在统一的地理信息平台基础上建立完整的"变电站—10 千伏线路—配变—低压线路—客户"的全电压、营销配电信息一体化的电网模型，在各级电网模型间建立统一规范的拓扑连接关系，并采取分级分析、分层显示的方式，达到全电压等级电网模型完整、数据统一、显示清晰、操作便捷的最基本要求。在系统中既可对各电压等级的电网或用户进行联合分析，向上或向下追踪，又可分电压等级、分线路、分台区、分地理区域进行分析统计，做到纵向与横向结构均可无缝衔接。

（2）绘制简洁清晰的低压线路图和制定设备图形符号标准

由于低压电网设备完全不同于中压，且直接面对客户，为更清晰显示出电压等级的不同，在进行低压 GIS 建模时必须制定出适用于低压电网且区别于中压电网的图形符号规则，对低压设备和客户建立完整的属性模型。尤其是客户属性，必须达到同时与现场实际和营销 SG186 系统中的客户属性相一致，这样才能保证在营销配电信息一体化信息建设中与营销系统的数据接口、同步维护、系统升级等。

（3）采用面向台区的模式进行管理

低压电网作为由配变向低压等级的延伸，必须以低压配变作为拓扑关系的连接点，因此在建模和管理中也应以低压配变台区为单位，采取分台区的统计和管理。这样做不仅可以使低压电网的划分更加清晰，使低压管理在分工、维护、统计计算、规划改造、跟踪服务等各方面更加规范，还可以通过以台区为单位上传、下载数据，减少系统处理数据的负担，确保不会因为海量的低压数据而影响整个系统的运行效率。对于同时涉及多个台区的工作，如区域统计、调荷、转供电、整体规划等，也可同时上传多个台区数据进行联合处理。

（4）数据维护工程的实施

低压 GIS 系统的建设最基础、最重要的工作是数据维护工程的建设，内容涵盖"变电站—10 千伏馈线—配变—低压线路—用电客户"的配电网数据的外业普查、内业数据初始化以及后续数据的变更维护工作，以确保系统数据与现场实际数据一致。由于低压电网分布密集、走向复杂，又经过多次改造与调荷，很多台区的供电范围已与最初建设时发生了极大的变化，因此需要对现场进行实地勘察、重新绘制线路设备沿布图、接线图，采集设备属性及客户资料，及时将采集的数据录入 GIS 系统，同时应建立后续线路设备、客户等资料变更的维护管理制度和流程，确保系统的增量数据得到及时更新。在数据采集时，考虑到低压电网分布的密集度和使用 GPS 测点时存在的误差，在对低压线路和设备绘图时应更多以地理图中已标绘的并实际存在的标志性地面设施作为参照物（如道路、房屋、广场、农田、河堤等）进行定位，不但可以减少 GPS 测点花费的成本和时间，在制图的准确性方面也能得到保证。

2. 营销配电信息一体化结合低压 GIS 信息平台的应用

配电设备、用户管理功能。配电网 GIS 收集、完善并有效地存储配电设备大量运行及技术管理信息和地理信息，利用数据库建立规范的设备台账，实现了配电设备和低压用户电表的综合管理，在地图上不仅可以方便查询和显示以街道为背景的所有配电设备和电表的安装分布情况；并可在不同条件下，按属性进行统计和管理，如在指定范围内对线路的统计、对用户数量的统计管理等。同时，还可通过与营销 SG186 系统的连接，实时确认图形中显示的电表对应的用户资料及电表详细信息，提高了电网设备和低压用户管理的效率。

与线损自动生成系统、智能表采集系统等实时监控、采集系统接口。线损自动生成系统可以实时监控箱变（变台）变压器的电压、电流、功率因数、负载率、电量等参数，分布在低压电网各监测点的电压检测仪则可在线收集低压电网各位置的电压质量、线路运行状态等信息。将实时监控、采集系统数据库与 GIS 数据库之间建立映射关系，相互交换数据。这样，实时数据如馈线电流、电压、三相不平衡率、变压器负荷、总开关的分合状态等成了 GIS 数据库中相应元件的属性，并定时刷新，使 GIS 具有了实时性。例如，某个箱变因故停电，在 GIS 屏幕上不但可以使该公变颜色改变，而且由该公变供电的低压线路及用户可以同时变化颜色或闪烁，以提醒运行人员及时维护。

线路巡检与缺陷管理。可以利用 GIS 将配电网信息综合到数字化地理图上,利用它进行线路巡查,可为运行人员巡检线路提供路线和杆塔周围的环境资料,甚至可以进行 GPS 导航。对巡检中发现的缺陷进行定位,巡检完毕后直接上传系统,生成《缺陷处理单》。

辅助工程设计功能。能在屏幕上显示各类图形,如地理环境图、电网系统图、街区地理图、不同电压等级的供电线路图、中低压重要用户的供电图及城市管线位置图等。利用图纸资料的不同分层,参照配网总体规划,进行初步设计、施工设计(业扩设计、线路改造设计等)。系统根据 GIS 路径追踪模型、负荷平衡模型、道路布线限制、道路跨越限制和分区规划等信息,进行复杂的综合处理。

停电、故障抢修管理。与"95598"系统和配电管理系统结合,通过获取相关的实时信息,结合故障投诉电话及停电事故进行故障的诊断和定位;通过获取配电管理系统历史数据,对停电(计划、故障、拉限电等)事件进行统计分析,提出对策。按照用户保障电话确定用户地址和故障用户分布情况,调出故障用户所在的配电网络图,显示变压器到该用户的配电线路走向,提出最佳处理方案,并通过 GPS 手持机引导事故抢修人员快速到达事故现场。

在业扩报装管理中的应用。当用户来报装时,工作人员可以根据其所在具体地理位置来查询其周围的线路负荷,为用户选择合理的供电线路和接线方式;方案制订中,可以查询到线路的走向,为用户选择最优路线,减少用户成本,根据配网接线情况,考虑负荷平衡分布的问题;当用户做变更业务时,可以查询到用户的地理位置信息,确定用户变更业务是否可行,并提供参考方案。

在计量管理中的应用。做出计量重点用户分布图,使用户分布情况直观地显示出来,做到重点用户重点管理。合理规划安排电表定换和轮换、周期检查计划和路线,提高工作效率。

(四)营销配一体化系统方案总体设计

1. 表单信息化管理模式与流程

配网生产系统发起工单,表单信息化管理平台自动接收工单。

管理平台将工单分解成一个或多个作业任务。

作业任务对应的作业表单由系统自动绑定,作业任务和作业表单下到现场作业人员(PDA、平板电脑)。

现场作业人员借助移动终端开展现场作业,填写作业表单。作业数据以有线或无线的方式提交到管理平台。

管理人员能够实时查看到现场作业情况,如:正在作业、已经完成的作业等。

2. 巡检管理

(1)缺陷管理

PDA 下载的缺陷体系库应与后台保持一致。系统应提供增量更新缺陷库和全量更新缺陷库的功能。对于采用离线式PDA进行消缺作业，施工单位的消缺人员接收消缺任务后，用PDA下载消缺数据，到现场消缺。消缺人员通过PDA获取消缺任务及缺陷信息后，依照工作票和操作票指引进行现场消缺，消缺完毕后将相关过程信息录入PDA。新增缺陷记录：实现通过PDA增加缺陷，并且缺陷库应该分类，现场工作人员操作简单。实现通过PDA记录设备缺陷，增加缺陷以后设备应该有明显标志。实现PDA现场缺陷拍照功能，并将照片作为附件上传后台，以便查看消缺前和消缺后的设备状态。

（2）故障管理

系统实现按照管理区域的保障工单主动接收和手动下载功能，对自动接收的保障进行明显的界面提示和声音提示。

保障工单管理功能：实现保障工单的签收、退回功能，实现保障工单的关联抢修，查看关联的抢修工单功能，实现根据保障工单创建抢修工单的功能。

抢修工单管理功能：系统实现按照管理区域的抢修工单主动接收和手动下载功能，对自动接收的保障进行明显的界面提示和声音提示，实现抢修工单的编辑功能，实现抢修工单现场拍照并上传的功能。

（3）欠费停机复电管理

主要是根据欠费工单进行欠费清缴、停复电管理。即：

系统提供按照人员或者班组的管理区域下载欠费工单。

实现欠费工单的查询查看功能，并且提供欠费工单编辑状态的查看功能。

实现现场工作人员编辑欠费工单信息功能。业务规则是由急修班分配欠费缴清复电任务给抄表班；晚上值班人员负责欠费缴清复电。不属于区局急修班的欠费工单时，可转发给营业部。

3. 作业表单现场处理

（1）作业管理

现场作业人员通过移动终端从管理平台接收作业任务，签收的作业任务按照类型进行分类放置，便于查找。导入作业任务后，可以在终端上查看作业任务内容和作业表单。作业完成后，移动终端向管理平台提交作业数据，并把此次作业任务设置为已完成状态。

（2）作业现场管理

现场作业人员执行作业的时候，在移动终端上进行表单填写操作。表单根据操作流程步骤分成多页，只有完成当前操作才能转入下一步操作。表单填写时，如果需要照片存档，作业人员必须拍照，照片直接与表单绑定。作业人员可以即时浏览照片，删除照片，进行重拍。为了减少现场人员文字录入，表单填写尽量以触摸的方式进行触选。移动设备上可以查看一段时间内填写的作业表单及其内容。为了防止作业人员在事后补录作业表单，在管理平台应记录移动终端表单填写时间和填写时所处的地理位置（坐标）。配网巡视时，作业人员发现设备缺陷或者隐患时直接在界面上选择设备，并从标准缺陷库、隐患库中选择相应的表象进行登记。

（3）地图导航

为了便于现场作业人员到达现场，移动终端在电子地图上显示当前地理位置，为现场作业人员提供导航。同时管理平台获取所有移动终端地理位置，显示在管理平台电子地图上，以方便作业人员开展现场工作。

（4）规程、制度查询

手持移动终端接收管理平台派发的安全生产规程、制度和风险资料库。现场工作人员可以查阅到所需管理制度、规程、作业标准化规范等基本资料。

4.抄表管理

抄表管理功能是系统的一个核心功能，对于用户来讲，抄表是电量、电费相关信息的基础，没有抄表业务的开展，无法实现后续的所有操作，一般来讲，抄表的方式有以下两种：

（1）传统的抄表方式

传统的抄表方式主要是利用人工的方式对辖区内的用电用户进行走访，对每户的电表度数进行查看、记录，并且向指定的工作人员进行汇总，最终将汇总的数据录入计算机系统，用于后续的费用统计等操作。

（2）自动抄表方式

自动抄表方式主要是利用物联网等技术对每户的电表进行实时监测，自动读取电表度数，以实现更加实时、精确的电表抄表。

5.电费管理

电费管理功能是系统的核心功能，它在设计上主要是针对电价、电量以及电费核算等核心业务进行编码实现，除了基本的数据库操作外，它还包括电费核算等相关操作。

6.缴费管理

缴费管理功能是系统的一个核心功能，是供电营销信息系统的一个主要业务功能，负责对销售的电力进行费用收缴，为此，该部分的功能也成了一个直接面向用户的功能模块。

第三节　数据挖掘技术的应用

数据挖掘实质上就是对庞大的数据进行逐个研究分析，并且以读懂其规律为目的的技术。在电力企业中，研究大数据有助于行业业务的分析，将所获取的数据经过严密的加工之后，通过存留的有效数据可以获得掌控企业业务的权利和优势。对电力企业来说，收集数据并不是行业的最终目的，而是挖掘到有价值的数据，大数据能够很好地深化企业应用，并在提升应用层次、强化集团企业管控能力方面有显著的效果。

一、聚类技术在电力营销系统中的应用

聚类技术在电力营销系统中的应用主要体现在对不良数据进行修正、对负荷进行预测、对变压器故障进行判别、对电力用户进行分类、对用户信用进行评价等。对不良数据进行分析主要是建立在传统的聚类算法基础之上，对聚类过程中所应用到的基本参数进行分析，并对其中的相关负荷特征曲线进行提取，对不良数据进行修正。对用户的用电数据通过选取最佳的角力方法，得出具有代表性的负荷曲线，使电力企业能够对用户的用电模式有所了解，并制定出相应购电合同，从而增加电力企业的经济效益。电力企业一般根据用户所提出的不同需求，采用聚类分析的方式，将用户分成不同的组别，并根据分组结果对不同组别之间存在的差异进行分析，并针对分析结果制定出不同的营销策略，在很大程度上促进了电力企业经济效益的提高。对用户信用进行评价主要是通过建立基于聚类分析算法的用户信用评价算法，对不同的用户组别制定不同的量化依据，从而实现对用户信用等级评定。

（一）聚类分析概述

1. 聚类分析的含义

聚类分析是指研究多要素事物分类问题的数量方法。其基本原理是根据样本自身的属性，用数学的方法按照某些相似性或差异性指标定量地确定样本之间的亲疏关系，并按这种亲疏关系的程度对样本进行聚类。

聚类与分类有很大的不同，聚类要求划分的类是未知的，它将数据分类到不同的类，所以同一类的对象有很大相似性，不同类型的对象有很大不同。聚类分析是一种数值的分类方法，在进行聚类分析前要先建立一个事物属性的指标体系或变量组合其中每个指标必须能够描述事物属性的特征，所有指标构成一个完整的指标体系并相互配合。

2. 聚类分析的特征

它适用于没有经验知识的分类利用聚类分析算法可以设置完善的分析变量得到科学合理的类别。

它可以处理由多个指标决定的分类。

它是一种探索性的分析方法。能够分析事物的内在属性和规律，并对相似的事物进行分组，在数据挖掘中得到了有效利用。

（二）聚类分析在电力营销中的运用

根据我国电力企业的实际运营状况对电力企业的数据资源进行全方位的分析从而建立一套完整的电力营销管理信息系统。电力营销相关数据经过该系统的处理，呈现出连续性、动态性和立体性的特征，电力企业的管理人员能够从这些数据中找出直观的有价值的信息。通过对信息数据进行分析能够发现，电力营销的规律为电力客户提供更优质的服务。

数据挖掘在电力营销中能够发挥巨大的作用包括对客户的识别、分析电力销售和营销

业务、对市场需求进行分析管理、对重点客户进行识别和分析等。利用聚类分析算法建立的挖掘数据库的主要作用是收集客户信息，对数据库中的客户情况、售电状况、市场需求、客户关系进行分析，能够为电力企业的决策层、管理层和营销业务领导提供电力客户特别是重要客户的需求和用电动态，促使电力企业管理理念和思路的转变，由事后处理转变为事前控制，促进企业科学管理能力的提高。

1. 数据来源

电力营销管理信息系统的主要数据来源是电力营销系统和供电系统中收集的数据、监控系统、外部数据库中的数据。对这些数据实施导入、抽取和过滤操作之后进行合并处理。

2. 数据过滤

其主要功能是对所有数据过滤，筛选出有用数据，首先要确定满足系统要求的最小数据集将残缺的、有噪点的、有污点的数据过滤掉并将所需要内容展现出来。在此过程中要考虑时间、分类指标和原始数据等内容。

3. 模型设计

模型是在聚类分析算法基础上建立起来的与实际对象基本吻合的对象。模型在一定假设下要求能够准确描述原型。在电力营销管理信息系统当中建立模型的功能是根据定性或定量标准分析和处理原始数据将分析结果转化为直观的信息。

4. 电力销售分析

电力销售分析是从时间、地点等多个角度，从宏观上分析电力销售和电费收缴情况，观察各项指标的变化，有助于营销决策人员把握电力业务的整体情况及时发现营销过程中的问题为具体策略的制定提供科学的依据。电力销售分析模块的主要功能为以下几点：

评估销售状况对目前销售的整体情况进行分析，这是一个综合性的整体工作包括对电量的总销售量、销售总收入、平均电价、电费及电量的增长率、重点行业的电量销售等。

分析销售结构从各个角度对总销售情况的结构进行综合分析。

分析销售构成变化将目前的电量总销售量与前期进行对比分析市场的变化趋势。

分析销售区段依据总电量、平均电价、应收金额，对具体的数据进行划分对具体区段的客户进行分析。

二、空间挖掘技术在电力营销系统中的应用

在很大程度上，电力营销人员反应的快慢、判断的准确度、决策的科学性对电力企业的长远发展有着至关重要的作用。将电力运行系统中的相关数据、负荷分布位置的具体数据以及实时发生变化的相关数据等信息融合为一体，通过空间挖掘技术，对信息进行一定处理，保证电力营销系统实现设备跟踪、模拟停电、故障判定、损失评估等功能。同时还可以利用空间分布规则、特征规则、聚类规则、区分规则等，得到不同类别或是相同类别的负荷分布情况。除此之外，空间挖掘技术还能广泛地应用于负荷管理、抄表收费等服

务项目，并能根据线路或变压器的实际负荷情况，根据用电客户的实际地理位置等制定出针对性强的负荷控制措施，从而实现负荷的合理应用，对高峰、低谷时期的负荷情况采取错峰、填谷、调峰等方式实施管理。

（一）空间数据挖掘基础

空间数据是指同占有一定空间的对象相关联的数据。空间对象由空间数据类型及其空间关系所定义。空间数据库中存储的海量数据包括对象的空间拓扑特征、非空间属性特征以及对象在时间上的状态变化。海量的空间数据为空间分析、空间数据挖掘和知识发现带来了机遇和挑战。

1. 空间数据的特性

由于空间属性的存在，空间个体不仅具有了空间位置和距离的概念，而且还包含了邻近个体之间的相邻、相连、包含、共生等更为复杂的空间关系。空间数据具有如下复杂性特征：海量的数据、空间属性之间的非线性关系、空间信息的模糊性、空间的高维数性、空间数据的不完整性等。因此，空间数据的复杂性特征已成为空间数据挖掘和知识发现研究中首要解决的任务。

2. 空间数据挖掘的体系结构

空间数据挖掘技术可用于理解空间数据、发现空间与非空间数据间的关系、构建空间知识库、优化查询、重组空间数据库和获取简明的总体特征等。空间数据挖掘的体系结构大致可以划分为三层结构，如图 6-4 所示。用户界面层主要用于输入 / 输出接口，挖掘器层用来对数据进行处理、选择挖掘算法以及存储挖掘到的知识，数据源层主要是空间数据（仓）库以及其他相关的数据和知识库，是空间数据挖掘的原始数据。

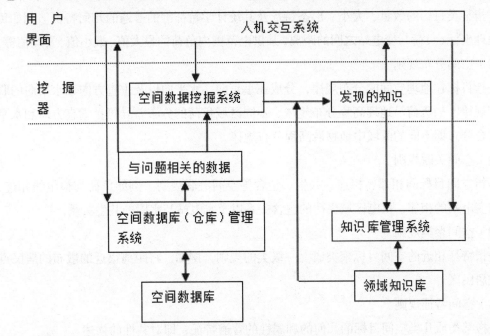

图 6-4　空间数据挖掘的体系结构

3. 空间数据挖掘的方法和管理

决策支持技术等发展到一定阶段、多学科交叉的新兴边缘学科，汇集了来自机器学习、模式识别、数据库、统计学、人工智能以及管理信息系统等各学科的成果。根据不同的理论，提出了不同的空间数据挖掘方法，如统计方法、证据理论、归纳规则、关联规则、聚类分析、空间分析、模糊集、云理论、粗集、神经网络、决策树及基于超图理论和基于信息熵的空间数据挖掘技术等，详见文献空间数据挖掘是计算机技术、数据库应用技术和管理决策支持技术等发展到一定阶段、多学科交叉的新兴边缘学科，汇集了来自机器学习、模式识别、数据库、统计学、人工智能以及管理信息系统等各学科的成果。根据不同的理论，提出了不同的空间数据挖掘方法，如统计方法、证据理论、归纳规则、关联规则、聚类分析、空间分析、模糊集、云理论、粗集、神经网络、决策树及基于超图理论和基于信息熵的空间数据挖掘技术等，详见文献。

（二）空间数据挖掘在电力系统中的应用

数字化电力系统的发展，以及管理信息系统、调度自动化系统、地理信息系统、配电自动化系统等在电力系统中的应用，使得电力系统数据库中空间数据的数量急剧增长。"数据丰富，但信息贫乏"。如何有效地对这些海量的空间数据进行存储、提取、归纳、应用，空间数据挖掘技术提供了一个新的手段。

1. 从空间数据库可发现的主要知识类型

空间数据库中存储的海量数据包括对象的空间拓扑特征、非空间属性特征以及对象在时间上的状态变化。空间数据库中可以发现的主要知识类型有：

（1）普遍的几何知识

是指某类目标的数量、大小、形态特征及其统计学特征等的普遍的几何特征。例如负荷的地理坐标、负荷与变电站之间的距离，某供电范围内负荷的最大值、最小值、平均值等。

（2）空间分布规则

是指目标在地理空间的分布规律，分成在垂直向、水平向以及垂直方向和水平向的联合分布规律。如负荷沿地理高程分布规律，不同区域负荷的分布差异等；垂直方向和水平向的联合分布即不同的区域中地物沿高程分布规律。

（3）空间关联规则

是指空间目标间相邻、相连、共生、包含等空间关联规则。例如负荷与输电线相连，道路与变电站的相邻、供电区域负荷的包含关系以及水电站与水库的共生关系。

（4）空间聚类规则

是指特征相近的空间目标聚类成上一级类的规则，例如，将距离很近的散布的居民点聚类成居民区。

（5）空间特征规则

是指某类或几类空间目标的几何的和属性的普遍特征，即对共性的描述。

（6）空间区分规则

指两类或多类目标间几何的或属性的不同特征，即可以区分不同类目标的特征。

（7）空间演变规则

是指空间目标依时间的变化规则，即哪些地区易变，哪些地区不易变，哪些目标易变及怎么变，哪些目标固定不变。例如城市用地的性质随着城市的发展可能会发生变化，原来的发展用地可能会变成经济开发区、商业用地等。

2.电力系统运行与管理中的空间数据挖掘

对电力系统而言，很多情况下都需要决策运行人员快速地分析、诊断、做出及时的正确反应。特别是在电力市场条件下，重要决策的正确与否对电力企业的发展具有不可估量的意义。将现实工作中的电网运行数据、负荷位置分布数据和实时变化数据等多目标多层次的信息（包含图形）合为一体，利用特殊的空间技术将其综合处理，可以实现如设备跟踪、故障定位、模拟停电、损失评价及最优调度等高级功能。根据空间数据库中挖掘到的知识，空间数据挖掘在电力系统中可以有以下几方面的应用：

（1）空间负荷预测

负荷发展和变化的情况比较复杂，用传统的负荷预测方法得到的结果，在负荷的大小和地理分布上都存在着较大的偏差。空间负荷预测理论就是在未来电力部门的供电范围内，根据规划城市的电网电压水平不同将城市用地按照一定的原则划分为相应大小的规则的（网格）或不规则的小区，通过分析、预测规划年城市小区土地利用的特征和发展规律，来进一步预测相应小区中电力用户和负荷分布的位置、数量和产生的时间。其中分析、预测规划年城市小区土地利用的特征和发展规律就要用到相当多的空间数据，如利用普遍的几何知识、空间演变规则就可以得到小区的地理位置、土壤性质、地质情况、防洪信息、交通情况等；利用空间分布规则、空间聚类规则、空间特征规则、空间区分规则就可以得到同类及不同类负荷的分布。

（2）电源选址

发电厂或变电所选址是电力系统规划工作中的一个重要环节，在电网规划中起承上启下的作用。它是在负荷预测的基础上进行的，其结果又直接影响着未来电力系统的网络结构、供电质量和运行经济性。空间挖掘技术利用其普遍的几何知识、空间分布规则、空间关联规则、空间演变规则等可以方便地得到选址工作涉及的负荷分布、现有电网状况、线路走廊、所址地形地质、防洪、防污、与城乡建设发展规划相一致等诸多因素，为电源选址提供了良好的数据环境。

（3）线路勘探定位和网架优化

电网是联系电源和用户的枢纽，线路走径的勘探和定位是电网建设的前提。线路的走径与变电站选址相似之处，也涉及负荷分布、地形地质、防洪、防污、与城乡建设发展规划相一致等诸多因素（可以利用空间数据挖掘出的普遍的几何知识、空间分布规则、空间关联规则、空间演变规则等得到）；网架优化涉及馈线段建设时间、建设地点和线径等的最优选择，以满足负荷增长的需求，同时服从馈线容量、电压降落、网络结构、可靠性等约束。因此同样是一个规模庞大、涉及许多空间信息的组合优化问题。

（4）设备跟踪和故障定位

设备跟踪和故障定位是管理系统的重要组成部分，在数据库中对电力线路、线路设备、开关、变电站等图形对象的相互关系进行描述，生成各图元间的拓扑关系。当线路中某一点发生异常（异常数据来源于 SCADA）时，利用空间数据挖掘到的普遍的几何知识、空间关联规则，系统可以根据图元间的拓扑关系进行跟踪搜寻和故障定位，并且分析故障停电的范围，排除可能的故障点顺序。根据维修队伍的当前位置，给出到达故障地点的最佳调度路径，迅速、准确地找到并隔离故障点，恢复供电。

（5）业务营运和负荷侧管理

在用电管理系统中可以使用 AM/FM/GIS（自动绘图 / 设备管理 / 地理信息系统），利用空间数据挖掘到的普遍的几何知识（如地理编码）按街道门牌编号为序，对大中小用户进行业扩报装、查表收费、负荷管理等业务营运工作；还可以根据变压器、线路的实际负荷以及用户的地理位置和负荷可控情况，制订各种负荷控制方案，实现对负荷调峰、错峰和填谷等负荷侧管理的任务。

三、智能化技术在抄表核算收费中的应用

智能化技术在抄表核算收费中的应用，可以有效地转变传统的抄表核算收费的方式，并减少误差，并且能够推动电力企业抄表核算收费的质量，提升电力服务的质量。

（一）电力企业抄表核算的概述

电力抄表核算工作是指负责抄表的工作人员使用多种抄表方式，对所有计费电能表进行抄录，从而了解用户用电量情况。在我国电力营销系统中，抄表是一项十分重要的工作。抄录电量是用于核算供电部门经济指标（例如供电成本和线损率）、不同行业用电量统计的直接依据，同时也是进行市场分析预测、计算各户单位产品电耗的重要数据资料。

此外，抄表工作质量低会对电力企业电费的准确核算和回收上缴产生直接的影响，给电力企业的经济和社会效益带来负面影响。抄表区段是电力营销系统中的重要信息，主要用于管理电力客户抄表工作。可以查询抄表区段的信息，比如区段内或区段间的调整、抄表人员的调整；可以用来对抄表区段号进行增加或删除；如果有需要，也可以依据客户的类型、抄表周期、抄表号、次数、审核员和抄表员等，对客户的抄表信息进行查询；还可以根据实际情况对抄表区段的信息（比如抄表信息、抄表序号和抄表区段之间的信息）进行修改。

（二）智能化技术在电力企业抄表核算中应用的必要性

当前，电力企业对于抄表核算的效率和质量需求不断增加，用以实现电力企业的集约化建设，将智能化抄表技术应用其中将能够更好地实现电力企业的专业化、自动化的建设，

从而使得电力企业的工作效率得到大幅的提升。将智能化抄表技术应用电力企业抄表业务的建设中也能够使得电力企业对于抄表的监管得到大幅的加强，并能够有效地解决电力企业人工管理业务分散的难题，从而使得电力企业的系统集成性大为加强。

在以往电力企业抄表业务主要是通过人工操作来实现的，而这一传统的模式极大地限制了电力企业抄表的信息化建设，在电力企业的整个抄表流程中需要大量的人力来进行电力数据的采集、统计、分析，在这一过程中所涉及的环节和流程过大，在降低电力企业抄表业务工作效率的同时也极大地加强了抄表核算的风险，这些问题的存在将会为后期的电力营销和电力核算带来极大的影响，且这一过程中所涉及的众多环节还将带来标准不一的问题，将不利于电力企业的电费核算和电费的收取，从而影响到电力企业的经济效益，在传统的抄表模式下电力企业抄表业务中所存在的风险也无法进行有效的监控，无法系统性地对电力企业、用户所存的风险进行良好的检测，这些因素的存在都不利于电力企业的长远发展。而将智能化抄表技术应用于电力企业的抄表管理中将能够有效地提升电力企业对于抄表的监控和风险管控，帮助企业建立起高效、安全的业务体系，增强电力企业的经济效益。

（三）智能化技术在电力企业抄表核算的具体应用

1. 数据采集和传递

为了完成对电力企业抄表核算收费的智能化。需要采用智能电表的安装，借由智能电表取代传统电表。并借由智能电表的数据采集系统对用户的电力情况进行采集，并生成用电记录，用户能够根据智能电表提供的相关数据，完成对电费的预估，维护电力企业和用户双方的利益不受影响。

2. 智能化远程监控

智能电表具有电力流量监测系统，完成对电力用户用电设备的监控，为电力客户的用电设备管理提供基础条件，进而有效避免电力客户的电力浪费情况。借由监控系统能够完成远距离抄表工作，进而有效减少传统手工抄表的流程，在降低成本的同时，可以提高抄核收的效率。

3. 智能化核算业务

借由智能电表采集的用户电力信息，并传递到数据中心，通过数据中心可以自动完成对数据的核算和计费工作。数据中心具备预先设定程序，预先完成对电力用户数据分类，根据用户的电量类型，完成对用户的分类，并按照用户的计费标准，完成对用户电量的分析。智能化地对用户的电费进行计算。这一核算过程中，基本可以摒弃人工计算的方式，极大地提高了抄核收工作的质量，提升了工作效率，简化了抄核收计算的流程，减少了核算过程的差错。

4. 智能化数据审查

智能终端采集的数据可靠上传后，数据中心能够根据数据的基本情况完成对数据的审核工作，如果发现异常数据能够完成对数据的处理和调整，保障数据的真实性和准确性，并有效地完成对智能化核算的监督任务，提升抄核收的质量，提升电力用户的满意度。

5. 收费智能化应用

收费智能化的应用下，用户只需要对远程数据进行远程采集和整理，利用智能管理系统，将数据上传到计算机系统进行核算，就可以得出数据结果，计算好了的结果要发至电力系统终端进行核算，最后，为了及时通知到用户进行缴费，可以采用在线交流或者短信通知的方式联系到电力用户，这样不仅为电力企业节省了很多时间，以及大量的人力物力，并提高了抄表核算的工作效率。

6. 智能化报警系统

智能化报警系统主要是建立在智能化数据分析的基础上，而且智能化报警系统切实地应用到整个电力企业抄表核算收费中，如果报警系统发现问题，能够及时地对问题进行报警，促使相关工作人员能够得到相关参数。其中报警系统的功能主要体现在对用户电量进行设置，如果超出设置标准，借由物联网将相关信息发送到工作人员的移动终端，促使相关工作人员完成应对工作。

7. 智能化电费账本保存

智能抄核收的有效应用，在完成对电力用户电费核算的基础上，能根据电力企业的基本管理方针和策略，完成对电力用户电力信息的存储，由数据库对这些信息进行分门别类，进而使得一旦需要对这些数据信息进行应用，相关工作人员能够直接对这些信息进行调用。

（四）智能化技术在电力企业抄表核算的应用效果

1. 提升抄表核算工作质量

智能化电力抄表收费业务是通过电脑技术进行的，沾染网络病毒不可避免，对此，首先要增强档案层防火墙强度。从信息源头控制数据真实性，保证数据操作的质量；其次要加强示数层防火墙强度。示数层显示的为初抄审核信息和数据核抄信息两方面的内容，保证该层防火墙牢固程度就保证了数据的精准性；最后要把握电量电费防火墙的安全。电量电费防火墙是电力公司经营统筹的关键，可以保证计算准确，保证电力公司的经济利益，只有保证电量防火墙的安全才能保证核算安全，保证抄表核算工作质量。

2. 强化电力营销的管控能力

智能化的电力抄表收费系统可以对抄表核算中的各个环节进行实际监测和预警，以保障电力抄表收费的精准和规范。此外，在该系统中，每个环节的运行均会在监控中心的平台上显示，一旦出现异常信息，业务人员就会及时发现，进而实现业务运行的真实性和完整性。

3. 提高业务复核的准确性

智能化技术的应用必然会减少人工消耗，降低人工抄表在工作过程中可能会发生的错误率。在智能电力抄表收费工程中，工作管理人员可以通过调查电力运行状况档案，或者根据电力系统自动化运行异常报警等其他功能对电力系统运行中的缺陷进行监管和控制。同时，该系统中不同模块之间可以对业务进行复核，一旦发现复核不符的情况，管理人员就可以进行直接控制，这样就会提高复核的准确程度。

四、用于电力数据的预测大数据技术

在电力企业中的应用不仅仅是对现有数据信息的处理与分析，更重要的是能够针对用户侧的历史信息和实时信息进行必要的对比分析，从而对电力信息变化进行精准预测 [4]。这也需要电力企业的管理者能够转变思维方式，并对内部组织构架进行必要的调整，真正以用户的需求为导向，收集全面的用户侧信息，联动区域内部其他电力企业共同建成信息集成平台，满足用户对于用电的需求。

五、挖掘技术在智能电网的应用

智能电网是一个自动化和智能化的电力传输网络，可以监控电力网络每一个节点的信息变化，同时也能够实现电力企业和用电户的双向信息沟通，建成一个可靠、安全、经济、环境友好的电力网络。事实上，智能电网本身就是基于大数据技术而发展的。大数据技术能够给智能电网提供有效的数据处理方法，完成数据信息的自动采集、测量、监控、保护等工作，实现对于电力网络的在线决策、协同互动等各类功能。

（一）智能电网与大数据

智能电网是电力工业发展的方向和趋势。智能电网是以物理电网为基础，将现代先进的传感测量技术、通信技术、信息技术、计算机技术和控制技术与物理电网高度集成而形成的新型电网。它涵盖发电、输电、变电、配电、用电和调度等各个环节，对电力市场中各利益方的需求和功能进行协调，在保证系统各部分高效运行、降低运营成本和环境影响的同时，提高系统的可靠性、自愈性和稳定性。智能电网是建立在集成的、高速双向通信网络的基础上，通过先进的传感和测量技术、先进的设备制造技术、先进的控制方法以及先进的决策支持技术的应用，实现电网可靠、安全、经济、高效、环境友好和使用安全的目标。一般认为，智能电网的特征主要包括坚强、自愈、兼容、经济、集成和优化。智能电网的"智能"表现为高度的"可观测"和"可控制"，观测和控制的基础在于获得反映系统运行状态的信息和数据，并对信息和数据进行快速地分析、处理、判断、预测。智能电网的最终目的是为用户（包括发电侧用户和用电侧用户）提供更好的服务，满足用户多样性的需求。而且，随着信息通信技术的发展，智能电网将与互联网、物联网、智能移动终端等相互融合，更大范围地满足用户的需求。大数据早期主要应用于商业、金融等领域，之后逐渐扩展到交通、医疗、能源等领域。智能电网被看作是大数据最重要的应用领域之一。

随着智能电网的快速发展，智能电表的大规模部署和传感、量测技术的广泛应用，电力工业产生了大量结构多样、来源复杂的数据。如何利用这些数据为电网的发展和运行控制提供科学的决策，是智能电网发展的迫切需求，也是实现智能电网坚强、自愈、兼容、经济、集成、优化特征的必由之路。可以说，大数据是实现智能电网"智能化"的重要工具。

（二）大数据技术在智能电网中的应用领域

1. 负荷波动及新能源出力预测

负荷预测作为电网电量管理系统的重要组成部分，其预测误差的大小直接影响电网运行的安全性及可靠性，较大的预测误差会给电网运行带来较高的风险。现阶段负荷预测主要是通过负荷历史数据，利用相似日或者其他算法预测负荷的大小，短期预测精度较高，中长期精度较差。随着电网采集数据范围增加，利用大数据技术可以将气象信息、用户作息规律、宏观经济指标等不同种类的数据，通过抽象的量化指标表征与负荷之间的关系，实现对负荷变化趋势更为精确的感知，提高预测精度。

分布式发电的不断接入，特别是新能源渗透率的不断增加，打破了原来电网运行管理的模式，不但需要考虑负荷侧的波动，还要考虑新能源出力的间歇性。在我国，新能源接入主要受制于两个因素：新能源大多分布在电网末端远离负荷中心，网架结构较为脆弱，从而造成电网接纳能力较弱；新能源预测误差较大，目前风电出力预测日前和实时的误差分别为20%、5%左右，这样就会给电网调度带来较大的挑战。由于新能源较大的预测误差，往往需要在大型新能源基地周边建立配套的大型常规能源作为旋转备用，以弥补新能源预测精度方面的不足。作为备用的常规电源，由于担负着较重的旋转备用，长期不能工作在最佳运行点，将造成其发电效率低以及能源的浪费。

2. 网架发展规划

电网已经从传统电网发展到智能电网，随之将会成为能源互联网的一部分，从而使得电网与整个能源网联系得更为紧密。电转气技术的提出，为新能源接入提供了新的思路，试图将不易存储的电能转化为便于存储的天然气，但由于转化效率较低，尚属于技术论证阶段。冷热气三联技术实现了能源的阶梯利用，能源利用效率高、环境污染小、经济效益好。电动汽车的兴起将会显著提高能源末端电力消费的占比，充换电站将会像加油站一样分布在城市的每个角落。传统的电网规划数据来源渠道不足，数据分析挖掘能力欠缺，因此造成规划过程中面临着众多不确定性因素的现象，特别是现在新技术不断涌现，能源结构不断发生变革，使得传统的电网规划方法往往与实际需求差别较大。电网规划的过程中，需要利用大数据技术综合考虑多种因素，如分布式能源的接入、电动汽车的增长趋势、电力市场环境下为用户提供个性化用电服务等，多类型、海量数据的引入，可以有效减少电网规划过程中的不确定性，使得整个规划的过程更加合理、有序。

3. 源网荷协同调度

利用大数据技术可以有效降低新能源预测误差，但这对于新能源出力固有的波动性，传统的调度方法通过增加系统的旋转备用来解决。在电力市场不断完善的背景下，可以不通过调节常规电源的出力，而是利用市场手段，使得一部分用户主动削减或者增加一部分负荷去平衡发电侧出力的变化，即通过需求侧管理实现系统电量平衡。若要达到网源荷协调优化调度需要大量辅助信息，如新能源出力波动大小、电网线路输送能力、负荷削减电量的范围、实时电价等，其中每个因素又受很多条件的影响，因此是一个非常复杂的电力交易过程，此时必须利用大数据技术发掘数据内部之间的联系，从而制订出最佳调度方案。智能电网和传统电网最大的区别在于源网和三者之间信息流动的双向性，三者之间信息在一个框架内可以顺畅地进行交互，极大地提升电网运行的经济性、可靠性。

六、大数据技术在电力企业的应用实例

（一）IBM大数据技术在新能源接入中的使用

在电力生产的全过程中，电力企业伴随着很多新能源的接入，这也使得电力企业的管理和计量变得更加困难。而IBM大数据技术能够收集并分析潮汐相位、地理空间、卫星图像等多方面的信息，在风电企业中具有非常广泛的应用空间。在风电企业中，IBM大数据技术可以应对风电场的微观选址，并精准捕捉风资源利用最大化问题，从气象灾害风险、风机经济效益评估、风资源精细化管理等方面来建立一套基于天气情况的风电运作模型。在使用了IBM大数据技术以后，就能够针对区域风资源的情况和风资源季节变化来进行综合分析，有效避免了通过单点分析风资源而存在的各类不足。

（二）大数据技术在风电机组安全评估中的应用

在整个电网系统中，风电机组的运行环境一般都比较恶劣，会直接受到雷雨、冰雪等自然环境的影响，同时也会因为部件疲劳磨损而出现性能下降。在传统管理体系中，电网工作人员很难明确风电机组的运行情况，无法作出全面的安全评估。但是在使用大数据技术以后，就可以利用大数据挖掘技术等可行的手段，对风电机组在运行中的状态变化进行分析，并探讨潜在风险情况。在实际操作中，大数据分析通过结合单个设备的历史数据信息和实时运行情况来进行对比，并结合系统预设的信息参数来综合评估设备情况，能够让管理人员及时地掌握风电机组的性能情况。

（三）大数据技术在电网事故预警中的应用

目前我国电网系统变得越来越复杂，很容易因为外界因素而产生一些安全事故。就当前已经发展的那些电网事故来说，最开始基本上都起源于电网系统中的某个元件故障。这在停电事件中非常常见，即少量元件出现故障以后扩大到电网的脆弱区域，从而导致停电的发生。而大数据技术能够对电网数据信息进行统一的分析和管理，并使用相关技术手段来识别可能出现的安全隐患，加强对于电网脆弱区域的监控与数据分析，增强电网系统的可靠性，并在发现隐患的时候及时地发出预警信息。

第七章　新形势下电力系统的考核管理

第一节　客服人员考核管理

一、电力营销中的电力客服系统分析

在电力企业之中，营销关系着企业的经营与发展。营销活动的主要目的就是根据客户的实际需求，给予客户更加安全、可靠的供电服务，进而满足电力市场的供电需求。在以往的电力服务之中，都是通过人工查表的方式来查询客户的用电量，进而完成电力资源费用的计算，这种人工查表的方式工作效率较低，同时在工作开展过程中还会遇到一些问题。随着信息技术在电力系统中的应用，人工查表这种方式已经被改变，为电力企业的营销工作构建电力客服系统，可以显著提升电力服务的服务质量与工作效率。在电力客服系统的基础之上，可以让电力营销效果显著提升，这对电力企业的发展有着积极的影响。

（一）电力营销系统的特点

随着信息技术、计算机技术、网络技术等科技在各行各业中的广泛应用，生产、生活都发生了巨大的转变，人们的生活与工作都越来越离不开电子产品，这也大大提升了对电量的需求。为了更好地满足国民对电力资源的需求，提高电力服务质量，电力企业必须关注电力营销，电力营销活动的开展效果对电力企业的发展至关重要。由于我国的电力企业以国有企业为主，所以电力企业在营销活动之中，往往缺乏较强的服务意识，没有形成良好的服务理念，这就不能为用户提供令人满意的服务，进而不利于企业发展。随着电力行业的改革，电力营销已经逐渐开始完善，引入信息技术为电力服务构建相应的电力营销系统，可以让用电客户得到更加优质的电力服务，这就有效推动了我国电力行业的发展。以电力营销系统为基础，开展营销活动，可以让电力市场的经济增长被带动，进而打破目前我国电力市场低迷的现状。

（二）电力营销系统的功能

在电力营销系统之中，系统需要根据客户的不同电力服务需求，通过多个子系统开展不同的任务，任务操作的专业性较强。而在电力营销系统之中，主要任务目标为电费收纳、

征收以及电费消耗结算。尽管电力营销系统的各个子系统完成的任务有所不同，但都是为了给客户提供优质的服务，通过服务质量的提升，能获取更高的客户满意度，进而为电力企业创造更高的经济利润。

另外，电力营销系统中的各个子系统都是有着相互制约、相互联系的关联的，其中，电量计费系统就是根据电力信息来完成电力资源费用的计算，而电费计算结果又是电费收纳、征收的基础。

（三）电力营销系统的构成

电力营销系统主要包括计量、结算以及客服系统，计量系统主要的工作目标就是完成对企业下级、基层单位进行用电数据的采集，在通过系统完成数据的整理与分析，根据数据分析，确保精准掌握电力用户的耗电量，同时为其提供相应的服务。因此，计量系统就是通过系统来对电费进行高效的统计与验证。

而结算系统是以计量系统的统计工作为基础，完成对相关责任电费进行结算与核实，进而完成每个客户的电费消耗结算，再通过相应的信息渠道将结算结果发送给下级单位。

最后，再由下级单位完成对电费的收纳、征收。目前，随着电力营销系统的不断完善，对电费进而收纳、征收也可以在线上完成，通过相应的手机 APP 软件，向用电客户发送电费的催缴信息，客户可以通过网络实现电费的缴纳。

电力营销系统中的客服系统，主要是为现有的用电客户提供及时的电力信息咨询服务，根据客户对电力服务的不同要求，提供相应的服务，同时可能答复客户提出的问题，在其职责范围之内，尽可能满足客户的各种电力服务要求。以 SSH 构架组成的框架式电力营销系统为例，系统为用户提供初始操作与操作信息存储，通过系统的五个层面完成相应的信息处理，分别为操作界面层、持久化层、控制层、模型层以及数据库层。这些系统层面都是建立在 Spring 框架基础之上的，另外，也为系统的操作界面层提供了视图与控制器框架，整个系统采用 B/S 架构模式。

（四）电力客服系统在电力营销中的应用

1. 为客户提供获取相关电力知识的渠道

电力客服系统涵盖了客户服务与市场业务两个领域，其在客服服务运营中的运用，有助于提升电力企业电力服务的综合水平，进而更好地满足客户的相关需求。为了让客户更方便地了解相关电力知识，电力企业的客服就要起到客户与电力企业之间的传递者作用，通过电力客服系统为客户了解相关电力知识提供有效途径。在实际工作之中，电力企业主要是通过营销的形式完成电力向客户的传输。另外，在电力服务的过程中，客户往往会向客服反映或投诉一些问题，通过电力客服系统可以完成自身协调，能够更加准确地答复客户提出的问题，进而让客户享受到更加优质的电力服务。我们可以理解为，电力客服系统显著提升了电力企业的电力服务质量，这对电力企业与客户之间的关系有着直接影响，可优化电力企业营销活动，真正意义上实现电力信息的共享，从而达到企业与客户双赢的目的。

2.提升电力企业的调度指挥能力

电力客服系统的运用，显著提升了电力企业的调度指挥能力，其通过电力客服系统自身的协调指挥作用，能让客户得到最直接、最优质的电力体验。客服系统根据客户的诉求与问题，对内部资源加以协调，即可为客户给出科学合理的解决方案，进而让客户获取最优质的服务，最大限度地满足客户的相关需求。在电力客服系统运用在电力营销业务中的初始阶段到最后结束，其职责贯穿了整个营销过程，也体现出了电力客服系统的重要作用，这有利于促进整个电力行业的综合发展。

在电力营销管理的过程中，每个部门都有其相应的职责，而部门之间也有紧密的管理，通过电力客服系统，可以实现对部门各部门的协调，进而始终坚持服务客户的理念，达到增强企业经济效益的根本目的，让各项工作的开展更有条理、更有计划。

二、供电公司客服中心绩效管理方案设计

随着我国电力体制改革的深化，电力能源供给格局必将调整，各地电力公司为了更好地生存发展，变革管理方式势在必行。导入并有效实施绩效管理成为众多电力公司提升业绩的必备选择。

（一）客户服务中心绩效管理方案建构

1.绩效管理组织设计

（1）绩效管理决策机构

中心主任担任领导小组组长，主要职责是：

分解下达年度业绩目标任务。

指导和监督工作实施情况。

检查和考核业绩进度，处理相关申诉。

协调部门工作，评定考核等级。

组织员工培训。

（2）绩效管理运转支持机构

在中心的人力资源科设置专职绩效管理员岗位，主要职责是：

提供资料、表格并进行相关培训和咨询。

优化绩效管理方案。

统计分析绩效评价结果，并向领导提出相应报告与建议。

受理申诉。

（3）绩效管理执行机构

设立绩效管理考核工作组。按职能分为：行政党群组、市场开发组、营业服务组、远程服务组、安全纪检组。各组组长主要职责是：

参与设定和调整绩效目标，审定本部门绩效指标与标准。

审核本部门绩效计划，组织实施绩效监控和绩效辅导，指导绩效改进。

组织本部门考核评价。

负责推动本部门的绩效管理工作。

部门负责人:指科室负责人和班组负责人，他们承担本级机构的绩效责任。主要职责是:

分解团队任务。

与下属进行面谈，并对下属进行评价与反馈。

制订培训事宜，改善团队计划。

提出考核意见。

向上级提供数据和资料。

基层员工：完成自己的绩效目标。主要职责是:

制订具体工作计划。

改善工作绩效。

积极学习新技能。

2.绩效管理指标设计

绩效目标制定的质量，会影响整个绩效管理系统输出的结果。绩效目标体系由绩效指标体系、绩效标准体系和岗位职责体系等系列信息组成。设定绩效目标的过程，就是从企业战略分解开始，选择和设立企业指标和任务组合。绩效考核方法有:

（1）目标标准法

被考核人目标标准与完成工作目标的结果进行对比的一种考核方式。

（2）关键事件法

对绩效目标完成产生重大影响的行为。要求记录：考核期间发生的所有正负面关键事件；须是与工作绩效直接相关的关键事件，不是琐细的工作流程；须是具体事件和行为，不是事件评价。

（3）事实等级法

将考核岗位内容划分为相互独立的几个评价因子，在每个指标中用明确的语言描述完成该指标工作需要达到的标准。绩效管理方案选择目标标准法进行考核；约束性指标和行为规范选择关键事件法进行考核；任务目标和职业素养选择事实等级法进行考核。

3.绩效管理流程设计

（1）绩效计划流程

确定组织对下属提出绩效期望并得到认可的过程。企业年度绩效计划运作流程是:

准备阶段。内容包括企业的战略目标、发展规划、上一绩效周期的绩效考核结果等。

沟通阶段。部门提出各项绩效指标和建议计划，绩效管理办公室汇总形成年度绩效目标，提交绩效管理领导小组审议。审议期间，决策层和执行层须进行充分沟通。

绩效目标确定。绩效管理办公室将绩效计划制成绩效协议书，决策层与执行层共同签订年度绩效协议书。

绩效目标分解。

（2）绩效监控与辅导流程

在实现绩效目标的过程中，公司检讨阶段绩效，分析目标偏差原因，发现目标障碍，找到解决方法，提供资源支持，保障目标实现的过程。绩效监控重点放在关键业绩指标上。通过绩效监控，业绩指标状态会相应反馈给管理者，在辅导下属完成绩效计划同时，对于企业或部门运作状态有全面了解，将潜在问题消除在萌芽状态。

（3）绩效考核流程

考核信息、上级评价、考核结果计算与汇总、考核结果报送和批准、考核结果通报。

（4）面谈反馈流程

直接上级通过绩效面谈方式将考评结果和期望反馈给下属。

面谈准备。上级方面：选择时间和地点，熟悉下属绩效目标和考核结果，计划面谈程序；下属方面：业绩回顾，准备相关证明绩效依据，提问并解决工作疑惑和障碍。

绩效结果沟通。上级得知周期考核结果后，告知下属绩效表现在团队中的位置。

绩效结果分析。面谈重点放在不良业绩的诊断原因上。

制订改善计划。

（5）绩效申诉流程

受理申诉，开展调查，部门协调。

（二）客户服务中心绩效管理方案的实施步骤

1. 绩效管理方案的前期准备阶段

主要任务是确立设计和推行方案的责任主体。主要工作有：

一是成立组织机构，明确领导小组、绩效管理办公室和各专业组的人员和职责。

二是设立网页专栏，每日更新试运行最新动态，并组织相关人员学习绩效管理工作简报。

三是制定任务进度表、任务清单，报上级审批。

2. 绩效管理方案的宣传培训阶段

主要任务是营造推行方案的氛围，促进公司人员理解和接纳并参与推行方案。主要工作有：

一是组织培训，邀请领导、专家宣讲绩效管理知识和技能。

二是组织外地观摩学习。

三是开展宣传与讨论活动。

3. 绩效管理方案的设计阶段

主要任务是建立实施方案。主要工作有：

一是组织相关人员讨论设计要点和关键环节。

二是收集管控制度信息。

三是建立指标库，及时修订制度、优化流程、调整标准、改进规范。

四是拟定绩效管理制度。

五是报送审批，根据领导和专家意见进行修订和完善。

六是召开职工代表大会审议通过全套管理体系。

4.绩效管理方案的试运行阶段

主要工作有：

一是按标准方案进行实操性培训。

二是在不与薪酬挂钩的前提下，试运行方案，对运行过程中出现的问题及时纠正。

三是搜集汇总各部门意见和建议，完善流程和指标库。

四是形成并向上级报送试运行工作报告。

5.绩效管理方案的正式运行

主要任务是将试运行好的方案进行总结，与公司管理体系进行融合。主要工作有：

一是与薪酬等配套制度挂钩，扩大绩效结果的应用。

二是坚持听取实操中存在问题的建议，主动开展交流活动，吸取经验。

三、对供电服务投诉管理的改进

坚持以客户为中心，贯彻客户满意理论，持续提升服务响应速度和便捷程度，推动实现服务产品更丰富、服务方式更智慧、服务内容更增值、服务体验更具获得感，持续改善客户体验，减少客户投诉，增强客户的满足感和依赖感。同时在服务群众的过程中，坚决落实党中央、地方政府关于脱贫攻坚、优化环境的要求，以一流的服务做好经济社会发展的电力"先行官"，具体为以下三个方面。

（一）推进客户导向服务模式

1.强化客户诉求收集和分析

由于电力供给方由诸多基层单位组成，一部分客户所反映的诉求问题并不能够及时有效地被收集、分析及反馈，针对此类问题，从客户诉求接收及分析两方面提出改进策略，真正做到聚焦客户投诉热点，准确定位分析，打通供电服务"最后一公里"。

（1）"电力开放日"明确客户诉求

部分客户投诉是诉求通道不畅通、不被重视等原因引起的，因此只有妥善解决此类问题，才能从根源上减少客户投诉。根据体验式服务管理理论可知，为充分了解客户对产品及服务的诉求，"体验设计"即构建一个与客户面对面沟通、客户高度参与的体验平台，是非常有必要的。打造亲民服务"电力开放日"，可增加与客户的交流，真正做到客户与供给方"零距离"。将每月固定的一天定为"电力开放日"，邀请政府人员、新闻记者进行监督，邀请广大客户参与其中，客户面对面提建议，近距离谈诉求，主要负责人和业务专工全天候接待，并现场答疑来访客户，快速解决客户诉求。同时，邀请各街道办事处、各小区物业相关负责人，担任供电服务监督员，公司在"电力开放日"公布客户服务问题解决率和解决进度，延伸服务阵地，形成服务合力，有效提升客户服务感知度和满意度。

（2）大数据分析实现客户分类

全面质量管理是计划—执行—检查—处理的循环过程，在这个过程中不断发现问题并系统地解决问题是关键。针对客户诉求未能有效归类、分析的这类问题，利用95598全业务数据分析系统，深入开展客户诉求大数据分析，分析客户诉求"热词""主题"等内容，精准掌握客户诉求变化趋势、区域分布等特点，对客户用电性质、诉求内容等客户属性进行标签化，分析客户的用电量、拨打偏好、关注热点，实现客户群体的分群、分级管理，提高服务客户的主动性和针对性，从而进一步完善全面质量管理理论中的"计划"环节。

2. 优化客户服务手段

（1）提高客户办电和问题处理效率

针对客户在投诉工单中反映的业扩报装、装表接电流程复杂的问题，构建"互联网+"服务新模式，大力推进业扩全流程可视化、痕迹化管理，进一步精简办电环节，缩减办电时间，降低办电成本，实现"简单业务一次都不跑、复杂业务最多跑一次"，进一步增强客户服务获得感。会同相关部门与政府对接，推动外部行政审批流程再优化，加快平台信息共享，全力推动"一证办电"服务落地。开通线上咨询渠道，针对办电及用电等环节产生的问题，实现精准分析、快速解答及有效反馈，切实解决供电服务问题，提高问题处理质效，实现供电服务问题"内部消化"，从而有效降低投诉率。

（2）提供差异化精准服务

差异化服务成为现代化营销的重要手段，基于客户满意理论，投诉管理需要精细划分客户群体，充分发挥主动性、针对性。针对居民用电客户缴费便捷诉求，结合当地发展水平，通过大数据分析明确居民对新技术的接受程度，在居民小区、商业贸易区等增加客户自助服务终端，完善微信、手机等缴费平台，从而拓展电力缴费渠道。针对企业用电客户，建立企业客户服务机制，通过对企业经营背景和公司供电情况的数据分析，建立重点客户诉求阈值预警表，通过周度、月度监测重点诉求变化情况，对诉求突增情况开展专项预警分析，及时督导相关专业、县公司调整优质服务策略。

3. 落实客户"惠民"服务

全面质量管理理论指出，提升客户满意度，首先要了解客户诉求并制定相应的服务规范和计划，并根据计划提供服务。

（1）加快光伏结算速度

随着光伏用户的增多，结算问题成为该类客户关注点。为实现光伏月结月付，首先，与市税务局协商，取得收购类发票代开权限，研发光伏电费结算系统，建立包含上网电价、并网容量、用户开户银行、付款账号、联行号等信息的数据库，按月导入营销光伏发电计量数据，自动打印电子发票和报销凭证。其次，依托财务结算系统，自动核对发票和结算信息，通过分布式光伏电子支付系统，一键确认电费支付信息，保证当月完成线上付款。

（2）优化企业营商环境

首先，建立业扩配套项目"收集—立项—实施"动态管理机制。按周收集客户业扩需求信息，同步推送发策部进行业扩配套立项，实行业扩配套项目全生命周期管控。进一步优化业扩物资供应策略，建立业扩项目物资供应商寄存或实物储备机制，提升物资供应效率，确保配套项目及时精准响应客户用电需求。

其次，推动与政府部门信息共享，打造典型示范项目建设。从源头入手，重点管控平均接电时长，开通示范项目业务专线，精简业扩报装流程。最后，强化业扩报装过程监督及考核评价。创建"业扩全流程可视化管控平台"，实现部门协同、时限预警、业务督办、数据可视。

（3）做好"三供一业"移交

首先，建立"通报—考核—约谈—推进"循环工作机制，压实责任落实，任务分解到人。

其次，加强与政府的沟通，主动走访、邀谈移交企业，协调资金不到位的移交企业尽快筹措资金。对于多家资金到位缓慢企业，指派专人驻守现场，反复催资，以啃"硬骨头"的耐心和打赢"攻坚战"的决心，确保此项整治任务取得实效进展。

最后，加强跨部门协同配合，对于资金已到位、具备开工条件的企业，物资部要协调物资尽快到货，运检部在保证安全和质量的前提下，加快工程实施，营销部要全面加强抄表、收费、计量采集等基础工作，确保改造前后供电服务平稳过渡。

（4）有序推进小区合表打开

首先，实行"合表打开"先接收后改造，将合表小区供电设施资产接收回来，再实施改造。

其次，资产移交前，深入细致地开展安全隐患排查，建立安全隐患台账，切实加强安全隐患消缺，做好安全隐患防范，确保接收自查改造完成前不发生因移交设备引发的安全事故。最后，在施工过程中，要合理安排停电时间，减少对客户用电的影响，对客户反映的用电诉求要快速响应。

（二）完善员工管控体系

提升员工素质是企业发展的根本。根据员工激励理论可知，可以通过组织政策规范员工行为，切实从员工业绩出发，提高员工干事创业的积极性；通过优化管理策略做到减轻员工压力；通过打造完整的薪资体系，真正实现奖优罚劣，从而达到激励员工的作用。

1.完善员工管理机制

（1）优化员工岗位设置

通过对员工基本信息的问卷调查，可以看出员工老龄化现象严重，但客户增长量却逐年增加，基层服务力量亟待加强。

首先，增补服务人员，在当前营销服务越来越重要的趋势下，入职岗位分配上适当向营销部门倾斜，提升整体服务队伍素质。

其次，实行大学生轮岗机制。提高青年大学生的基层工作参与度，在入职初期到基层营业厅和供电所轮岗2~3年。充分利用青年员工学得快、讲得好的优势，形成带动效应，助力基层服务员工素质稳步提升。

（2）细化员工考核机制

员工考核机制是员工管理的有效手段。通过问卷调查可知，一线服务人员普遍对当前考核机制不满意，日常考评对员工的激励效果不佳。因此，要加强供电所绩效管理，绩效考核直接穿透到所。以核心业务指标为抓手，建立供电所绩效管理体系，打破乡镇供电所辖区壁垒，采取统一标准、纵向排名的方式，对连续三个月排位前三名的供电所实行绩效奖励，全面推动乡镇供电所指标进位、业绩提档和管理升级。建立星级员工考评机制，星级考评精准到人。围绕职业素养、理论知识、实操技能、工作评价四个指标，对员工实行星级考评，强化激励管理，坚持考评和奖惩相挂钩，实行员工收入"按级分配"，提升供电所员工学习意识、敬业意识、服务意识、竞争意识。

2.提升员工工作效率

（1）强化员工教育培训

针对基层服务人员年龄老化、学习能力偏低、日常业务繁杂等突出矛盾，一方面，强化领导示范引领。加强营销部、运检部和投诉管理指挥中心横向联动，分片包干到基层单位进行业务指导，从意识、能力、习惯方面着力提升员工服务水平、业务技能。另一方面，针对问卷调查中的员工对技能提升及培训的需求，改变传统"派发式"培训模式，开展微课视频"手把手式"培训。对基层典型服务业务进行分类，划分主题，每个部门一次认领一个主题，通过脚本编写、现场排演，拍摄完成微课视频，创建"一周拍一课、一月一比武"的模式，部门轮动完成所有主题的拍摄。在表演和观摩学习中，实现业务技能提升。

（2）常态化基层员工减负

以提高效率效益和服务水平为目标，从管理上做减法，精简管理上徒劳无功的形式主义做法，多措并举为基层员工减负。

首先，简化痕迹管理，提高工作效率。结合公司各级减负要求和规定，精简各类台账资料和记录表卡，大大降低供电所和营业厅台账记录填写的负担。

其次，依托数据网络，简化检查流程。完善供电所评价手段，建立供电所检查问题清单，在手机上实时跟踪各县公司供电所的检查、整改情况，减少检查人员、简化检查流程。

最终，集中时间和精力专注核心业务，在管理上寻求突破，在效率上寻求提升，实现"减负不减质"。

（三）优化企业投诉管理机制

高效发挥各部门在提高质量的过程中的协同作用，构建有效的管理体系是企业运转的关键。在全面管理理论的"计划—执行—检查—处理"四个阶段中，可以通过优化组织结构，加强管理穿透力，提高"执行"环节效率，充分发挥部门协同联动作用。在"处理"环节中，投诉处理结束后可以通过有效的事后分析，归纳总结各类投诉特点和易发时段，制定预警计划和投诉风险防范措施，真正提升"计划"环节效用。

1. 优化组织结构

（1）设立投诉管理指挥中心

首先，将接收到的投诉工单第一时间进行责任认定，明确责任归属部门，减少投诉"分包"下达时间，加快投诉事件的处理速度。

其次，针对投诉事件，集中力量进行分析和预警，结合阶段性重点工作和高概率投诉风险事件，下发投诉因素和工作标准清单，督促各相关部门开展隐患排查，精益投诉风险管理。

最后，制定管控措施和考评细则，从各部门投诉数量、投诉性质、投诉响应速度、投诉解决质量等多方面进行投诉专项考核，奖优罚劣，倒逼各部门提升投诉管理水平。

（2）发挥部门之间的协作合力

首先，营销部、运检部要与投诉管理指挥中心高效协同，在需要合作的投诉事件中，实行包片"连带"责任制，联合成立优质服务"纠察小组"，对客户投诉开展分级调查，对诉求热点开展专项治理，对业务短板开展专业帮扶，凝聚部门管理合力。

其次，发挥党建引领作用，开展"党建＋服务"帮扶行动。组建市、县两级党员帮扶团队，各党支部、党小组"一对一"帮扶到单位，"点对点"帮扶到供电所，通过结对子、学业务等形式开展计划性帮扶、针对性指导，精准帮扶基层班所员工思想、业务再提升。

2. 优化管理体系

（1）提升基层管理穿透力

公司投诉中的基层投诉事件，很大程度是由于站所等基层单位没有起到上传下达的作用，在用电知识宣传和收集客户诉求方面衔接不到位，存在管理漏洞。针对这个问题，划分基层管理网格到最小单元，实行台区经理网格化管理，变"链条式"传递信息为"点对点"传递信息，将服务"最后一公里"变为零距离，强化服务的穿透力。建立台区用电客户微信群，台区经理把辖区内所有客户拉进群里，深入客户群体，做好"联络员"。普及安全用电常识，宣传新的用电政策，耐心传授掌上电力 APP 等用电软件的使用，及时推停送电信息。在微信群内及时发布临时停电事故原因，抢修现场照片、视频，减少客户在停送电、农网建设和电能质量上的投诉。主动了解客户诉求，善于引导客户，缓解客户忧虑，针对已经发生的投诉案件，要实时跟进投诉处理进度，实现客户在信息上对称、感情上认同、评价上满意。

（2）多维并进强化事前事后管控

针对投诉管理中出现的"重中间轻两头"，忽略事前预警和事后对客户诉求的归类、分析和总结问题，依据全面质量管理理论，应形成投诉管理各阶段的有效过渡和循环，不仅要做好投诉的事件中处理，也要做好事前事后管控。结合时间、区域等因素进行分析，建立"事前预警"和"事后分析"防控机制，聚焦投诉热点，聚焦客户需求，向各部门下发投诉风险预警，差异化制定风险防范措施，着力提升防控精准度。

树立用"放大镜"看待投诉事件的理念。针对每一起投诉事件，认真分析查找投诉发生的本质原因，深挖投诉根源，聚焦责任落实，聚焦短板提升，杜绝同类问题再次发生，通过一起投诉、发现一类问题、完善一项流程、查补一个漏洞。

针对投诉比重最大的供电质量投诉，常态化开展低电压等异常的监测、治理、督办、评估，尤其是结合地域特点和线路负荷特点，及时发现严重超载、三相不平衡、低电压等现象。推进配网不停电作业，尽量停电，少停电，提高用户电能质量。

针对现场服务投诉中的装表接电问题，要精益计量装置运维管理。目前公司的计量装置在运基数大、老旧表箱多、治理难度大。

首先，更强化源头治理、达标准入，严把施工工艺、验收标准，杜绝新装表计"带病"接入。

其次，通过属地单位自查、县公司互查等形式开展计量装置隐患排查治理工作，严把运维质量、治理成效，杜绝运行表计"带伤"运行。

最后，每周下发计量装置隐患"病历"清单，督促基层单位及时整改，销号闭环，月底进行"回头看"检查，着力提升计量装置精益运维水平。针对投诉事件中不同年份同一类投诉案件的反复性，做好阶段性重点工作投诉防控。每年迎峰度夏用电高峰时期，也是洪涝、泥石流等自然灾害高发期，在大范围极端高温的情况下，电力缺口额度和范围压力巨大，要积极配合政府部门做好电力需求侧管理，深化、细化有序用电方案，落实好有序用电方案的实施责任，做好客户线路掉闸分析防控，各单位加强监控，确保客户正常用电。

第二节　系统硬件考核

目前，随着我国经济的飞速发展，在大数据时代背景下，各行各业都在向着智能化发展，有效利用计算机技术、互联网技术、多媒体技术，为生产、服务工作提供自动化、智能化的技术系统，可以促进行业的发展。电力行业作为国家经济发展的重要产业，必须保证良好的电力服务质量，为用电客户提供全面的电力客户服务，这有助于提升电力企业的客户服务质量，进而形成良好的企业竞争力，这对电力企业的稳定发展是至关重要的。

一、电力智能客服的概念

（一）电力智能客服的背景

近年来，随着时代的发展，对电力系统有了新的发展要求，电力行业要从长远的角度出发，注重结合国家提出的发展规划，尽快实现智能化布局与智能客服系统的建立。目前，我国许多电力企业都已经开展了智能化客服的建设工作，通过对这些电力企业的运营现状分析，可以证实智能化是电力产业未来发展必然趋势。尽快完善电力客户体系，转变传统客服模式，丰富客户服务渠道，才能促进电力企业稳步发展。在传统客服模式下，电力企业往往只能通过人工客服热线与实体营业大厅来为电力用户提供服务，这种模式的服务效率较低，已经难以满足当今社会的发展需求。为了让电力用户获得更加快速、便捷服务，电力企业必须做好信息技术、大数据技术等现代科技的应用，构建一个更加智能化的客户服务平台，这样不仅可以有效缓解电力企业客服人员的工作压力，也能提升工作效率，从而让电力企业的客户服务质量得到显著提升。

（二）电力智能客服系统的概述

电力智能客服系统是建立在信息技术、计算机技术、互联网技术以及大数据技术等现代科技基础上的，其转变的传统的客户服务模式。近年来，智能客服系统已经被广泛应用在许多服务行业之中，智能客服系统可以通过人工智能完成常规专业问题的解答，也能受理账号申请、缴费等业务，这改变了以往客服服务工作过分依靠客服人员的模式，不仅能够减少客服人员的工作量，也能让业务的办理效率显著提升。而在电力行业之中，通过智能客服系统的有效应用，可以更好地为电力用户提供电力服务，让客户拥有更好的电力服务体验。

二、电力智能客服系统的构建原则

智能客服系统是随着智能化技术发展而出现的，在电力企业中构建智能客服系统，可以更好地满足电力用户的用电需求。那么在构建电力智能客服系统时，必须要注重对服务视角的创新，同时还要保证对电力、通信以及网络等多方面的结合，进而达到综合性创新发展的目的。电力企业通过智能客服系统，可以获得与电力用户之间的良性互动，这有利于提升客户对电力服务的满意度，这对促进电力企业的发展是极为重要的。在电力智能客服系统之中，知识图谱技术以及计算机语言都是构建电力智能客服系统的基础技术，另外，系统的构建过程中还涉及了知识管理、自然语言理解以及自动问答等技术。

电力智能客服系统的智能化水平，与之智能问答机器人的技术水平有直接关系，通过知识推理、ALML 等相关技术的有效应用，才能更加准确地掌握用户需求，智能问答机器人再根据相应的问题，做出智能化的答复。在电力客户服务之中，用电客户提出的问题往往具有针对性，那么就必须保证电力智能客服能够给予准确、专业的答复，同时还应该根据客户的问题，实现语言识别与知识推理，这样才能为客户提供更加有效的解决对策，通过智能客服系统的应用，可以进一步降低人工客服工作人员的工作时间，降低通话频率，这样就能让客服人员可以有更加充裕的时间去帮助客户解决比较复杂的电力服务问题。

在构建智能客服系统时，要保证能够实现对应的知识问答模式，让人工智能客服可以根据客户的问题，找出问题中的关键词，再根据关键词完成对答案的快速检索，并让客户在最短的时间内收到答复。在构建智能客服系统时需要注意的是，尽管人工智能客服可以在答复客服咨询的工作中发挥较好的效果，但是过于复杂的问题仍然需要转接人工客服，这样才能让客户的问题得到更加深入的解答。

最后，构建智能客服系统还要保证预处理技术的有效应用，由于电力用户群体十分庞大，所以相应的客户信息是十分庞大的。因此，智能客服系统必须关注对数据信息的深度挖掘，做好对数据信息的有效整理与预处理，结合大数据技术实现对客户电力服务需求的精准预测。通过这种方式，就能让电力服务更加人性化，根据分析结果，为不同类别的用户提供相应的客服人员分配，进而达到客户分流的目的。

三、电力智能客服系统的具体构建

（一）注重智能语音导航功能的加入

为了让电力智能客服系统更具智能化，必须在电力智能客服系统中加入智能语音导航功能，结合目前电力行业中呼叫中心语音导航系统的实际情况，对其加以完善，提高语音导航系统的响应速度，这样才能满足语音导航快速服务的需求。由于现有的呼叫中心语音导航系统运行效率较低，不能达到智能客服系统的要求，客户在遭遇紧急问题时，往往不能快速地获得答复，操作流程过于复杂，语音按键往往需要层层递进，这严重影响了电力用户的服务体验。因此，我们必须针对语音导航系统的现存问题，注重对智能语音导航系统进行全面优化改进，简化用户的操作步骤，这样才能让用户更加快速地进入指定目标，得到相应的客户服务。

1.基于语音分析的智能评分设计方案

设计师提供了一种基于语音分析的智能评分方法，可以进行全量覆盖质检，质检效率高，节约了质检工作人员的工作量，并提高质检质量。

将这种基于语音分析的智能客服评分方法应用于95598客户服务热线的智能质检系统中，对全量95598录音及工单数据进行语音分析，结合质检模型实现全自动化的质检评分流程。并且实现录音转文本后，还对语音数据进行更深层的数据挖掘与跟踪分析，通过对热点分析技术、语音关键词联想技术、客户数据跟踪分析研究等，得到的结果可以应用于便捷地开展业务和用于模型配置，有利于对95598热线进行有效的监控和对异常事件的响应，同时也可较全面地刻画出客户的特征，挖掘隐藏在大量通话录音中的信息，大大提升95598客户服务的精益化管理水平。

系统架构如图7-1所示。

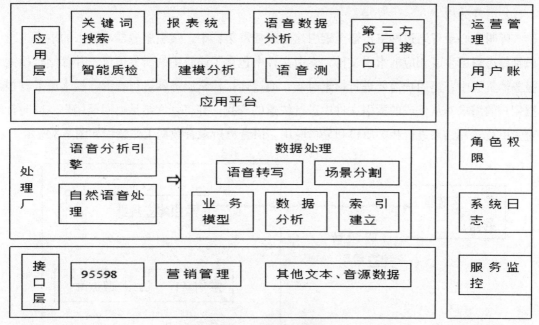

图 7-1　系统架构图

通过使用语音转写引擎与自然语音处理算法作为系统支撑工具，结合 95598 服务热线录音及客服工单数据，进行全面的质检工作。语音转译可将非结构化的语音信号转换为结构化的文本信息，是建立文本索引的基础。然而在 95598 话务中转译难度较大，原因一是话音差异，必须以场景分割实现分离；二是受限于方言；三是由于复杂的汉语同音词及声调，混淆性大幅提升。以自动化代替现有人工的质检工作，质检人员只需要看结果即可。从而使质检更具有针对性，大大提升质检的覆盖范围及质检效率。且本系统还具备分析能力，有效针对各种重复来电进行重复来电分析，及时发现客户的不满需求，有效提升 95598 客户服务的精益化管理水平。并且使用语音分析技术，将非结构化录音数据转化为文本数据，为大数据分析应用和后续智能客服体系的搭建夯实基础。

系统功能架构如图 7-2 所示。

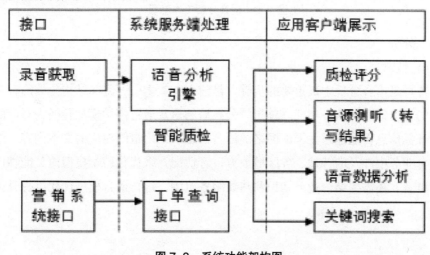

图 7-2　系统功能架构图

2. 语音分析

呼叫中心录音通过网络传输至索引建立服务器集群中，索引服务器对送入的语音进行识别等过程后生成相应的索引文件，索引文件中包含了语音中的所有信息，并存储至检索服务器集群中，当用户需要进行检索时候，通过连接检索服务器进行查询。检索服务器根据用户的需求对从生成的索引文件中进行快速的查找，并将查询结果返回至用户，同时针对索引及转写结果进行相关质检和分析应用。语音分析录音数据工作流程如图 7-3 所示。

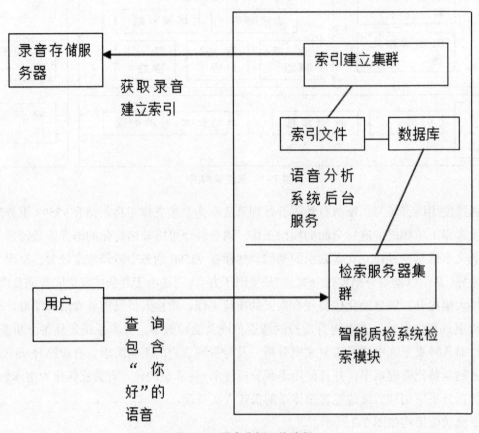

图 7-3　语音分析工作流程

3. 技术分析

（1）语音转写

语音转写是语音分析中最重要的步骤，是建立文本索引，将非结构化的语音文件转换为结构化的文本信息的核心功能。首先将分离后的语音通过声学模型转换为对应的汉语音标符号，音标信息再通过超大词汇网络的语言模型识别出最终对应的文本内容。这个过程中，需结合业务中涉及的各地、各区域地方口音适配，来优化声学模型使其能够广泛覆盖中国地方口音，还需要结合业务知识和热线服务范围，进行语言模型优化以提升语音转写准确率。

（2）场景分割

在目前的热线平台录音中，记录了客服人员和客户的全部对话，并按照录音流水进行存储，同一个录音中同时包含了客户和客服的录音。在语音分析应用中，我们需要对两方的通话内容进行分离，进而有针对性地对客服人员服务质量进行监控，以提升热线整体服务水平；而对客户语音内容进行热点问题分析、主要意见／建议、知识挖掘等应用。

（3）索引建立

语音分析系统可以检测出录音文件中用户及热线服务人员都没有说话的静音时间等，这些信息最终生成标准ＸＭＬ格式的索引文件，索引文件的内容通常包括：

转译文本内容；

声道信息；

工单内容。

（4）关键词检索

实现关键词检索功能，对指定的关键词列表，得到包含该关键词列表中任意一个或多个关键词的数据列表，以及关键词在对应数据中的出现位置（时间起止点）。

（5）热点分析技术

通过引入一种候选短语获取的语音热点分析技术，对海量录音中一定时期热度高的那些短语，比如人名、地名、业务名称、投诉等，进行自动的筛查，展示当前录音的热点词和热点行为等，有利于对95598热线进行有效的监控和对异常事件的响应。

（6）便捷测听技术

提供嵌入一种便捷测听技术，在对录音中非结构化的语音文件转换为结构化的文本信息后，通过提供多种便捷测听的方式。实现对文字化的录音进行拖动、跳转、关键词附近和全文测听等操作支持，供质检人员使用，从而提升质检效率。

4.语音预质检评分方法

设计提供了一种语音系统预质检评分方法，用于对座席服务人员的通话录音进行预质检评分。所述方法包括：

向呼叫中心获取录音音频数据；

将获取的录音音频数据转化为文本格式的数据；所述文本格式的数据中包括座席文本数据和客户文本数据；

采用预设的质检匹配算法对所述座席文本数据进行评分，得到所述录音音频数据的服务质量分值；

将所述服务质量分值与所述文本格式的数据对应进行存储。

5.语音人工质检评分方法

设计提供了一种语音人工质检评分方法，用于对座席服务人员的通话录音进行人工质检评分。所述方法包括：

从存储系统中获取已经过系统预质检评分的录音音频数据与转译文本数据；

按业务需求由人工对录音进行筛选与分配；

质检员按质检评分标准对分配的录音进行人工质检；

将人工质检评分后的录音音频数据与转译文本数据对应进行存储。

6. 语音人工复检评分方法

设计提供了一种语音人工复检评分方法，用于对座席服务人员的通话录音进行人工复检评分。所述方法包括：

从存储系统中获取已经过人工质检评分且由人工提出复检申请的录音音频数据；

由质检值长与质检主管复检人工复检评分；

将人工复检评分后的录音音频数据与转译文本数据对应进行存储。

7. 语音评分流程

具体流程描述如下：

首先，系统自动将全量录音根据评分项进行语音预质检；

人工分配以预质检的录音给人员进行人工质检。

座席对经过人工质检的录音提出复检申请，由座席值长进行初次审核，是否同意该复检申请。如同意则流转到值班经理处理，如不同意将结束复检申请。

复检申请流转到值班经理处进行二次审核，如值班经理同意则将复检申请流转到质检值长进行人工复检评分，如不同意将结束复检申请。

座席查看二次质检结果后，仍然对质检结果不满，线下找到值班经理，说明理由情况，如值班经理同意，可由值班经理发起终审申请，由仲裁小组进行第终审复检评分，结束整个过程。如不同意也结束复检申请。

（二）电力1000号客服体系的构建

随着电力用户数量的增加、用电量的加大，电力企业信息化建设面临不小的挑战，对软硬件设备的要求相应提高。为了减少硬件及系统故障带来的不良影响，供应商/维护商传统运维服务模式亟须升级为1000号智能客服系统，准确及时处理故障，优化技术人员工作效率。

1. 电力1000号客服构建智能系统的原则

智能客服系统是随着智能化技术发展而出现的，在构建电力1000号智能客服系统时，更注重软硬件性能监控、故障处理、灾难应急等优化服务，并根据客户需求适时调整主机系统，在最短时间内解决故障，同时还要保证网络通信安全，进而达到综合性创新发展的目的。采用的基础技术有知识图谱技术以及计算机语言技术，构建过程借助于自然处理、知识推理、ALML等相关技术，来处理语音、文本等问题，并采用海量数据存储技术将不同故障问题记录下来，让人工智能客服根据客户问题筛选出最佳执行方案并给予回复。

2. 电力 1000 号客服智能系统的具体构建

（1）增设知识数据获取流程

在创建知识图谱的过程中，必须要获得大量的业务数据和资料，并对它们之间的相关性进行分析，由此能够提炼出更精准的数据或信息，并对其进行全面归纳、总结，从中筛选出一些更有深度、广度的数据。在历史案例资料、相关问题整合等数据的基础上创建知识库优化模块，把知识库和电力企业运维服务需求相融合，由此能够创建一个个性化的数据库。该流程能精准分析电力企业主机系统及硬件运行现状、预计可能发生的故障、找出薄弱环节、提供应急解决方案等，并将其输入智能客服系统中，以便于使其产生与人类相仿的主观想法，并对电力企业软硬件设备相关问题实施精准解答。

（2）加入智能语音导航功能

为了让 1000 号智能客服系统更具智能化，结合目前电力企业软硬件供应商客服呼叫中心语音导航系统的实际情况加入智能语音导航功能，对其加以完善，提高语音导航系统的响应速度，这样才能满足语音导航快速服务的需求。由于现有的呼叫中心语音导航系统运行效率较低，不能达到智能化的高效要求，客户在遭遇紧急问题时，往往不能快速地获得答复，操作流程过于复杂，语音按键往往需要层层递进，这严重影响了电力企业的需求体验。

因此，我们必须针对语音导航系统的现存问题，注重对智能语音导航系统进行全面优化改进，简化电力企业的操作步骤，这样才能让电力企业更加快速地进入技术支持服务选项，接受专职项目组服务实行远程解答或现场指导解决故障。

（3）搭建一云多端客服体系

为了提升资源的利用效率，节省构建 1000 号智能客服系统的成本，应该注意构建一云多端的客服体系，通过一个云端来搭载多个客户端，优化操作系统 /oracle 数据库，减少数据库架设数量，降低系统负荷；扩展磁带库，采用备份软件和 HA 软件突破性能瓶颈，全面细化故障解决服务及应急救援服务；提供产品技术支持及运行支持等 [6]。建立 1000 号智能客服系统时，要遵循不同电力企业的系统使用习惯，尽可能通过智能语音服务系统获得更多的功能，让咨询更加便捷。在构建一云多端客服体系时，要从客户服务体验角度出发，完成合理的布局，注重简化电力企业的咨询流程，这也有利于提升电力企业的咨询效率。与此同时，一云多端客服体系还要保证软硬件供应商内部系统的有效衔接，以此确保电力企业与供应商之间数据信息的全面、精准记录与调取，能够为数据的分析提供重要保障。

（4）更新管理知识库模块

1000 号智能客服知识库是通过海量数据获取而创立的一个静态知识库，虽然其蕴藏着大量的数据信息，不过，对于其知识库的词典来说却是动态变化的。通过人为手段对其数据进行更新升级自然无法最大化地满足客服系统的动态变化需求。因此需要机器学习模仿人类大脑的运作过程，深入分析图像、声音、文本等数据信息，更新管理知识库模块通过优化数据挖掘与联合方式，重新定位数据检索层面及知识库的相关要点，确保1000号智能客服系统能够自动整合一些有效、精准的数据，由此能够最大化地避免人工因素的干扰，并且利用对数据的自主学习，确保系统更健全、高效及智能。

3.电力1000号客服系统与大数据技术的融合应用

随着电力企业供电信息化建设规模扩大，1000号智能客服系统中所保存的数据信息量会明显增加，为了保证数据信息的完整保存以及有效调用，在构建智能客服系统时，还应该重视大数据技术的应用，通过传统的ETL工具与分布式数据采集组件，将存在于各业务系统数据库中的数据提取至大数据平台，再利用大数据技术实现对海量数据的统一处理与保存，完成对数据价值的充分发掘。通过大数据技术为智能客服系统提供相应的结果数据，可以实现对客户软硬件性能评估的可视化分析工作，根据相关的分析结果，归类梳理电力企业的运维服务属性，可分为应用系统安装配置、软件升级实施、数据库性能调整及备份方案、现场故障诊断等，建立安全测试环境，重现问题并提供正确的解决方案。

（三）大数据技术在智能客服系统中的融合应用

随着用户信息的不断完善，智能客服系统中所保存的数据信息量会明显增加，为了保证数据信息的完整保存以及有效调用，在构建智能客服系统时，还应该重视大数据技术的应用，通过传统的ETL工具与分布式数据采集组件，将存在于各业务系统数据库中的数据提取至大数据平台，再利用大数据技术实现对海量数据的统一处理与保存，完成对数据价值的充分发掘。通过大数据技术为智能客服系统提供相应的结果数据，可以实现可视化分析工作，根据相关的分析结果，对源业务系统功能加以完善，同时给予相应的数据校准。

将大数据技术融合应用在电力智能客服系统之中，可以完成对客户聚类分析，具体涉及客户的累计历史欠费次数、累计历史欠费金额、累计投诉次数、累计建议次数等数据，再对现有系统生产数据以及外部环境等数据进行综合分析，这样就能从客户群体中筛选出不同的客户，通过K-means聚类模型完成对客户的归纳聚类，具体可分成5个客户群体：优质客户、潜力客户、敏感客户、风险客户以及普通客户。以此为基础，就能让电力企业开展更具个性化、差异化的精准营销。

1.大数据分析模型总体框架

根据数据挖掘任务的构成，电力客户细分结构模型由建立大数据存储仓库、抽取客户细分指标数据、实行大数据分析和可视化展示四部分组成。基于整个模型的角度来分析，数据部分作为其重要的基础，同时也是其最为重要的部分。客户细分结构能否得到相应的满意度，受到客户维度选择影响和制约。其中整个模型的核心就是方法部分，在实际的应用过程中，当务之急便是对分析存在的问题，以此来得到需要处理的数据规模，及数据挖掘的目标。在保证当前工作的基础上，还需要细分模型建立及分析方法选型，其中客户细分模型如图7-4所示。

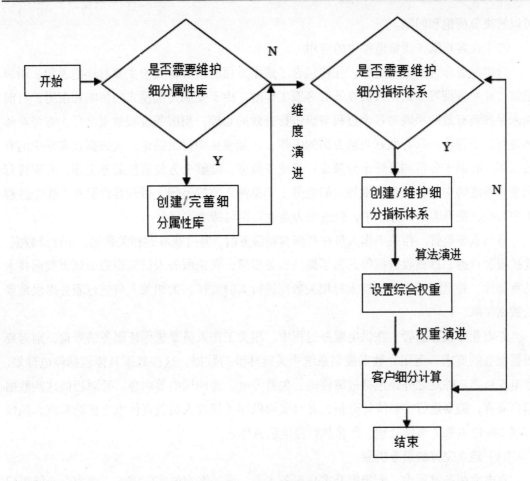

图 7-4　客户细分模型

2. 提升服务质量

供电企业要想保证服务质量得到提升，提高用电客户的满意度，就要根据当前的具体实际情况，为客户提供优质的业务，为用户提供持续稳定的服务，让用户感受到来自供电企业的真挚。当发生业务故障的情况下，将业务等级要求作为主要参考依据，及时采取有效措施使得故障得到快速解决。从运营商的角度来讲，其主要的难点在于采取何种方式，能够对网络及设备运行进行全面监控，通过监控工作的有效开展，能够很好地解决潜在的故障隐患，这就需要采取正确的方法，具体主要体现在以下方面内容：

（1）在电网规划中的应用

在客户申请报装用电的过程中，针对报装的地点的用电负荷而言，已经难以满足客户的需要，并且在很大程度上影响着业扩报装等问题。电力企业在实际的运营过程中，通过对业务系统中的数据进行详细的分析，能够准确地分析出各地区的用电情况，例如用电负荷、用电类别等。在保证当前工作的基础上，电力企业应当调查所在区域用电规划情况，同时根据实际分析的结果，结合当前用电情况，科学预测出所在地区用电发展趋势，为了保证上述目标，则需要做好电网建设规划，不但能够解决影响用户用电报装进度问题，还可以解决负荷饱和问题。

（2）在客户服务质量监控中的应用

营销业务作为重要的业务，往往包含了诸多方面的内容，其中主要有停电通知、用户报装、业务咨询等。营销人员在开展客服工作时，由于受到传统模式的影响和束缚，目前尚未寻找到有效的手段对各个过程节点进行有效的监控，当服务过程结束之后，方可对整体进行分析评价，只有做好当前方面的工作，才能够从中得出结论。大数据在实际中的有效运用，有助于分析和统计出分散在各项业务数据，能够全方位监控服务工作，实现将营销全业务流转中的各项有时限规定的业务工单都纳入监控范围，做到客户服务工作全过程集中管控，提升客户服务水平，促进电力企业实现可持续发展。

营销服务监管。相关工作人员在开展营销服务时，通过获取到相关数据，如计量数据、业扩报装数据、抄核收数据等，为了提高服务质量，营销服务人员应当意识到大数据技术的重要性，并且能够运用该技术对相关数据进行实时监控，为相关人员进行服务提供重要的数据保障。

停电业务服务监管。在供电服务过程中，相关工作人员要想保证服务的质量，则需要根据服务的要求，运用大数据搜集系统中关键环节的数据，这些数据具体包括停电计划、停电变更等，除此之外还包括故障停电、欠费停电、违约用电等内容。针对当前这些数据信息而言，需要进行实时统计分析，并且要协助相关管理人员负责停电方面的事宜，积极开展 24h 停电服务事件处理，严格执行停电服务体系。

（3）建立完善的服务机制

在电力服务过程中，要想提升客户服务水平，满足客户的实际需求。电力企业能否建立完善的服务机制，直接影响着服务工作的有效开展。在服务机制的建立过程中，结合电网营销系统、营配集成平台等数据，同时严格根据国家相关政策，以及其他外部数据，在数据分析与状态评估机理层面取得重大突破，形成一系列核心理论和机理方法。

参考文献

[1] 马旭斌.大数据技术在电网运营管理中的应用 [J]. 通信电源技术，2019，36（12）：94-95.

[2] 彭小圣，邓迪元，程时杰，等.面向智能电网应用的电力大数据关键技术 [J]. 中国电机工程学报，2015，35（3）：503-511.

[3] 吴全才.能源互联网形势下的电力大数据发展趋势 [J]. 信息与电脑：理论版，2016（18）：147-148.

[4] 姚娜.大数据时代的数据挖掘技术与应用分析 [J].电脑编程技巧与维护，2019（12）：127-128.

[5] 孙柏林."大数据"技术及其在电力行业中的应用 [J]. 电气时代，2013（8）：18-23.

[6] 王波，吴子玉.大数据时代精准营销模式研究 [J].经济师，2013（5）：2-5.

[7] 朱奎，王未央.基于 Android 系统的大数据推送平台研究 [D].上海：上海海事大学，2014.

[8] 薛建德.论用电检查对营销工作的重要性 [J].中国市场，2016(1)：38.

[9] 张千福，黄晓光，曹璐，王宏岩，徐景龙.电力智能客服实现的技术研究 [J].数字通信世界，2019(05)：121-122.

[10] 柳涵.95598 客户服务系统在苏州电力营销中的应用 [J].中国电力教育，2009(17)：260-262.

[11] 徐春华.用电信息采集系统在电力营销中的应用 [D].河北：华北电力大学，2015.

[12] 许轶华.电力营销中电力客服系统的运用分析 [J].中国设备工程，2017(04)：147-148.

[13] 李欣，鲁强.加强供应商关系管理提升电力企业设备质量的实践分析及建议 [J].中国电业，2019(8)：80-81.

[14] 樊炜，范江东，李明，章大明，罗以谨.电力物资差异化供应商绩效评价体系构建及实证研究 [J].电气时代，2019(4)：84-86.

[15] 刘若阳，程洁婷，唐长虹.数据驱动下电力企业投标供应商闭环信用评价体系构建 [J].时代经贸，2018(34)：59-61.

[16] 杜青.电力企业供应商服务大厅信息化服务研究 [D].中国电力科学研究院.2017智能电网新技术发展与应用研讨会论文集：北京：中国电力科学研究院，2017：3.

[17] 李冬辉，尹海燕，郑博文．基于 MFOA-GRNN 模型的电力负荷预测 [J]．电网技术，2018，42(2)：585-590.

[18] 彭文，王金睿，尹山青，等．电力市场中基于 Attention-LSTM 的短期负荷预测模型 [J]．电网技术，2019，43(5)：1745-1751.

[19] 沈兆轩，袁三男．利用卷积神经网络支持向量回归机的地区负荷聚类集成预测 [J]．电网技术，2020，44(6)：2237-2244.

[20] 何耀耀，许启发，杨善林，等．基于 RBF 神经网络分位数回归的电力负荷概率密度预测方法 [J]．中国电机工程学报，2013，33(1)：93-98.

[21] 李彬，彭曙蓉，彭君哲，等．基于深度学习分位数回归模型的风电功率概率密度预测 [J]．电力自动化设备，2018，38(9)：15-20.

[22] 杨锡运，关文渊，刘玉奇，肖运启．基于粒子群优化的核极限学习机模型的风电功率区间预测方法 [J]．中国电机工程学报，2015，35(S1)：146-153.

[23] 汤庆峰，刘念，张建华，等．基于 EMD-KELM-EKF 与参数优选的用户侧微电网短期负荷预测方法 [J]．电网技术，2014，38(10)：2691-2699.

[24] 雷正新，韩蓓，聂萌，等．配电网大数据环境下的多点负荷预测算法与应用研究 [J]．电力系统保护与控制，2016，44(23)：68-78.

[25] 隋惠惠．基于 BP 神经网络的短期电力负荷预测的研究 [D]．哈尔滨：哈尔滨工业大学，2015.

[26] 郭永东．移动平均法在数据采集和分析中的应用 [J]．电子科技，2014，27(9)：118-120.

[27] 刘彦麟，吕晓艳，王洪业．基于移动平均法的铁路客票预售规律研究 [J]．铁路计算机应用，2016(8)：13-15.

[28] 张冠英，羡一鸣，葛磊蛟，等．经济新常态下基于 Verhulst-SVM 的中长期负荷预测模型 [J]．电测与仪表，2019，56(1)：102-107.

[29] 杨芳君，王耀力，王力波，等．基于改进 CS 算法优化 Elman-IOC 神经网络的短期负荷预测 [J]．电测与仪表，2019，56(9)：32-37.

[30] 杨芳君，王耀力，王力波，等．基于改进 CS 算法优化 Elman-IOC 神经网络的短期负荷预测 [J]．电测与仪表，2019，56(9)：32-37.

[31] 崔和瑞，穆玉佩，彭旭．基于 HP 滤波的 SARIMA 中期电力负荷预测 [J]．华北电力大学学报，2016，43(4)：79-86.

[32] 戴秀菊，舒志彪．基于非参数核回归模型的隐含波动率预测 [J]．福州大学学报，2018，46(2)：156-162.

[33] 赵滨滨，王莹，王彬，等．基于 ARIMA 时间序列的分布式光伏系统输出功率预测方法研究 [J]．可再生能源，2019，37(6)：820-823.

[34] 王画．供电公司客户满意度综合评价 [D]．石家庄：河北地质大学，2017.

[35] 陈奕达.海南电网 典型降损方案分析及降损空间 研究 [J].科学资讯,2015,5(28):23-25.

[36] 张东霞,苗新,刘丽平,等.智能电网大数据技术发展研究 [J].中国电机工程学报,2015,35(1):2-12.

[37] 中国电机工程学会信息化专业委员会.中国电力大数据发展白皮书 [M].北京:中国电力出版社,2013:10-15.

[38] 李彬彬.浅谈我国供电企业电力营销管理现状及其发展策略 [J].科技展望,2017,32(10):23-25.

[39] 王亮.大数据背景下电力 企业营销管理创新研究 [D].北京:华北电力 大学,2015.

[40] 杨剑平,史瑞玲.电力市场营销 [M].北京:中国电力出版社,2007:45-47.

[41] 张琳.数据挖掘技术的研究与应用 [D].合肥:安徽大学,2010.

[42] 何永秀,彭小东,刘志岩.电力公司的基本服务及增值服务 [J].电力需求侧管理,2014,16(3):51-55.

[43] 赵杰辉.数据挖掘在电力市场营销中的应用 [D].天津:天津大学,2004.

[44] 宋才华,王永才,蓝源娟,等.基于数据挖掘的电力行业客户 细分模型分析 [J].现代电子技术,2014,37(14):21-23,27.

[45] 王晓国,黄韶坤,朱炜,等.应用 C4.5 算法构造客户 分类决策树的方法 [J].计算机工程,2003,29(14):89-91.

[46] 王继业.大数据在电网企业的应用 探索 [J].中国电力 企业管理,2015,24(6):34-36.

[47] 李艳娥.新形势电力客户服务的现状及优化对策 [J].科技创新导报,2019,16(35):247+249.

[48] 骆小敏.探讨新形势下电力客户服务管理及满意度的提升策略 [J].科技与创新,2019(22):110-111.

[49] 杨宇.新形势下电力营销管理与提高供电优质服务的策略 [J].智能城市,2019,5(03):53-54.

[50] 刘惠娟.新形势下电力客户服务的现状及改进措施 [J].技术与市场,2018,25(08):215+217.

[51] 顾荣.大数据处理技术与系统研究 [D].江苏:南京大学,2016.

[52] 王勇,靳瑞涛,苏煜钊,陈礼春.网络大数据时代的发展现状与挑战 [J].甘肃农业,2016(04):21-24.

[53] 孟小峰,慈祥.大数据管理:概念、技术与挑战 [J].计算机研究与发展,2013,50(01):146-169.

[54] 程春玲,朱旻如,吕扬.基于 EAI 的电信业务运营支撑系统 [J].计算机工程与应

用，2004(22)：226-228.

[55] 孙丰杰 . 电力大数据的信息价值密度评价与提升方法研究 [D] . 上海：上海交通大学，2019.

[56] 黄晓钰 . 大数据在提升电力客服质量中的应用探索 [J] . 科技经济导刊，2019，27(33)：19.

[57] 章晓镭 . 利用 大数据提升电力 企业档案资源管理和服务能力 [J] . 科技创新与应用，2016(13)：172.

[58] 曹永利，刘畅 . 经济竞争环境下的客户服务质量优化路径 [J] . 山西农经，2018(06)：101.

[59] 吴春涛 . 快递企业客户服务质量改进研究 [J] . 中国市场，2014(10)：45-46+108.